*Built for Global*: Edición en Español

# GLOBALIZATE

Secretos de Silicon Valley

para entrar en

nuevos mercados internacionales

Robert S. Pearlstein y Janet A. Gregory

Copyright © 2018 by Robert S. Pearlstein and Janet A. Gregory

Printed by Amazon.com, Inc.
www.kdp.amazon.com

All rights reserved. No part of this publication may be reproduced, stored in a retrieval system, or transmitted, in any form or by any means, electronic, mechanical, photocopying, recording, or otherwise, without the prior written permission of the authors.

ISBN-13: 9781729220931

Todos los derechos reservados. Ninguna parte de esta publicación puede ser reproducida, almacenada en un sistema de recuperación, o transmitida de ninguna forma o por cualquier medio, electrónico, mecánico, fotocopiado, grabación o cualquier otro, sin el permiso previo y por escrito de los autores.

Original English edition published 2017 by Robert S. Pearlstein and Janet A. Gregory. Printed by CreateSpace Independent Publishing, North Charleston, SC

Para

William W. Wilmot

Por su sabiduría, inspiración,
primer proyecto y aliento

# *Contenido*

Prefacio de Bárbara Silva

**Globalizarse**   1
  Nueva Realidad de Negocios   3
    ¿Por qué Leer Globalizate?   6
  La Paradoja de la Expansión Internacional   8
    Desaceleradores, Barreras y Aceleradores   10
    No Dejes al TID Interponerse en tu Camino   12
    Robert y Janet Enfrentan la Realidad   14
  Autoevaluación: Conectar los Puntos   18

**Agregar Valor**   21
  Agregar Valor para los Clientes en el *Nuevo Mercado*   22
    Encontrar la Brecha de Valor   24
    La Ley de los Cuatro Por qué   34
    Sobresalir en la Multitud   39
  Agregue Valor a su Compañía   47
    El Enfoque de Pequeños Pasos   48
    Comenzar desde una Posición de Fortaleza   50
    ¿Es la Tendencia su Amiga?   57
    Etapa de Desarrollo Económico   63
    Difícil de Clasificar   67
  Defina y Valore sus Fortalezas   69

**Eliminar Riesgos** 74
   Reduzca el Riesgo para Su Empresa 78
      Escoja Su Lugar: Un País a la Vez 79
      Situación política 82
      Comunicación y Lenguaje 88
      Clima Económico 94
   Reduzca el Riesgo de Buscar Clientes 98
      Comportamiento del Comprador 99
      Digno de Inversión 101
      Alineación con las Prácticas Empresariales y la Cultura 105
      Alineación Cultural desde una Perspectiva de las Ciencias Sociales 109
      Receptivo a las Importaciones Norteamericanas 119
   Ser un Detective Eliminador de Riesgo 123
      Investigación Secundaria 124
      Investigación Primaria 130
      ¡No me Digas!- Fundamentos que Vale la Pena Conocer 133
      Menos es Más—Evitar la Parálisis de Análisis 134
   Evalúe Sus Riesgos. 137

**Encontre un Guia de Montaña** 145
   Por Qué Necesita un Guía de Montaña 147
      Un Guía de Montaña Beneficia a Su Compañía 151
   ¿Qué Montaña Escalar? 152

| | |
|---|---|
| El Papel del Guía de Montaña | 153 |
| Orientación a la Acción | 155 |
| Capacidad para Influenciar | 156 |
| Tipos de Guías de Montaña | 158 |
| Seleccione al Mejor | 161 |
| Los Buenos Representantes También son Selectivos | 171 |
| Establezca Acuerdos | 174 |
| Compense y Motive | 179 |
| Cómo Encontrar Un Guía de Montaña | 182 |
| Evalúe Su Capacidad Para Subir la Montaña | 185 |

**Construya Confianza**     188

| | |
|---|---|
| Construya Confianza con el Equipo Local | 192 |
|    Construir un Equipo en Casa: Las Cuatro Cs | 196 |
|    ¿Quiénes deberían estar en el equipo en casa? | 197 |
|    ¿En qué se beneficia el Equipo en Casa? | 200 |
|    Cuidado con el Señor Saboteador | 203 |
| Confianza Creada en el País | 207 |
|    Un País, Muchas Culturas | 207 |
|    ¿Cómo se Benefician los Clientes? | 214 |
|    Demuestre Su valor | 217 |
|    Hágase Notar | 222 |
|    Fundamentos de Negocios | 227 |
| Evalúe el Grado de Confianza | 230 |

| | |
|---|---|
| **¿Va a Globalizar?** | 234 |
| ¿Es Usted el Indicado? | 235 |
| Actitud | 237 |
| Invierta | 238 |
| Algunas Compañías Eligen *no* Globalizar | 242 |
| Ir / No-Ir | 245 |
| Es una Maratón, No una Carrera Corta | 247 |
| **Acerca de los Autores** | 253 |
| Apéndice 1: Recursos y Referencias | 255 |
| Apéndice 2: Decodificador de Siglas | 265 |
| Apéndice 3: Fundamentos que Vale la pena Conocer | 271 |
| Apéndice 4: Compense y Motive | 275 |
| Apéndice 5: Tareas para una Prueba de Concepto Exitosa POC | 283 |
| Apéndice 6: Memorando de Entendimiento (MDE) | 287 |
| **Índice** | 289 |

# AGRADECIMIENTOS

Para servicios de traducción y asistencia al Español
Barbara Silva
Angelica Troncoso

Ed Gregory—por su aliento y paciencia
Sharon Pearlstein—por su aliento y paciencia

Libros influyentes (incluimos más en recursos y referencias).
- Curtis Carlson and William Wilmot, *Innovation: The Five Disciplines for Creating What Customers Want*
- James Foley, *The Global Entrepreneur*
- Frank Lavin and Peter Cohan, *Export Now*
- Mona Pearl, *Grow Globally: Opportunities for Your Middle-Market Company around the World*
- John Warrillow, *Built to Sell*

Curt Carlson, autor de *Innovation*—asesoría y sobre las grandes ideas

Mike Gospe, autor de *Marketing Campaign Development*, *The Marketing High Ground* y *The Flip Chart Guide to Customer Advisory Boards* —introducción y continua orientación

Kathy Hullman, autora de *Starting up Silicon Valley* —publicación de realidades

Kimberly Benson—percepciones de distribución internacional
Andrew Cadwell—entrar a nuevos mercados y percepciones de la expansión internacional
Susan Castoro—asesoría gráfica
Jik Chu—comprensión de guías de montaña y perspectivas de expansión internacional
Janice Hulse—revisión de pares y perspectivas de experiencia internacional
Kevin McCoy—perspectivas de expansión internacional
Daniel Turner—visión y experiencia internacional

Felipe Aceituno—revisión de pares
Grzegorz Albrecht—revisión de pares
William Beuck—percepción del comprador
Scott Bramwell—fotografía
David Brockington—revisión de pares
Ali FitzGerald—asistencia en formato de imagen
Lainee Goldman—ilustración de iconos
Maurice Kogen—visión sobre comercio internacional
Beau Peters—revisión de pares
Matt Tankersley—revisión de pares

# Prefacio

**Globalízate...**

La revolución digital está cambiando por completo los escenarios de mercado global y local, y en este contexto se hace cada vez más necesario aprender de forma ágil la mejor estrategia para acceder a una geografía específica sin fallar en el intento. Globalízate es la carta de navegación que todo emprendedor, empresario y consultor debería tener al momento de crear una empresa cuyo objetivo es ser Global.

Recuerdo aún mi primer viaje a Silicon Valley en el 2010, fue como ir al futuro y volver, ahí tuve la visión de que todo este conocimiento debía llegar rápidamente al mercado de América Latina y así, a través de BeSTinnovation mi Aceleradora de Innovación Corporativa, comencé a movilizar de forma exponencial conocimientos en materia de innovación, Investigación y Desarrollo, y transformación digital desde Silicon Valley a los principales líderes de habla hispana. Luego, dos años más tarde, convencí a Peter Diamandis de que trajeramos esta visión a América Latina y es así como en el 2016 introduje Singularity University en la región partiendo por Chile y actualmente mi trabajo se ha focalizado en trabajar con Directorios de empresas en construir modelos de negocios globales adyacentes al Core Business y que integran I+D desde Silicon Valley para acelerar la introducción de nuevas tecnologías al negocio.

A veces me pregunto ¿Por qué hago todo esto si podría estar cómoda? y la razón principal es movilizar a que América Latina dé un salto hacia el desarrollo económico y social, a través de la transferencia de conocimiento desde los mercados desarrollados a los emergentes. Si hubiese tenido en mi poder este libro hace ocho años atrás, sin duda alguna el costo de aprendizaje tipo ensayo y error al integrar y traducir culturas, mercados y oportunidades de negocio no hubiese sido tan alto y hubiese sido mucho más ágil.

Globalízate integra la experiencia real acumulada de Robert y Janet a través de un relato dinámico, amigable y profundo. Nos entrega insights relevantes tales como lo importante que es tener un guía de montaña, que nos vincule con la red de confianza de un país, los posibles problemas que puede provocar el no entender una cultura específica y herramientas concretas para disminuir todo tipo de riesgo previo asociado al entrar a un mercado. Con Robert nos conocemos desde hace algunos años y he trabajado con él principalmente robusteciendo el canal de transferencia tecnológica hacia América del Sur, cuando me habló de Globalízate inmediatamente le propuse hacer la edición en español junto a mi **gran partner y traductora Angélica Troncoso.**

*- Bárbara Silva*

## Acerca de Bárbara Silva

*Es experta en transformación digital y catalizadora de ecosistemas de innovación, mujer de negocios, profesora y filántropa. Su pasión es integrar mundos a través del poder de las redes de negocios y de conocimientos para impactar positivamente en el desarrollo económico y social de América Latina. Introdujo Singularity University en América Latina y hoy la lidera en Chile. Es CEO de BeSTinnovation aceleradora de innovación corporativa donde trabaja con Directorios en repensar sus estructuras y modelos de negocios en la era digital.*
*Representa a Stanford Research Institute en América del Sur y es Presidenta y Fundadora de Her Global Impact primera academia de innovación para mujeres en STEM de América Latina.*

*Capítulo 1:*

# Globalizarse

*Él no deseaba ser seleccionado. Francamente, no sabía realmente cómo sucedió, pero pasó. ¿Era ésta una prueba? Podría ser complicado y, sin embargo, era emocionante.*

Cada año TolpaTek[1] desarrolla un detallado plan anual y un panorama trienal. El plan de negocios siempre incluye uno o dos nuevos retos o metas a futuro—crecimiento, talento, I&D, nuevos mercados, lanzamiento de producto, rentabilidad, o casi cualquier cosa. El desafío de este año es llevar la empresa a mercados internacionales.

TolpaTek ha construido una sólida base de clientes con un buen crecimiento constante. La empresa realiza negocios en todo Estados Unidos y en varias provincias canadienses, e incluso tiene algunos clientes en otros países. La expansión estadounidense ha sido relativamente fácil para TolpaTek, entrando a nuevos mercados regionales y expandiéndose hacia nuevas industrias. La

---

[1] TolpaTek es una empresa ficticia; sus personajes, e historia representan un compuesto imaginario de las experiencias empresariales de Robert Pearlstein y Janet Gregory.

*compañía mantiene una sólida posición competitiva y sólida participación de mercado pero siempre está buscando mejorar. Steve y Alex, el CEO y vicepresidente ejecutivo, respectivamente, confían en la capacidad de la compañía para satisfacer y superar las expectativas.*

*Los mercados internacionales ofrecen el crecimiento y potencial alcista para TolpaTek. Ha tenido cierto éxito en Canadá, pero fuera de América del Norte, el camino para el crecimiento del negocio ha sido accidentado.*

*El proceso de planificación se extiende a lo largo de varios meses para minimizar la interrupción del negocio y dar tiempo al equipo ejecutivo para investigar nuevas ideas. Todo el equipo ejecutivo está implicado en el proceso de planificación: ingeniería, marketing, recursos humanos, producción, ventas y finanzas.*

*El equipo ejecutivo abraza al nuevo panorama internacional con interés. Sí, TolpaTek ha hecho negocios fuera de los Estados Unidos, pero sin un enfoque ni metas reales. ¡Ahora el equipo está hablando acerca de convertirse en una empresa global!*

*Al final de una sesión de planificación externa, algunos ejecutivos palmotean a Alex en la espalda y los comentarios varían de entusiasmo al humor al temor. "¡Usted tiene a la compañía en una trayectoria de crecimiento global!" "¿Se dirigirá a nosotros humildes trabajadores de oficina una vez que sea un trotamundos?" "Este desvío internacional nos quitará valiosos recursos de nuestro núcleo de negocio".*

*Para Alex un mensaje está claro: "Ahora es mi turno". La responsabilidad principal está sobre sus hombros para llevar con éxito la compañía a los mercados internacionales. Esto es emocionante, pero también abrumador. La carrera de Alex se ha centrado principalmente en los negocios estadounidenses, y su primera pregunta hace eco: "¿Dónde empiezo?".*

## Nueva Realidad de Negocios

Para 2020 se estima que el 95 por ciento de los consumidores de clase media del mundo residirán fuera de los límites de Estados Unidos.[2] Está claro que el futuro de la economía de EE.UU. va a depender de abrazar una estrategia global. Más importante que el tamaño de las cifras, ha habido tres grandes factores que han acelerado el ritmo de cambio de la economía mundial en los últimos años. Los tres factores principales, identificados por Lavin y Cohan en *Export Now,* [3] son los siguientes:

    1) Tres mil millones de nuevos clientes globales
    2) El fin de las distancias
    3) La reducción de las barreras comerciales

Si eso no es suficiente, aquí hay algunos hechos sorprendentes sobre el cambio en la población mundial para 2050, según el Pew Research Center (www.pewresearch.org):

- Se prevé que la población mundial se elevará a 9.300 mil millones.
- La India y China (el primer y segundo país de mayor población en 2050), juntos, poseerán alrededor de un tercio de la población mundial.
- Nigeria desplazará a los Estados Unidos como el tercer país más grande en población.

***El éxito en nuevos mercados extranjeros es difícil.***

Después de trabajar para una serie de empresas de alta tecnología en Silicon Valley, California, durante los últimos veinte años o más, hemos encontrado que muchas empresas son fuertes en la innovación y el espíritu empresarial, pero siguen siendo débiles en

---

[2] Deborah Wince-Smith, Cumbre Nacional sobre Competitividad de América, Chicago.
[3] Frank Lavin y Peter Cohan, *Export Now: Five Keys to Entering New Markets* (John Wiley & Sons, 2011).

su capacidad para internacionalizarse y lograr abrirse a nuevos mercados extranjeros. Acceder a nuevos mercados internacionales es a menudo una reconsideración o una decisión de reacción precipitada, en lugar de un proceso estratégico proactivo, reflexivo continuo.

### ¿Por qué no hay más empresas que adopten un enfoque proactivo hacia los negocios internacionales?

Durante los últimos cincuenta años, la economía estadounidense ha estado creciendo sostenidamente. Incluso con las fluctuaciones económicas, los Estados Unidos sigue siendo uno de los mayores mercados del mundo. Entrar en un mercado extranjero puede ser difícil y arriesgado. Obviamente, es más fácil hacer negocios en un lugar donde la cultura, costumbres, idioma, leyes, y la moneda son los mismos. Muchas empresas lograrán sobrevivir e incluso prosperar simplemente explotando el mercado estadounidense. Eso está bien si usted desea permanecer siendo una pequeña a mediana empresa.

### El mundo ha cambiado.

Despierte a la nueva realidad de negocios. Para el éxito a largo plazo, debe llevar su negocio fuera de los Estados Unidos. Vivimos en una economía global. La nueva realidad de la empresa es que no se puede confiar en el crecimiento económico en los Estados Unidos solamente. La economía de Estados Unidos no es el único mercado con oportunidad. La economía de los Estados Unidos simplemente no está creciendo muy rápido. Sí, la economía estadounidense sigue siendo grande-una de las más grandes del mundo. Es un gran lugar para lanzar e iniciar su propuesta de valor. El mercado estadounidense es su campo de prueba.

El tiempo en que pudimos confiar únicamente en el tamaño y el rápido crecimiento de la economía de EE.UU. para ayudar a nuestra empresa a sobrevivir y prosperar ya no existe, se ha ido.

### ¿Cuál es la diferencia hoy con respecto al pasado?

Lavin y Cohan nos dicen que son tres factores principales.

La aparición de **tres mil millones de nuevos clientes** refleja la transformación de la economía mundial originada durante las últimas tres décadas, mientras China y ahora la India, se mueven a economías de mercado con una creciente clase media. En consonancia con esta tendencia, y algo movidos por ella, los mercados se han racionalizado. Países anteriormente no habían sido vistos como parte de la economía mundial se están integrando ahora a ella, tales como los países de América Latina, Europa Central, Europa y la ex Unión Soviética. El resultado es que efectivamente la situación económica de la población del planeta se ha duplicado en una generación.

**El fin de las distancias** se refiere a la rápida disminución de la geografía como una restricción comercial. Bienes, personas e ideas se mueven alrededor del mundo rápida y económicamente. Las actividades de negocios que alguna vez tuvieron que ser realizadas en una sola localidad pueden ahora disgregarse y esparcirse por todo el mundo. El advenimiento de Internet, teléfonos móviles y cámaras web ha provocado un colapso en el costo de la comunicación. La aparición de la entrega global urgente, logística integrada, contenedores de transporte marítimo, transporte aéreo con descuento ha llevado a una considerable reducción en los costos de transporte. Los bienes y las ideas se mueven alrededor del mundo en forma más barata y más rápida que nunca antes.

El tercer factor importante es la continua **reducción de las barreras comerciales** del GATT (Acuerdo General sobre Aranceles Aduaneros y Comercio), la Organización Mundial del Comercio (OMC), y las condiciones al interior del país; hay más de 600 acuerdos de libre comercio actualmente en vigor. Es más fácil hacer negocios en otro país y trabajar con diferentes monedas.

## ¿Por qué debería importarle?

Los mercados extranjeros están creciendo, desarrollando y mostrando un gran potencial. Lo que es más importante, su competencia no está sentado sobre sus laureles. Quizás las compañías estadounidenses deberían preocuparse menos por la competencia mundial de China, Brasil e India que de empresas procedentes de otros lugares como Singapur, Israel, Finlandia y Chile. Estos pequeños países están buscando agresivamente fuera de sus mercados nacionales. Los países pequeños miran más allá de sus fronteras para expandirse; están hambrientos, súper competitivos, e invirtiendo fuertemente para triunfar en el escenario económico mundial. Es casi tan fácil para una empresa en Finlandia ir tras el mercado estadounidense como es para ellos ir a países vecinos, como Suecia o Dinamarca.

En muchos sentidos es un requisito para las empresas estadounidenses considerar los mercados mundiales e internacionales al iniciar un negocio o lanzar un nuevo producto. No tener aspiraciones para abordar mercados fuera del país es miope y potencialmente riesgoso. Si estás en cualquier sector del negocio de la tecnología o de la biotecnología, tecnología ambiental, o alta tecnología—sepan que sus competidores están invirtiendo en los mercados mundiales.

## ¿Por qué Leer Globalizate?

Si las empresas con sede en los Estados Unidos van a florecer, la perspectiva empresarial debe ser global. Nuestra perspectiva de negocio debe extenderse más allá de los simples objetivos de ingresos y utilidades, comprometiéndose a **establecer principios operativos de mentalidad global**.

Las compañías estadounidenses necesitan estar a la ofensiva y entrar a nuevos mercados internacionales. El objetivo de *Globalizate* es proporcionarle los principios de funcionamiento esenciales para la navegación comercial internacional y entrar en nuevos mercados.

*Globalizate* proporciona herramientas y metodología bien probadas necesarias para competir y ganar en nuevos mercados. El libro está diseñado para ayudarle a usted, el líder de una pequeña a mediana empresa (PYME), o a un líder de una división dentro de una empresa más grande, a penetrar en los mercados extranjeros y generar un crecimiento de ventas significativo. *Globalizate* le enseñará:

- ✓ El arte de comunicar valor con propósito,
- ✓ La mejor manera de tomar riesgos calculados en pequeños pasos,
- ✓ Cómo entrar en las redes nacionales con un guía de montaña, y
- ✓ Métodos para crear un clima de confianza.

*Globalizate* le ayuda a construir principios operativos de mentalidad global y abre una vía rápida hacia el éxito con una propuesta de valor excepcional. Eliminar o reducir los riesgos que podrían ser reductores de velocidad o barreras. Acelerar la entrada en el mercado con un gran equipo en casa y dentro del país.

*Globalizate* te da las herramientas para evaluar su capacidad para tener éxito. Al final de los capítulos clave, encontrará una autoevaluación donde usted puede calificarse así mismo. Identificará las áreas débiles que requieren atención y fortalezas dignas de inversión. Facilite estas evaluaciones a otras personas de su empresa para que le puedan entregar una visión adicional, una perspectiva más completa, y estimular algunas buenas conversaciones!

*Globalizate* le ayuda a 1) Seleccionar el mercado correcto, 2) identificar la oportunidad de mercado correcta que mejor adapte su oferta a las necesidades del mercado, 3) preparar a hacer la inversión correcta mediante la reducción de la especulación y la comprensión de los riesgos potenciales, 4) aprovechar los conocimientos de su guía de montaña para los mejores segmentos de mercado, y finalmente, 5) seleccionar el curso de acción correcto con el equipo adecuado.

Cualquiera puede globalizarse—la parte más difícil es hacerlo de manera rentable con estándares altos. *Globalizate* es su manual de fundamentos de los negocios internacionales. Le mostrará cómo crear valor, minimizar riesgo, encontrar orientación, y construir confianza en los mercados extranjeros a medida que usted va explorando, calificando y captando clientes en un nuevo país.

Los principios operativos de mentalidad global le ayudarán a usted y a su negocio a desarrollar una mayor comprensión de sus contrapartes extranjeras. Este entendimiento crea una interdependencia mutua que le ayudará a alcanzar el objetivo final: una mayor penetración en el mercado, ingresos y utilidades.

## La Paradoja de la Expansión Internacional

Existe una paradoja que las empresas deben enfrentar al embarcarse en la expansión internacional: el éxito ciego. Es bastante común que una compañía logre un alto grado de éxito en su mercado doméstico, sin comprender plenamente por qué; eso es el éxito ciego. Muchas buenas empresas han crecido satisfactoriamente en casa al dominar un conjunto de actividades diseñadas para vender un determinado conjunto de productos. El resultado es el crecimiento orgánico: la expansión de la producción, ventas y la reputación de la empresa a lo largo de los años. Por desgracia, esto no suele transferirse cuando se expande a nuevos mercados.

Para asegurar el éxito al entrar en un nuevo mercado, una empresa debe expandirse estratégicamente. Usted no tendrá el lujo del crecimiento orgánico, resolver los problemas paso a paso a lo largo del tiempo; se verá forzado a abordar gran cantidad de problemas. Con la ayuda de *Globalizate* puede evitar la trampa del éxito de ciegos que conduce al fracaso ciego. *Globalizate* aborda cuatro preguntas importantes acerca de la decisión de su empresa para expandirse en un nuevo país:

1. **Valor.** Si no agrega valor, no vale la pena hacerlo. ¿Triunfará su empresa y su oferta de producto en el nuevo país? ¿Qué valor aporta a los clientes y al nuevo mercado? ¿Le comprarán a usted los clientes del país? ¿Puede conectar sus productos y servicios en el nuevo país de manera significativa? ¿Cuál es el valor para su empresa? ¿La apertura de un nuevo mercado internacional beneficia a su empresa, más allá de los ingresos y utilidades? Abordaremos estas y muchas otras preguntas en el capítulo 2, "Agregar Valor".

2. **El riesgo.** Toda nueva empresa implica un riesgo. ¿Cómo puede reducir el riesgo de su empresa al entrar en un nuevo mercado internacional? ¿Qué consideraciones clave debe evaluar? ¿Qué factores muy probablemente facilitan u obstaculizan su éxito? En algún momento tendrá que tomar esa importante decisión "ir/no-ir". ¿Existe riesgo para los clientes del nuevo país al que vas a entrar? ¿Se alinea su oferta con las prácticas empresariales internas de los países y culturas? Le ayudaremos a identificar y abordar las áreas para la reducción del riesgo en el capítulo 3, "Eliminar Riesgo" y consideraciones adicionales en el capítulo 6, "¿Va a globalizar?"

3. **Orientación.** Todo escalador sabe que, al subir una montaña desconocida y desafiante, es vital encontrar un *guía de montaña* que conozca el terreno. Cuando se entra a un nuevo y desconocido país, le recomendamos buscar un representante en el país que sea *su* guía de montaña. Un guía de montaña hace conexiones y establece la confianza internamente en el país, abriendo puertas y construyendo relaciones. ¿Cómo encontrar una guía de montaña? ¿Cuál es la mejor manera de trabajar con un guía de montaña? Te presentamos los diferentes tipos de guías

de montaña y las mejores prácticas para trabajar juntos en el capítulo 4, "Encuentre un Guía de Montaña".

4. **Confianza.** Una relación no puede prosperar sin confianza, ya sea en negocios o en su vida personal. ¿Tiene usted el apoyo y la confianza de su empresa para entrar en este nuevo mercado? Los recursos internos de la empresa se alinearán para trabajar ya sea con usted...o contra usted. ¿Cuál es tu estrategia de prueba de concepto para establecer relaciones de confianza con los potenciales? Desmitificamos los elementos importantes para construir confianza con sus compañeros de trabajo en casa y sus nuevos clientes en el extranjero, en el capítulo 5, "Construya Confianza".

Entrar a un nuevo mercado internacional tomará más tiempo de lo esperado. En los Estados Unidos hoy, el negocio está muy orientado a los resultados. La creación de valor y confianza en un nuevo país no ocurre de la noche a la mañana; lleva tiempo y puede tomar años. Con un guía de montaña, usted será capaz de hacer avances a corto plazo y ver resultados, pero el verdadero éxito es el resultado de una inversión a largo plazo. Establezca expectativas de que esto tomará tiempo. Celebre todo pequeño logro. Su compromiso debe ser a largo plazo.

## Desaceleradores, Barreras y Aceleradores

A medida que identifique los factores que afectan su decisión de entrar a nuevo mercado, piense en el papel de cada factor. Estos caen en una de tres categorías: un desacelerador, una barrera, o un acelerador. Algunos factores pueden caer en más de una categoría o pueden cambiar con el tiempo. Pero no sea débil: identifique el impacto primario de manera que pueda establecer la mejor estrategia para trabajar con él.

Si no puede identificar el impacto que un factor puede tener en su entrada al mercado, no tendrá un plan de acción para hacerle frente. Desea capitalizar oportunidades y minimizar el impacto de las amenazas.

Los desaceleradores en una carretera están diseñados para reducir la velocidad. Cuando vea este icono de una carretera con tres desaceleradores, apuntará a cosas que pueden retrasar su entrada al país. Estos son elementos a tener en cuenta y planificar de manera que usted pueda navegar a través y alrededor de ellos. Los reductores de velocidad son principalmente factores neutrales pero que aún requieren tiempo y energía de entender a medida que lleva su oferta de productos a un nuevo país. Consideraciones Culturales y prácticas de negocio son ejemplos comunes de desaceleradores. En el capítulo 4, "Encuentre un Guía de Montaña", le mostraremos cómo suavizar las potenciales protuberancias encontrando un guía de montaña, que potencialmente pueden transformarse en un potente acelerador. En el capítulo 5, "Construya Confianza", ofrecemos sugerencias para transformar al equipo en casa y reductores de primeros clientes en aceleradores.

Las barreras obstaculizan o impiden el progreso. Busque este icono de una calzada barricada apuntando a cuestiones que pueden detener su entrada a un país o crear demoras significativas si no se tratan de manera adecuada. Es importante identificar estos elementos y establecer un plan para minimizarlos o eliminarlos. Estos son factores negativos que requieren inversión de tiempo y energía para enfrentar y resolver. Los requisitos normativos, pre requisitos legales y la inestabilidad política son ejemplos comunes de barreras. En el capítulo 3, "Eliminar Riesgos", le ayudamos a clasificar algunas de las barreras que busca y cómo desplazarse por ellas.

Los aceleradores ayudan a impulsar su negocio en el país. A lo largo de todo el libro, verá este icono de un cohete para indicar oportunidades que desea aprovechar y capitalizar. Los aceleradores impulsan su progreso, proporcionan atajos y reducen las barreras. Estos son elementos positivos que trabajan con usted y proporcionan estímulo y asistencia si los identifica adecuadamente. Invierta tiempo y energía para aprovechar al máximo su influencia.

Las tendencias económicas y de mercado pueden ser aceleradores maravillosos con la correcta distribución de negocios. Las iniciativas internas del gobierno del país pueden acelerar el progreso. En el capítulo 2, "Agregar Valor", le ayudamos a identificar y alinear su oferta de productos con aceleradores.

## No Dejes al TID Interponerse en tu Camino

Muchas empresas, tarde o temprano, se preguntan, "¿Deberíamos internacionalizarnos?" En Silicon Valley, California, donde Robert y Janet residen, es prioridad en empresas de cualquier tamaño, desde emprendimientos hasta una empresa grande, en cada etapa de madurez y en toda industria. Toda conversación de negocios, inevitablemente, tiene una dimensión mundial: oportunidades internacionales, problemas económicos mundiales, las tendencias de la industria mundial, y asuntos transnacionales.

El entusiasmo y optimismo global a menudo es seguido por el TID internacional (temor, incertidumbre y dudas).

### Temor al Fracaso

"¿Qué pasa si fallamos? Si las cosas no van bien, podría tener un efecto negativo a largo plazo en nuestra marca". El capítulo 2, "Agregar Valor", y el capítulo 4, "Encuentre un Guía de Montaña", abordan el temor al fracaso directamente. Si usted proporciona un valor excepcional y construye una relación de confianza con un guía de montaña calificado, puede minimizar o eliminar la posibilidad de fracaso.

### Es Demasiado Costoso
"No tenemos el dinero". "Es distraer recursos de la empresa". "Las presiones de precios y utilidades son problemáticas". La voluntad de invertir tiempo y recursos es importante para el éxito de cualquier nueva empresa. Para maximizar el retorno sobre la inversión, es importante identificar y reducir los riesgos, temas que se abordan en el capítulo 3, "Reducir Riesgo".

### El Temor al Cambio
"Es un buen negocio en los Estados Unidos". "Nuestros empleados (o clientes) están cómodos con nuestro modelo de negocio". "El Cambio es Difícil". Aventurarse a lo desconocido puede ser aterrador sin los conocimientos adecuados y un buen trabajo en equipo. El capítulo 5, "Construir Confianza", se centra en la creación de una combinación de habilidades y trabajo en equipo en casa, al interior del país, y con los clientes.

### Quizá más Adelante
"La calendarización no es correcta". "Estamos pensando seriamente al respecto (pero no haciendo nada)". "Lo exploraremos en unos años más". ¡Con un valor excepcional, riesgo controlado, un guía de montaña experto, y un equipo de confianza en casa, usted se preguntará por qué no había aventurado en nuevos mercados internacionales antes!

Sustituir el TID con las cuatro Cs: Comunicación, Consenso, Colaboración y Claridad a fin de lograr tres Cs más: calma, confiado, convicción. Con la ayuda de *Globalizate,* usted puede tener éxito en nuevos mercados internacionales.

El modelo de negocio detallado en *Globalizate* comienza desde una posición de fuerza: construya una propuesta de valor sólida, reduzca el riesgo con una firme comprensión de factores de impacto en este nuevo mercado, encuentre un guía de montaña capacitado, y confíe en la fortaleza de su equipo.

## Robert y Janet Enfrentan la Realidad

¿Cómo puede un niño creciendo en las calles de Queens Nueva York, calificar para participar en negocios internacionales? Estamos hablando de alguien que nunca había estado en un avión hasta que tuvo 19 años.

> *¡Hola! Soy Robert. Mi accidente con la realidad global de negocios comenzó como un chico flaco que vivía en la aldea global de Jamaica, Queens, Nueva York. Mi papá y mi mamá fueron laboriosos neoyorquinos. Mis abuelos son de la región que hoy se conoce como la República de Belarús. Papá y Mamá nacieron en Estados Unidos, por lo que son la primera generación de estadounidenses. Yo, me veo a mí mismo sólo como norteamericano.*
>
> *Crecer en Queens fue como vivir en un país extranjero. Queens es una de las áreas urbanas étnicamente más diversas del mundo; 48 por ciento de los residentes de Queens, son de origen extranjero, que representan a más de cien países y que hablan más de 130 idiomas. En lo que a mí respecta, estos eran mis amigos, compañeros y competidores en el patio de juegos.[4] Aprendí que, **con un equipo de diversas aptitudes y capacidades, cualquier cosa es posible**.*
>
> *Cuando me gradué de la universidad, no estaba muy seguro de qué quería hacer o hacia dónde me dirigiría. Asistí a una feria laboral celebrada por compañías de contratación japonesa y me las arreglé para conseguir un trabajo, aunque mi japonés no era muy bueno. Sin saberlo, ya había aprendido el concepto cultural japonés de*

---

[4] La Experiencia de Nueva York: Queens, 2013.

*"gambarimasu"*, *que esencialmente significa **intentar, hacer tu mejor esfuerzo, y no darte por vencido.***

Viví y trabajé en Japón durante tres años y medio antes de regresar a los Estados Unidos para completar mi MBA y encontrar trabajo. Obtuve un trabajo en una start-up financiada con capital de riesgo que se estaba posicionando en una de las mega tendencias de negocio de la época. **Participar en una mega tendencia es excitante y arriesgado, pero puede aumentar radicalmente la velocidad de su negocio.** *Internacionalizamos esta start-up en una etapa muy temprana y ayudé a establecer la distribución en el extranjero.*

*Así comenzó mi serie de accidentes con la realidad global de los negocios internacionales. Próxima parada...una start-up en Silicon Valley, California. Ingresé como director de desarrollo de canal, que fue donde Janet y yo nos conocimos. Esta empresa era muy reaccionaria; parecía no tener un plan. Había tantas preguntas y llegaban llamadas desde todas partes. Yo estaba subiéndome a aviones persiguiendo cualquier cosa y todo fuera de los Estados Unidos. El capítulo 3, "Reducir Riesgo", aborda la importancia de investigar y validar su ingreso estratégico a los mercados internacionales.*

*Cada uno de los trabajos sucesivos tuvo un componente internacional y establecí un historial de ayudar a empresas de EE.UU. a entrar en los mercados internacionales de los cinco continentes y más de dos docenas de países.*

Robert ha llevado cinco compañías a mercados internacionales. Son una interesante mezcla de públicos, privadas y compañías sin fines de lucro que varían en tamaño y madurez desde grandes empresas públicas a start-ups en su primera fase. Robert es hoy vicepresidente de desarrollo de negocios para asociaciones mundiales en una gran empresa de investigación y desarrollo sin fines de lucro.

¿Cómo puede una chica jugando en un maizal en la Costa Oeste terminar llevando a dos empresas a mercados internacionales? Esta es la historia de Janet Gregory.

*¡Hola!! Soy Janet, y mi introducción al negocio global fue un accidente. Quizás esta es la mejor manera de decirlo: Me golpearon en la cabeza con ello, no una vez, sino muchas veces. Mi concentración estaba en acumular experiencia en el desarrollo de negocios estadounidense. Estados Unidos tiene mercados dentro de los mercados, y encontré los matices de penetrar estos diferentes mercados inmensamente interesantes. Hay tanta oportunidad aquí en los Estados Unidos que no veía la necesidad de mirar fuera de nuestras fronteras. GOLPE, tuve que recibir un golpe en la cabeza con oportunidades internacionales para hacerme ver la realidad global de los negocios.*

*Nací y crecí en una pequeña ciudad de Illinois, al noroeste de Chicago. Mi infancia fue una plácida crianza de Costa Oeste. Mi papá trasladó a la familia a Washington, DC por trabajo, a mitad de mi estadía en secundaria, llevándome al crisol de la capital de la nación.*

*Después de la universidad me mudé al oeste, echando raíces en el corazón de Silicon Valley, en el norte de California. Inicié mi carrera en tecnología en funciones de venta de cara al cliente, marketing y servicio al cliente. Aprendí que* **crear valor en cualquier misión aumenta sus posibilidades de éxito***.*

*Dos empresas exitosas me condujeron a una gran aventura, ¡mi primer emprendimiento! Yo era vicepresidente de ventas por título y típico de un start-up, yo era una combinación de gerente de ventas, representante de ventas, gerente de operaciones de ventas y entrenamiento de ventas, todo en uno. Aprendí que* **los primeros clientes piloto son más preciados que el oro***. Los primeros clientes validaron nuestra visión, probaron* *nuestro modelo de negocio, precios y la propuesta de valor. En el capítulo 5, "Construir Confianza", hablamos sobre la importancia de captar sus primeros clientes y establecer una posición fortalecida.[5]*

*GOLPE. Nuevamente la oportunidad Internacional me golpeó en la cabeza. Mi enfoque había estado completamente centrado en los Estado Unidos: construir un gran negocio nacional y rentable. Estábamos vendiendo a grandes multinacionales y corporaciones globales, y nuestros clientes querían sistemas en Europa y Asia. GOLPE, GOLPE.* **Nuestros clientes nos presentaron a socios en quienes confiaban, lo que amplió la confianza en todos los sentidos.**

*Mi próximo emprendimiento fue más un vuelco o un reinicio. La sincronización del mercado estaba correcta, y llevamos a esta compañía en una vía rápida hacia el éxito. GOLPE. La oportunidad Internacional me golpeó en la cabeza una vez más. Al menos esta vez, reconocí lo que estaba sucediendo. Los sondeos empezaron a llegar de todo el mundo. Esto evolucionó hasta convertirse en la co fundación de una empresa de consultoría. Este es el trabajo que sigue saciando mi sed para conectar compañías con nuevos clientes y mercados.*

Janet llevó tres compañías a mercados internacionales antes de iniciar su empresa de consultoría. Ahora trabaja exclusivamente para ayudar a las empresas a acceder a nuevos mercados y en expansión global estratégica.

---

[5] Geoffrey A. Moore, *Crossing the Chasm* (Harper Business, 1991).

## Autoevaluación: Conectar los Puntos

*Globalizate* está pensado como una guía útil y práctica. Sabemos que su negocio es único, por lo tanto, en la conclusión de los capítulos clave, le ofrecemos la oportunidad de aplicar los conceptos clave a su situación de negocios en particular. Esto le ayudará a clasificar los conceptos más importantes y establecer prioridades para la atención de su negocio. Es una autoevaluación que permite analizar dónde está usted en su búsqueda para entrar en ese nuevo mercado.

En esta primera autoevaluación conecte los puntos; está leyendo esto porque va a internacionalizar su negocio y entrar a nuevos mercados. Conecte los puntos a lo que inició esta aventura. Conecte los puntos a los recursos que están disponibles para usted. Conéctese con sus propias raíces internacionales.

### Una Historia Tomando Café con Daniel Turner

*El trasfondo personal de Daniel Turner desempeña un rol clave en su éxito de negocios internacional. Él conecta los puntos muy efectivamente con sus raíces internacionales y los aprovecha para resolver los muchos desafíos que el sector empresarial internacional ofrece.*

*Daniel nació "de viaje", en Sudáfrica, de padres diplomáticos de origen canadiense sirviendo en el extranjero. Para cuando Daniel había completado su educación universitaria, ya había vivido en once países diferentes y visitado muchos más.*

*Durante sus años de formación, Daniel aprendió el poder de lo que él llama "lenguaje de supervivencia", una habilidad para hablar inglés, de diferentes formas, pero respetuosas. Él podía cambiar el ritmo, la entonación y el acento, vocabulario, de modo que fuera más fácil de entender. Este es un activo que le sirve mucho en todos los aspectos de su extensa carrera en el mundo de los negocios internacionales.*

*En el capítulo 5, "Construya Confianza", leerá la historia de los enfrentamientos y cooperación multicultural de Daniel Turner.*

① Conecte los puntos a la **necesidad de internacionalizar este negocio**. Sea claro acerca de lo que lo está motivando a globalizar su empresa.

- ¿Qué precipitó el esfuerzo? ¿Comenzó con un enfoque interno para expandirse a los mercados internacionales? O ¿Empezó desde consultas externas hacia usted?

- ¿Con qué países fuera de los Estados Unidos ya está haciendo negocios?

- ¿Qué países tiene como objetivo y por qué? Sea específico acerca de cada uno de ellos.

② Conecte los puntos a la **experiencia disponible**. Hay muchos recursos disponibles para ayudarle, tanto formales como informales.

- ¿Qué experiencia dentro de su empresa puede aprovechar?
    - ¿Qué miembros de la junta directiva tienen contactos que pueden ayudarle?
    - ¿Son algunos de sus empleados actuales del país (o países) al que se dirige?

- ¿A qué competencias fuera de su empresa tiene usted acceso?

- ¿Quién en su red de negocios está haciendo negocios en este país hoy o ha hecho negocios en este país antes? Llámelos, llévelos a tomar café.
- ¿A qué organizaciones o asociaciones internacionales pertinentes que estén disponibles se podría integrar?

③ Conecte los puntos con sus propias raíces internacionales. Esto puede parecer bastante básico, pero es importante para aprovechar su propia psique e historia. ¡Lo que es más importante proporcionará historias divertidas cuando funcionen en red!

- ¿Cuál es su origen étnico? Excepto para los nativos americanos, todos vinieron a los Estados Unidos desde otro lugar.

- ¿Tuvo usted cuando crecía una variedad de amigos que hablaban otros idiomas o que vinieron de otro país?

- ¿Cuando fue su primer viaje fuera del país? ¿Cuáles fueron sus experiencias?

- ¿Qué idiomas habla? ¿frases formales, competente en el aula, conversacional, o completamente fluido?

④ Conecte los puntos en su **experiencia de negocios**. Puede que se sorprenda. ¡Usted tiene más experiencia internacional, directa o indirectamente, de lo que usted piensa!

- ¿Qué experiencia internacional anterior tiene usted?

- ¿Qué experiencia internacional indirecta tiene usted? Incluso si no trabajó directamente en negocios internacionales, la exposición puede proporcionar valiosa información.

# Capítulo 2:

# Agregar Valor

En esos pensamientos nebulosos entre vigilia y sueño, Alex luchaba, sintiéndose atrapado. Le preocupaba el empujar y tirar, empujar y jalar, de los clientes y la empresa. La ambición de la empresa de entrar a nuevos mercados contrastaba con la fuerza de nuevos clientes. Sin clientes, la empresa iba a morir. Alex a menudo se sentía entrampado en este dilema.

Cada nuevo mercado estadounidense presentaba diferentes desafíos para TolpaTek. A medida que la compañía se expandía hacia nuevos sectores de la industria, el personal descubrió que cada sector consideraba sus problemas empresariales de una forma diferente. Tirando y girando, esto creó muchas noches sin dormir para Alex. TolpaTek ofrecía productos y servicios equivalentes a través de las industrias, pero los clientes no visualizaban las prioridades, soluciones o problemas del mismo modo.

Era un enigma. Sí, TolpaTek ofrecía características y capacidades equivalentes, pero cada cliente en una industria diferente visualizaba el valor e impacto de

*TolpaTek para su empresa de forma exclusiva. ¿Cómo pueden los clientes ser tan inmensamente diferentes en el mismo país, con la misma moneda, el mismo idioma y problemas similares?*

*Le tomó algún tiempo, pero Alex y su equipo decodificaron el código. TolpaTek cambió su proceso de descubrimiento para revelar mejor la brecha que sus clientes experimentaban entre sus actuales operaciones y rendimiento mejorado con TolpaTek. Puesto que los clientes veían el impacto y los resultados de manera diferente, la clave del éxito de TolpaTek fue la habilidad para alinear mejor el por qué compran los clientes. Por último, una buena noche de sueño; este análisis será clave para la apertura a los mercados internacionales.*

*Algunos miembros del equipo ejecutivo del TolpaTek pensaban que la venta de sus productos y servicios en los Estados Unidos era sencilla. A Alex no le gusta la palabra "fácil" porque minimiza el pensamiento importante, la estrategia y las noches sin dormir que significó el negocio de TolpaTek en Estados Unidos. Las importantes lecciones aprendidas al ingresar a nuevos mercados de EEUU podrían ayudar a reducir las barreras y aplacar desaceleradores en su viaje hacia nuevos países.*

## Agregar Valor para los Clientes en el *Nuevo Mercado*

Entregue valor a los clientes y ellos le recompensarán con sus órdenes. Su organización gustosamente invertirá en oportunidades que aporten valor a la empresa. Si usted entrega un valor excepcional, es probable que tenga un éxito excepcional como resultado.

Sin clientes = no hay negocio; es así de sencillo. **Si no tiene clientes, no tiene un negocio.** Sí, usted puede iniciar un negocio y construir toda la infraestructura, pero sin clientes, una empresa sólo es un esqueleto sin un sistema nervioso, corazón o la sangre que fluye en sus venas.

Si usted **ofrece valor** a los clientes,
**comprarán** sus productos y/o servicios,
construyendo su negocio.

Si **aporta valor** a los clientes,
le pagarán con su **aprobación**,
estudio de caso, o la voluntad de compartir resultados de negocio
y sus consecuencias.

Si **crea valor** para los clientes,
le recompensarán con su **lealtad**,
continuando haciendo negocios con usted a lo largo del tiempo.

Si **entrega valor** a los clientes,
ellos le darán **referencias**,
abriendo las puertas a nuevos clientes y oportunidades.

Un **acelerador** para su negocio es proveer beneficios valorados a sus clientes. Valor es el impacto que los productos y servicios tienen para ellos o para sus negocios. Impacto es el valor medible que usted crea en las empresas de sus clientes o en sus vidas. Los resultados son lo más importante para sus clientes. Es lo que sus clientes obtienen a cambio de comprar y utilizar sus productos o servicios. A mayor los resultados y el impacto, mayor el valor y más alta la prioridad que sus productos y servicios tendrán en el país.

## Encontrar la Brecha de Valor

El valor para el cliente es básico en un negocio. Demasiado a menudo desestimamos la noción de valor- "Por supuesto que agregamos valor"- luego seguimos discutiendo sobre tecnología, innovaciones y procesos. Al entrar en un nuevo mercado, especialmente un nuevo mercado internacional, el concepto de valor es *primordial*. El valor que su empresa proporciona en un mercado no se traduce directamente a un nuevo mercado, especialmente cuando se entra a mercados internacionales o a nuevos sectores de la industria.

Valor es percepción: cómo comunica usted acerca de sus productos y servicios informa a su base de clientes el valor de su producto. Valor es todas las expectativas que usted establezca con imágenes, palabras y ejemplos. Se trata de tanto *cómo* habla y *qué* dice. Lo que publique, envíe como mensaje, comparta en Facebook y vía "tweet", permite a los clientes en su nuevo mercado comprender lo que está ofreciendo.

Valor engloba todas las características y capacidades de sus productos y servicios. Es tanto lo que hacen y cómo lo hacen. Es la tecnología integrada, la ciencia y los conocimientos aportados por todas las personas inteligentes tras bambalinas y la funcionalidad de los procesos y metodologías comprobadas que su empresa ha probado.

Valor es el beneficio o beneficio**s** que sus productos y servicios ofrecen. Es la percepción de ventaja que los clientes perciben para ellos. ¿Cómo funciona esa cosa para hacer que sus negocios o sus vidas sean mejores? Valor es lo que es importante para ellos (no para usted).

La mejor manera de definir el **valor** para los clientes en el nuevo mercado es conectar con ellos.

- ¿Cómo hablan los clientes en ese país acerca de sus necesidades y de lo que es importante para ellos?

- ¿Qué características y capacidades utilizarán los clientes en el mercado local? ¿Qué consideraciones específicas de cada país son importantes?

- ¿Qué beneficios son *cuantificables, significativos* e *importantes* para los clientes en el país?

- ¿Qué están haciendo o utilizando los clientes locales hoy en día, y por qué?

En la década de 1970, Ernesto Sirolli trabajó con una ONG italiana (organización no gubernamental) en Zambia.[6] Todos tenían grandes intenciones y realmente querían ayudar, pero cada proyecto terminó en fracaso. En sus viajes a lo largo de Zambia, el personal de organizaciones no gubernamentales llegó a la exuberante zona del río Zambezi y les sorprendió que en un valle tan fértil la gente no tenía agricultura.

La ONG vio una oportunidad fantástica para introducir la agricultura a la gente. El personal le enseñó a la gente de Zambia cómo sembrar tomates italianos y calabacín pero sus esfuerzos tropezaron con la indiferencia y el desinterés. Así, con la mejor de las intenciones, la ONG decidió motivar a los zambianos pagándoles a asistir a clases y trabajar en los campos. Algunos lugareños se presentaron, aunque no muchos, pero la ONG sabía que los resultados luego convencerían a los muchos escépticos.

En lugar de preguntar,"*¿Por qué no siembran los zambianos nada en este rico suelo?*" Estos bien intencionados funcionarios de organizaciones no gubernamentales se dijeron el uno al otro, "Gracias a Dios, estamos aquí, justo a tiempo para salvar a la población de Zambia de inanición".

Todo creció maravillosamente. Vigorosas y hermosas plantas verdes. Ricos y deliciosos tomates y calabacines. El personal de la ONG con alegría dijo a los zambianos, "¡Miren lo fácil que es la agricultura!".

---

[6] Ernesto Sirolli, narrador en TED Radio Hour de NPR, "Hay una forma correcta y otra incorrecta de ayudar a alguien", 18 de octubre de 2013.

La ONG orgullosamente cuidaba los campos, los calabacines eran prósperos y grandes, los tomates eran grandes, rojos y maduros. ¡El sabor de las primeras hortalizas en madurar era divino! Luego, la tierra pareció temblar; docenas y docenas de hipopótamos salieron del río Zambezi y diezmó a todo tomate maduro y calabacín a la vista, ellos pisotearon las plantas, de modo que no quedó nada más que una sopa de barro verde.

Los trabajadores de las ONGS gritaron a los zambianos, "¡Mi Dios, los hipopótamos!".

Los zambianos respondieron con calma: "Sí, es por eso que no tenemos agricultura aquí".

"¿Por qué no nos dijeron?", preguntaron los trabajadores de la ONG en estado de shock y consternación.

Los zambianos, compuestos y pragmáticos, respondieron: "nunca nos preguntaron".

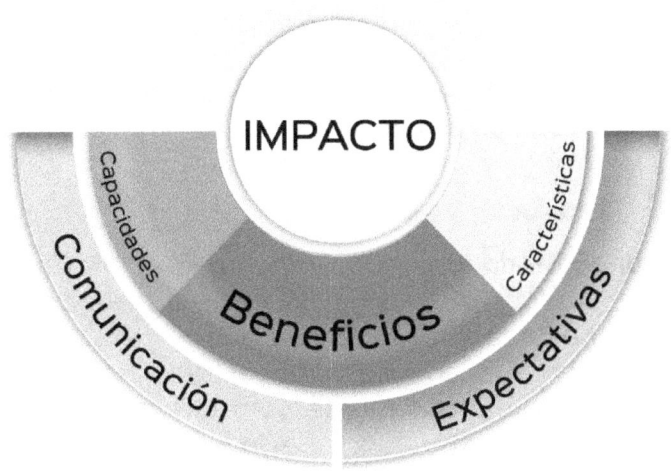

*Ilustración 1: Valor*

Si su oferta es la agricultura en un país con valles ricos y fértiles, ¿cubre las necesidades y desafíos del país?

Si su oferta de productos es una bicicleta, ¿cuáles son las necesidades *específicas* de transporte de los potenciales clientes? Los países con buenas carreteras pavimentadas tendrán diferentes requisitos que los países sin ellas. Sea específico, los ciclistas en un país relativamente plano, como los Países Bajos no necesitan una gran cantidad de velocidades, mientras que en un país montañoso como Suiza, requeriría un buen paquete de engranajes. La gente en Singapur podría tener más ingresos para pagar una costosa bicicleta avanzada, mientras que los de Vietnam no podrían. Sea aún más específico y llame para mayor claridad. Un país avanzado con un sofisticado talento en ingeniería, como Alemania, sería capaz de dar servicio a una bicicleta de alta tecnología, pero en un país emergente, como Senegal, podría no disponer de esa experiencia.

Si su oferta de productos es un electrodoméstico, ¿cuáles son las necesidades y consideraciones del país de destino? Los hogares norteamericanos son grandes con electricidad fácilmente disponible y un amplio espacio. En Japón, el espacio habitable es muy caro; los hogares son considerablemente más pequeños y podrían no dar cabida a un nuevo dispositivo. Los hogares en los países de mercados emergentes de África podrían necesitar su electrodoméstico, pero no tener acceso confiable a la energía o el agua.

### *Una Historia tomando Café con Kevin McCoy*

*La compañía de aplicaciones para teléfonos móviles de Kevin McCoy tenía seis años y construía un sólido seguimiento en los Estados Unidos, por lo que Kevin pensó que era el momento adecuado para entrar al negocio internacional. Kevin se tomó el tiempo para hacer su tarea. El comprendía intrínsecamente la importancia de los conceptos de eliminar el riesgo de* **Globalizate**: *comenzar con países de habla inglesa y el lanzamiento de un país a la vez. Su mercado de* *prueba sería Nueva Zelanda, antes de lanzar en el Reino Unido, seguido por Irlanda.*

*La experiencia de usuarios fue un buen ajuste en cada uno de los países. Pero, no hubo una gran celebración; fue mucho trabajo. Hubo muchas sutilezas de diferencia de valor y no tan sutiles entre los negocios en Estados Unidos y los negocios internacionales. La interacción del usuario para esta aplicación de bienestar para móviles requería modificaciones de país distintivas. Los usuarios tienen diferentes preferencias para los menús emergentes y notificaciones. Todos los países hablaban inglés, pero muchas cosas eran diferentes: vacaciones, preferencias alimentarias, expresiones idiomáticas, e incluso las unidades de medida de peso: kilos, piedras, o libras (lb).*

*La obesidad es una epidemia en los Estados Unidos, pero ese no es el caso en otros países. En los Estados Unidos, la salud y el bienestar es todo acerca del seguimiento de las calorías y el cambio de comportamiento. Otros países consideran la salud y el bienestar como estilo de vida. Además, algunas culturas como Alemania y Japón son rastreadores detallados, mientras que otros, como el Reino Unido e Irlanda son más despreocupados.*

*No basta con declarar que sus productos y servicios están disponibles en otro país o en la tienda de aplicaciones. Kevin descubrió que incluso con recursos limitados, sus aplicaciones necesitaban ser promovidas. Esta fue la aplicación de salud y bienestar número uno en los Estados Unidos, pero en el Reino Unido, su empresa era aún demasiado pequeña para captar la atención de Apple y Google. Kevin aprovechó sus relaciones en los Estados Unidos para hacer introducciones y destacar las aplicaciones de su compañía en los nuevos mercados.*

*Kevin está orgulloso de lo que la empresa ha realizado en cada mercado, siendo ágil para adaptarse a sutiles y no tan sutiles necesidades de la experiencia del usuario. La compañía continúa con su ágil enfoque a nuevos mercados, moviéndose más allá de las necesidades individuales de compañía a consumidor (B2C) y en el exclusivo mundo de las necesidades de bienestar corporativo (B2B).*

Sea honesto en su evaluación de producto. Algunos productos no van a satisfacer las necesidades de ciertos mercados mundiales. Estamos de acuerdo con Mona Pearl en *"Grow Globally"* que no se puede asumir que un producto popular que funciona bien en los Estados Unidos será exitoso o adecuado en otro mercado mundial.[7] La empresa de Kevin McCoy es exitosa y creciente fuera de los Estados Unidos, pero puede que no sea tan grande como él inicialmente previó, y podría tener una atracción de mercado ligeramente diferente.

Anote su propuesta de valor para el *nuevo* mercado. Un buen punto de partida es una exitosa propuesta de valor en un mercado ya existente, pero espere que en el nuevo mercado pueda ser diferente. A veces las diferencias son dramáticas, y otras veces son más sutiles. Su propuesta de valor debe hablar con los clientes en el *nuevo* mercado, en *su* contexto…en *sus* palabras.

Hay gran cantidad de metodologías para desarrollar una propuesta de valor. Nos gusta la sencilla fórmula de SRI International para construir una propuesta de valor.[8] SRI International tiene una larga y distinguida historia de investigación

---

[7] Mona Pearl, *Grow Globally: Opportunities for You Middle-Market Company around the World* (John Wiley & Sons, 2011).
[8] Curtis Carlson and William Wilmot, *Innovation: The Five Disciplines for Creating What Customers Want* (Crown Business, 2006).

y desarrollo. Innovaciones que van desde el mouse del computador, Siri de Apple a la cirugía robótica de Intuitive Surgical surgieron de SRI labs.

La fórmula de SRI International para una propuesta de valor responde a cuatro preguntas:

- ¿Cuál es la *necesidad del cliente*?
- ¿Cuál es su *enfoque* para abordar esta necesidad?
- ¿Cuáles son los *beneficios en comparación con los costos* de su enfoque?
- ¿Cómo se comparan esos beneficios por costos con los de la *competencia*?

Estas cuatro preguntas son referidas como "N-A-B-C" para *n*ecesidad, *a*cercamiento, *b*eneficios por costos, y *c*ompetencia. Estos cuatro elementos deben estar presentes para crear una propuesta de valor convincente.

Aquí hay un ejemplo de propuesta de valor B2C (empresa-a-consumidor) tomada desde el sitio web de Arm & Hammer (www.armandhammer.com) para uno de sus productos, un filtro de aire para refrigerador.

"Arm & Hammer FRIDGE FRESH™ toma Bicarbonato de Sodio de la parte trasera del refrigerador y fuera de la caja [*competencia*]. Se pega en el interior de su refrigerador [*acercamiento*] y expone dos veces más bicarbonato de sodio eliminador de olores [*necesidad*] que una típica caja de una libra [*beneficio por costo*]".

También hay muchos buenos ejemplos para la propuesta de valor de B2B (empresa a empresa). Estos tienden a ser más específicos de la industria y la aplicación debido a la complejidad de su negocio.

*Como muchas empresas, TolpaTek asiste a conferencias relevantes de la industria. TolpaTek es una oferta B2B y podría utilizar una propuesta de valor N-A-B-C como introducción. Por ejemplo, los empleados introducen productos TolpaTek a clientes potenciales con una propuesta de valor como esta:*

*"Empresas como la suya **necesitan** tener sistemas flexibles y receptivos. Nuestro **acercamiento** es un servicio unificado, que proporciona capacidades avanzadas adaptables. Los **beneficios** son una rápida implementación, integración con los servicios existentes, y la auto-gestión de operaciones; a **diferencia** de las ofertas de la competencia que cuestan más y requieren costosas opciones de servicio. Si tiene unos minutos ahora, podríamos discutir sus necesidades de negocio específicas".*

Bueno, ese ejemplo de TolpaTek carece de suficiente detalle y suena un poco rígido, pero usted comprende la idea de cómo una propuesta de valor en cualquier empresa puede cubrir las cuatro preguntas N-A-B-C clave.

Una propuesta de valor comienza con la necesidad. Si el cliente no necesita lo que usted tiene que ofrecer, usted no tiene una propuesta de valor.

Ilustración 2: La necesidad es una brecha

La necesidad es una brecha que su oferta llena. La necesidad es una carencia, algo que falta, o que no funciona correctamente en la situación actual del cliente. En la percepción del cliente, la brecha de valor es la diferencia entre el estado actual del cliente y el estado preferido. Cuanto mayor sea la diferencia percibida, más grande es la brecha. **Cuanto más amplia sea la diferencia, mayor es la necesidad** y más alta la prioridad para el cliente de cerrar la brecha.

Lo que crea la brecha de valor es único para cada producto y servicio; puede ser objetivo o subjetivo. Las brechas más potentes las crean los problemas dolorosos.

- ¿Existen consecuencias que amenacen el bienestar personal o de negocios si el problema no se soluciona?
- ¿Exige abordar este problema un reglamento, certificación o cumplimiento?
- ¿Se despedirá a alguien si el problema no se resuelve?

La brecha podría ser muy concreta y cuantificable, la que puede ser comunicada en cifras, comparaciones, o demostraciones. Por ejemplo, una empresa que ofrece servicio de Internet con velocidades de descarga superiores o de banda ancha más amplia que los competidores se asegurará de ofrecer las cifras y comparar el rendimiento.

La brecha podría ser subjetiva e individual, sobre la base de conceptos no probados o la opinión personal. Las necesidades subjetivas son muy importantes y poderosas para individuos específicos. Hay grandes industrias construidas sobre el cierre de las brechas subjetivas, tales como la industria de los cosméticos en los Estados Unidos, que está valorada en $56 mil millones de dólares o más. Las necesidades subjetivas y personales a menudo caen dentro de tres áreas:

- Imagen, personal o de marca de la empresa.
- Bienestar, salud, sostenibilidad, preocupación por el medio ambiente; y
- Prestigio, de asociación, pertenencia, liderazgo, o posición.

Muchos productos ofrecen una combinación ambos, atributos tangibles, demostrables junto con intangibles, subjetivos, como un fabricante de motocicletas que se centra tanto en el rendimiento como el estilo.

La ventaja de cerrar la brecha es también única para cada producto o servicio. Los clientes pueden estar buscando rentabilidad, o retornos positivos sobre la inversión. Por ejemplo, un computador con tiempo de respuesta más rápido o elogios de los amigos por una apariencia más juvenil. Alternativamente, el valor puede estar en *evitar riesgos* o consecuencias negativas no deseadas; no ser capaz de ejecutar los programas de computador deseados o un envejecimiento acelerado. Algunos productos, como una motocicleta, pueden ofrecer una combinación de ventajas, como la mejora de la eficacia del combustible (reembolso) y seguridad (evitación de riesgos).

**Sus clientes en el nuevo mercado deben estar conscientes de la brecha y entender que su oferta de producto la va a satisfacer.** Al entrar en un mercado nuevo, tendrá que educar a los potenciales clientes. Pero...usted debe educarse a sí mismo primero.

- Existe una brecha entre la situación actual de sus clientes y un estado preferido.
- El estado preferido ofrece valor y beneficios a los que actualmente no tienen acceso.
- Su producto o servicio llena la brecha.
- La adquisición de su producto o servicio entrega el valor deseado, cerrando la brecha. Por lo tanto, entrega valor para el cliente en el nuevo mercado.

Su propuesta de valor debe hablar tanto la jerga como la mentalidad local en el país. Usted necesita hacer algo más que traducir del inglés al japonés (o cualquier otro idioma). Su propuesta de valor debe comunicarse utilizando la terminología de los entornos empresariales actuales de los clientes, usando las palabras que ellos utilizan. Hable en *sus* términos, no los suyos (y no utilice el idioma de otros mercados). De esta manera podrá captar su atención y su interés y, por lo tanto, captar sus negocios.

Puede que a veces su propuesta de valor meramente suscite una respuesta como "¿a qué te refieres?" Aún así, usted ha comenzado una conversación. Esto puede conducir a un reconocimiento del cliente de que usted aporta valor, llenando un vacío que usted reconoció, pero ellos no.

## La Ley de los Cuatro Por qué

¿Cómo se puede averiguar el valor del cliente en el nuevo país? Es ciencia relativa al cliente, no astronáutica. Hable con los clientes, socios, y su guía de montaña en el país. Recuerde, el valor es desde el punto de vista del cliente. Evalúe la idoneidad de su oferta de productos desde la perspectiva del cliente.

No se puede entender el valor en el vacío. No se puede entender el valor en Chile, China o Croacia sentado en su cómoda oficina americana en Austin, Boston, o Madison.

Hable con los potenciales clientes en el país. Su objetivo es entender las necesidades que son importantes para los clientes. Descubra la razón subyacente del "por qué" su producto o servicio es importante para ellos. Robert y Janet lo llaman la Ley de los Cuatro Por qué. Los Cuatro Por qué construyen importancia, a partir de las características y capacidades de su producto principal, lo que se traduce en valor y resultados para el cliente. Resultados e impacto son lo más importante para su cliente.

Si les pregunta a sus clientes los Cuatro Por qué, la conversación podría parecerse a esto:

**Por qué #1:** "Sr. Cliente, ¿*por qué* nos compraría a nosotros?".
    **Respuesta # 1** →Su oferta tiene las características que estábamos buscando".

- o Esto es de gran utilidad; está conociendo las **características** que le importan a su cliente.

**Por qué #2:** "Sra. Cliente, ¿*por qué* son esas características significativas para usted?".

**Respuesta #2** → "Las características proporcionan la capacidad para que hagamos *bla-bla-bla*".

- Esto es bueno; estás conociendo lo que las características harán para tus clientes o sus negocios. La atención se centra en la **funcionalidad** que afecta positivamente el proceso o flujo de trabajo.

**Por qué #3:** "Sr. Cliente, *¿por qué* es la capacidad de hacer *bla-bla-bla* valiosa para usted?*".

    **Respuesta #3** → "Las capacidades permiten que nuestro negocio haga *esto y aquello*".

- Esto se está poniendo realmente muy bueno. Cuando el cliente comienza a hablar acerca de cómo *afecta a su negocio*, usted está escuchando el **valor** que el cliente recibe. Usted escuchará comentarios relacionados con innovación, diferenciación, mejoramiento, el ROI (retorno sobre la inversión), la adquisición de clientes, retención de clientes y similares. Si estos pueden ser cuantificados, es tanto más valioso para su comprensión; conviértalos en un estudio de caso de cliente y se convierte en un valioso punto de prueba para nuevos clientes potenciales.

**Por qué #4:** "Sra. Clienta, *¿por qué* es importante para su empresa hacer esto y aquello?".

    **Respuesta #4** → "Esto y aquello contribuye al crecimiento de nuestra empresa, la rentabilidad, posición en el mercado, u otro impulsor de negocio de las siguientes maneras…".

- Ahora, ha llegado a la esencia de lo que es realmente importante. El cliente está hablando de impacto y **resultados** de negocio. Si el cliente es un banco, este es el modo en que el banco puede hacer crecer su negocio, proporcionar valor para el accionista, diferenciarse para los clientes, mejorar la clasificación competitiva y más. ¿Puede usted ayudar a que el banco se convierta en un mejor banco (o que cualquier negocio sea mejor)? Los resultados y el impacto se miden a lo largo del tiempo.

Advertencia—si usted realmente tuviera esta conversación precisamente de esta manera, usted podría disgustar a su cliente al igual que un niño hace con un padre cuando le pregunta "por qué" cuatro veces seguidas.

Comience por describir los Cuatro Por qué para su producto y servicio en los Estados Unidos. Los estudios de casos de clientes generalmente contienen los componentes esenciales para los Cuatro Por qué.

*Ilustración 3: Los Cuatro Por qué*

Los Cuatro Por qué de los Estados Unidos le darán pistas para descubrir los por qué en el nuevo país al que va a entrar. Pero, usted aún así necesita preguntar a los clientes del país los Cuatro Por qué, o es probable que no acierte.

Las características y atributos son normalmente la esencia de *su* oferta de productos. Pero para los clientes, la esencia es el impacto y los resultados de *sus* empresas. Las características y atributos se convierten en capacidades y funciones a medida que los clientes las utilizan. La función y las capacidades producen valor y beneficios que producen un impacto demostrable y resultados de negocios positivos.

Lo que más valoran los clientes son el impacto y los resultados, razón por la que los ilustramos en el centro (piense en llegar al sabroso centro de un Tootsie Pop). Desafortunadamente, muchas compañías se centran más en las características y atributos (el exterior de caramelo duro del Tootsie Pop) que sobre el impacto y los resultados (el verdadero placer en el centro). Esto es evidente en muchos sitios web y material de marketing de las empresas.

Contestar los Cuatro Por qué es igualmente importante como un ejercicio de comprensión y de atraer también a socios en su cadena de clientes. Al entrar en un nuevo país, usted desea atraer a socios de negocio al comienzo del proceso, porque tienen acceso a los clientes, compradores y usuarios en el país. Los socios también pueden ser necesarios para agregar valor o para completar su solución.

> *TolpaTek trabaja con socios integradores de sistemas que van a vender, implementar y mantener los sistemas. En la captación de nuevos socios comerciales, el equipo de gestión de Alex tendrá una discusión de los "Cuatro Por qué" con el equipo de liderazgo de un potencial integrador de sistema. Ese debate podría sonar algo como esto:*
>
> *Por qué #1: "Sr. Socio, ¿**por qué** es importante para usted asociarse con TolpaTek?".*

→ "Sus sistemas añaden nuevas capacidades a nuestra cartera de productos y servicios".

Por qué #2: "Sr. Socio, ¿**por qué** son importantes esas nuevas capacidades?"
→ "Las capacidades de TolpaTek nos permiten ofrecer funcionalidad de alto nivel a los clientes que no pudimos abordar previamente".

Por qué #3: "Sr. Socio, ¿**por qué** es valioso para su negocio el alto nivel de funcionalidad de TolpaTek?".
→ "La funcionalidad de alto nivel aprovecha nuestra experiencia y atrae a nuevos clientes".

Por qué #4: "Sr. Socio, ¿**por qué** es importante aprovechar su experiencia y atraer nuevos clientes?"
→ "Nos esforzamos por ser reconocidos como los expertos locales, proporcionando nuevas ofertas innovadoras, para servir mejor a nuestros clientes".

Ok, Alex y su equipo probablemente no deberían preguntar los Cuatro Por qué tan directamente, pero usted puede ver que al hacerlo, descubre lo que realmente está motivando al Sr. socio para hacer negocios con TolpaTek. No es acerca de las características y capacidades. El "por qué" del Sr. Socio, es por el impacto y los resultados que le ayudan a construir la imagen de la empresa y hacer crecer el negocio.

Mientras más exclusivo y diferenciado esté su producto o servicio dentro del país, más fácil será comunicar los Cuatro Por qué. Alinear su negocio con el negocio de sus clientes y socios es esencial para el éxito.

## Sobresalir en la Multitud

Vivimos en un mundo abarrotado y ajetreado, desbordado de mensajes publicitarios, en línea, impresos y en la calle. Los estantes están llenos de alternativas, ya sea que venda contenedores de acero o refrigerios. Su habilidad para distinguirse entre la multitud es importante tanto para usted como para sus clientes.

Su éxito en el mercado de EE.UU. hoy en día se basa en su capacidad para desplazarse correctamente por el rápido y altamente competitivo mercado americano. El comprador de hoy es conocedor y exigente. Los clientes buscan ofertas competitivas y esperan que usted pueda indicar claramente por qué su oferta es mejor que otra. No sólo mejor, sino verdaderamente diferente y capaz de ofrecer resultados convincentes.

Conozca su competencia. Conozca su competencia en el nuevo mercado. Aquí su departamento de marketing puede ser de gran ayuda. El marketing es una competencia básica de las empresas de EE.UU. Aproveche los amplios conocimientos y recursos de los profesionales de marketing; ellos poseen informes competitivos en profundidad, estudios de la industria, y matrices detalladas más allá de lo que la empresa percibe. No, no están reteniendo información, solo priorizando para los principales competidores que se encuentren en un mercado en particular. Hágales saber a qué país está apuntando y cuáles son los competidores presentes. Seguramente serán capaces de ayudarle con datos comparativos.

Espere encontrar un panorama competitivo muy diferente de lo que se experimenta en los Estados Unidos. El país de destino puede tener algunas alternativas únicas, que van desde una solución al interior del país a competidores de otros países a los que no se han enfrentado antes.

Si desea sumergirse profundamente en el análisis de la competencia, tome una copia de *Ventaja Competitiva* de Michael

Porter.[9] El define cuidadosamente cinco fuerzas de la competencia que cada industria enfrenta de alguna manera: la amenaza de sustitutos, el poder de negociación de los compradores, el poder de negociación de los proveedores, la rivalidad entre competidores existentes, y la entrada de nuevos competidores. La fuerza combinada de estas cinco fuerzas competitivas determinará la oportunidad de una empresa para tener éxito en un mercado determinado.

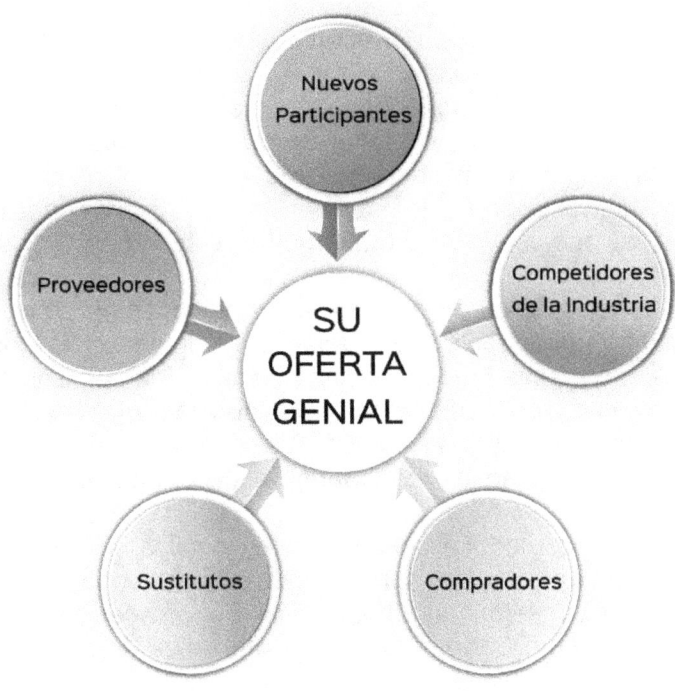

*Ilustración 4: Las Cinco Fuerzas de la Competencia de Porter*

---

[9] Michael E. Porter, *Competitive Advantage: Creating and Sustaining Superior Performance* (The Free Press: Simon & Schuster, 1998).

Los clientes siempre tienen opciones, incluso si no son exactamente lo mismo que usted está ofreciendo. ¿Cuáles son? Los clientes quieren una elección, y siempre tienen alternativas. Si el mercado está creciendo rápidamente, es probable que usted no tenga que preocuparse por las opciones. Si el mercado es suficientemente grande, también es posible que no necesite preocuparse demasiado acerca de las alternativas.

Su taza de café o té de la mañana es un buen ejemplo de por qué las opciones y alternativas no deberían preocuparle en un mercado grande o creciente. Si usted prefiere una taza de café o té dulce use azúcar blanca. Si le gusta natural, azúcar rubia, azúcar pura o miel, sería preferible y si usted está buscando un edulcorante sin calorías podría elegir algo parecido a Splenda, Sweet 'N Low, o Equal; si desea dulzura natural sin calorías buscará los edulcorantes derivados de la estevia. Una taza de café o té y usted puede ver fácilmente diez o más opciones y alternativas que conviven cómodamente en su mercado comptitivo.

En el mundo competitivo de las opciones de productos, el rendimiento de característica relativa es importante (como las calorías, naturalidad y sabor), también podrían existir algunos costes de cambio (precio, fecha de caducidad, o consideraciones de almacenamiento). A veces los motivos son puramente subjetivos y desafían la razón (sabor, aspecto o consistencia).

Si el mercado es estático o en declive, su oferta de un producto nuevo necesita ser disruptiva, revolucionar, o "levantar polvo" para conseguir ser notado. **Si no ofrece una atractiva ventaja en un mercado estático, no pierda su tiempo ni dinero.**

El negocio de las aspiradoras en los años noventa es un buen ejemplo de un mercado muerto y moribundo, totalmente aburrido digno de bostezo. James Dyson experimentó con 5,127 prototipos de aspiradora en un taller detrás de su casa antes de declarar que una funcionaba a la perfección. Quién sabe por qué lo hizo, pero en 1993 fundó Dyson Ltd. y veinte años más tarde declaró £6 mil millones ($10.2 mil millones de dólares) en ingresos. En 1993, entró a un mercado estancado lleno de respetados fabricantes de marca como Bissell, Hoover, Electrolux, y otros cuyo mercado mundial nunca había siquiera considerado la palabra B- (mil millones). Dyson sigue innovando en todas las áreas de su producto desde la succión a la filtración a la movilidad para el diseño. Si la compañía no continúa innovando, también se estancará y perderá participación de mercado.

**Los clientes de hoy en día son autoritarios, exigentes y están mejor informados que nunca antes.** Demandan información. Emiten solicitudes de información (SDI), solicitudes de propuesta (SDP), licitaciones y solicitudes de cotización (SDC). Invertirán tiempo investigando opciones y alternativas. Quieren comparar cómo funcionarán las cosas si dejan de hacer lo que están haciendo hoy y empiezan a hacer lo que usted propone.

La **barrera competitiva número uno**, por encima de todas las demás, es la inercia del comprador. Aunque su oferta sea realmente increíble (sabemos que lo que ofrece es increíble, porque eso es lo que nos dicen), puede que los compradores simplemente no vean las cosas de esa manera. Simplemente no es lo suficientemente atractivo como para cambiar lo que están haciendo hoy. Puede que los compradores vean y comprendan lo que la oferta es, pero elijan no comprar.

¿Recuerda la última vez que se cambió de una importante marca de teléfono inteligente a otro? No podía hacer las cosas tan rápido incluso las cosas simples; no podía encontrar su aplicación favorita, su calendario o los contactos no estaban incorporados y las cosas funcionaban de manera diferente. Usted tuvo que desaprender y volver a aprender. ¡Fue una molestia!, y usted pensará en esto antes de cambiar nuevamente de marca. Sus clientes harán lo mismo. ¿Está ofreciendo algo grande, realmente GRANDE, atractivo e impresionante que hará que toda esa molestia valga la pena? El tomador de decisiones no desea pasar por tanto sufrimiento al decidir ni perder su trabajo.

Usted está compitiendo por el dinero en las billeteras de los compradores. Tienen otras prioridades en qué gastar su dinero. En un principio, en los países emergentes, las prioridades de gasto tienden a centrarse en lo fundamental, atendiendo necesidades básicas de supervivencia, como alimentos, agua, vivienda, seguridad, electricidad, o la salud. En etapas posteriores, en los países avanzados, las prioridades de gasto son tremendamente diferentes, centradas en la auto-expresión, la protección del medio ambiente, creatividad, entretenimiento, acceso a la información, y/o la participación en la toma de decisiones. Es una cuestión de prioridades. Usted está compitiendo con *sus* prioridades, *su* sentido de urgencia y *sus* inquietudes, no las suyas.

Cuando se entra a un nuevo país, no espere que su movida pase desapercibida. Si este es el primer país nuevo al que está entrando su empresa, puede que sea capaz de operar bajo el radar durante un tiempo, pero el éxito traerá la visibilidad en el mercado a sus esfuerzos. O puede que se encuentre con competidores del país que monten una campaña en contra de usted. Mantenga su cabeza en alto y los ojos abiertos; nunca se sabe con lo que se encontrará.

Cree una imagen del panorama competitivo actual:

- ¿Qué competidores están en este país hoy?
- ¿Qué participación de mercado tiene cada uno?
- ¿Cuáles son las tendencias de la industria, en el país y en todo el mundo?
- ¿Cómo se diferencian o segmentan los competidores en el país?

Descubrir la dinámica competitiva en el país no es siempre fácil. Un representante del país, o guía de montaña, es una valiosa herramienta que le ayudará a entender cómo se posicionan los competidores. Le presentaremos el concepto de la adición de un guía de montaña a su equipo en el capítulo 4, "Encuentre un Guía de Montaña". La rivalidad competitiva puede estar basada en una dinámica similar a lo que se encuentra en el mercado estadounidense, tales como descuentos, guerra de características y similares. O puede que usted encuentre que la rivalidad competitiva en otros países opera dramáticamente diferente.

Anticipe una nueva dinámica competitiva con la que usted no está familiarizado. Puede que los competidores se alineen con la estratificación social, las relaciones de largo plazo, o incluso acuerdos bajo la mesa. Puede que eviten chocar el uno con el otro alineándose con un estrato social, casta o grupo étnico; dependiendo del producto, esta dinámica puede estar operando en la India, sudeste de Asia, América del Sur y otras regiones.

Por ejemplo, Malasia tiene una rica diversidad étnica dividida entre musulmanes malayos, chinos e indios. Para los bienes de consumo B2C, esto significa elegir su punto clave para atraer al cliente. Para bienes B2B o B2G (empresas a gobierno), significa la comprensión de la estructura empresarial. En general, los musulmanes de origen malayo lideran el gobierno, universidades, empresas halal, y otros. Los chinos lideran el comercio minoristas, importación/exportación, u otras actividades comerciales, y los indios proporcionan gran parte de la columna vertebral de la mano de obra. Los competidores pueden elegir alinearse con un grupo y fundamentalmente ignorar a otro; es una dinámica competitiva muy diferente a la que encontramos en los Estados Unidos.

Las soluciones competitivas nacionales o del país pueden presentar una **barrera** especialmente resistente, incluso si son inferiores a su oferta. En algunos casos, la competencia local puede parecer desafiar la lógica, y usted pensará que, "Una vez que eduquemos al mercado, estarán comiendo de nuestra mano". Eso puede ser cierto, pero examine cuidadosamente estos conductores locales. El orgullo nacional, la conexión política, el contexto cultural, o el apoyo del gobierno de alternativas competitivas pueden proporcionar barreras o desaceleradores para su negocio.

Muchas empresas de los mercados emergentes están listas para convertirse en importantes multinacionales del siglo XXI. Aquí hay ejemplos de algunas empresas al alza:

- Brasil: Embraer, Sadia & Perdiago, Natura
- México: América Móvil, Grupo Modelo
- India: Ranbaxy, Infosys,Tata Tea, WIPRO
- China: Galanz, Haier, Chunlan Group, Lenovo, Pearl River Piano
- Turquía: Koç Holding, Vestel

Arm & Hammer puede tener dificultad para introducir su desodorizante para refrigerador en un país asiático donde los compradores utilizan una hierba local con lazos culturales profundamente arraigados, incluso si esa hierba es más cara y mucho menos eficaz. TolpaTek puede encontrar países como Francia o Singapur, con una fuerte presencia de organismos reguladores difíciles de penetrar por una intrincada red de conexiones personales y políticas, así como un fuerte orgullo nacional.

Usted es el nuevo competidor cuando entra a un nuevo país. Porter[10] ingeniosamente señala que existen muchas barreras al adoptar un nuevo mercado: la identidad de marca, costes de cambio, requisitos de capital, política de gobierno, represalia competitiva y más. Si fuera fácil, todos podrían hacerlo. Este es el motivo por el que su jefe desea que trabaje en este problema. ¡*Globalizate* está aquí para ayudarle!

 Un importante **acelerador** es que su oferta sea *grande*, convincente, e impresionante al ser "propietario" de un proceso. Cuando usted es dueño de un proceso o un elemento crítico en el proceso, es más fácil para usted dirigirlo y más fácil para los socios del país posicionarlo y más fácil para sus clientes de entender, le otorga el control. Sea claro acerca de lo que ofrece y la forma en que

---

[10] *Ibíd.*

proporciona una metodología única para el mercado en el país.

*Inicialmente TolpaTek centró sus productos y servicios en los gerentes de TI, que son vitales para la implementación del sistema. TolpaTek había estudiado el mercado de EE.UU. y esta estrategia se alineaba con el paisaje competitivo centrado en la infraestructura de TI y la administración de sistemas. Pero, en los primeros años, TolpaTek no conseguía hacerse notar. Los productos y servicios de la empresa ofrecían capacidades únicas, pero simplemente no estaban teniendo mucha fuerza entre todo el "ruido" del mercado.*

*Un cambio en la estrategia de los Estados Unidos hizo toda la diferencia. TolpaTek alteró su enfoque para centrarse en los usuarios, porque los usuarios desempeñan un papel estratégico en las decisiones del proceso de negocio. Este cambio clarificó el resultado de negocio, insertó las capacidades de TolpaTek en el flujo de trabajo y le permitió "adueñarse" del proceso.*

- *TolpaTek encontró su mayor éxito en los Estados Unidos con empresas que tienen complejas relaciones con clientes, un perfil de cliente distintivo.*
- *La compañía desarrolló herramientas de cálculo de flujo de trabajo y de retorno sobre la inversión para ayudar a los usuarios a conectarse con la propuesta de valor de una manera significativa.*
- *El que TolpaTek se centrara en el proceso de negocio fue un claro diferenciador de su ventaja competitiva.*

*Puesto que el enfoque en el impacto en el usuario y el proceso de negocio proporcionó a TolpaTek una ventaja de peso en Estados Unidos y Canadá, la compañía asumió que esta misma estrategia serviría para entrar a otros países avanzados como Singapur y Corea del Sur. ¡Eso parecía tener sentido cuando TolpaTek evaluó estos nuevos mercados desde la comodidad de sus oficinas estadounidenses, pero estaba* **equivocado***! Parecía que TolpaTek simplemente no podía tener fuerza en Singapur o Corea.*

*Lo que no hizo TolpaTek fue preguntar a los clientes en el país los Cuatro Por qué. Tras unos resultados decepcionantes en estos nuevos mercados, TolpaTek se dio cuenta de que había un cambio de valor en el panorama competitivo. La comparación competitiva estaba basada en criterios diferentes y en un conjunto de ofertas competitivas diferentes. Sí, los usuarios eran vitales para la implementación del sistema, pero los gerentes de TI desempeñaban un papel más estratégico en las decisiones de procesos de negocio clave. Los productos y servicios eran los mismos, pero la propuesta de valor cambió de los usuarios de vuelta a los gerentes de TI.*

**Ocuparse de la competencia es fundamental en un negocio.** Al entrar en un nuevo mercado, **anticipe una dinámica competitiva desconocida.** El panorama de la competencia debe ser una consideración importante en la lista de verificación de diagnósticos para entrar a un país. **Los mercados se comportan de forma diferente**, aún cuando otras características parezcan ser similares. Espere identificar a competidores y tomadores de decisión a los que no se haya enfrentado nunca antes.

## Agregue Valor a su Compañía

Equilibrar la emoción de entrar en nuevos mercados con la planificación estratégica puede ser un reto. Comience con una serie de pequeños pasos para estudiar y seleccionar los países correctos. Considere cuidadosamente los pequeños pasos importantes para la entrada en el mercado, entrega y aprendizaje antes de entrar en el nuevo país.

El encanto de una oportunidad internacional para su empresa es innegable. De hecho, esa es la forma en que muchas empresas hacen su primera movida a un nuevo país. Podría empezar con un contacto al azar en una feria comercial o una solicitud de información. Capitalice las oportunidades manteniendo al mismo tiempo un proceso de selección consciente.

Al seleccionar un nuevo mercado internacional al cual entrar, las empresas se enfrentan con dos objetivos hasta cierto punto opuestos: factibilidad y valor. Desean una alta probabilidad de éxito del negocio junto con una importante contribución a los ingresos o utilidades de la compañía. En lugar de ello, nos gustaría que usted considerara la factibilidad desde una perspectiva diferente.

Piense en la factibilidad como el grado de dificultad de entrar en un nuevo mercado. Considere comenzar en mercados que son más fáciles de penetrar de forma que su empresa pueda obtener valiosa experiencia internacional antes de abordar mercados más grandes o con mayor desafío.

Piense en valor como la reputación, referencias y aprobación. En los mercados internacionales, la reputación *lo es todo*; los ingresos de la compañía y las utilidades son los resultados. El éxito es importante, pero las cifras de los ingresos iniciales no son tan importantes como los efectos beneficiosos que su oferta tiene para los clientes; el crecimiento es la consecuencia del verdadero valor para el cliente.

## El Enfoque de Pequeños Pasos

Visualice su entrada en un país nuevo como una serie de pequeños pasos, no como un gran compromiso de, todo-o-nada.

- **Los pasos de entrada al mercado:** ¿Están los posibles clientes conscientes de su oferta? ¿Están respondiendo con interés a su oferta? ¿Se ha transformado el interés en proposiciones? ¿Se han transformado las proposiciones en adquisiciones? ¿Qué está aprendiendo de cada paso de entrada al mercado? ¿En qué se diferencia la atracción de clientes en este nuevo país?

- **Los pasos de entrega del mercado:** ¿Cómo son entregados e instalados los productos y servicios? ¿Cómo aprenden los clientes a utilizarlos? ¿Qué valor reciben los clientes de sus productos y servicios? ¿Trabajarán con usted los clientes para documentar y cuantificar el valor? ¿Le presentarán a otros posibles clientes? ¿Avalarán los clientes su producto? ¿Qué está usted aprendiendo de cada paso de entrega? ¿Cuáles son los atributos únicos de la brecha de valor en este país?

- **Los pasos de aprendizaje:** Defina los próximos pasos para la expansión y penetración en el mercado. Celebre y aprenda de cada pequeña victoria. Evalúe y aprenda de tus errores. Si no puede identificar lo que va a hacer de una manera diferente la próxima vez, está condenado a repetir los mismos errores. Mire más allá de la adquisición de clientes para identificar lo que le ayuda a retener a los clientes y construir lealtad a la marca en el país.

El enfoque de pequeños pasos debería aplicarse a su plan de negocios internacionales. Tome un país a la vez. Establezca metas conservadoras para la entrada en el mercado, la entrega en el mercado y la expansión del mercado. Alinee la inversión a las expectativas, sabiendo que tendrá que invertir antes de resultados demostrables. Sea optimista, paciente y realista.

El enfoque pequeños pasos debería aplicarse a su plan de internacionalización. No planifique expandir su negocio a Asia. Asia incluye a cincuenta países y abarca grandes distancias, desde el mar Mediterráneo hasta el Océano Pacífico, y desde el Océano Índico hasta el Ártico. Asia abarca fronteras nacionales con gran diversidad cultural, desde Turquía hasta Rusia, China, Japón y mucho más. Incluso el más definido subconjunto del Sudeste Asiático incluye doce países o más, cada uno con su propio idioma, cultura y sistema monetario: Singapur, Tailandia, Vietnam y otros. Elija un solo país para comenzar. Mejor aún, elija una región/provincia/estado dentro de un país.

**Un país. Pequeños pasos.** Hitos y metas incrementales para la entrada en el mercado, entrega en el mercado y más tarde, la expansión del mercado y la penetración en el mercado.

## Comenzar desde una Posición de Fortaleza

En los negocios, como en la vida, comience desde una posición de fortaleza. La expansión de los negocios es mucho más fácil y menos riesgosa si puede aprovechar una fortaleza actual en una zona nueva.

### *Una Historia Tomando Café con Andrew Cadwell*

*Como un niño con una rabieta en el piso del supermercado, a veces la expansión internacional no ocurre con tranquila sofisticación.*

*La división de Andrew Cadwell estaba totalmente centrada en los Estados Unidos. El negocio era sólido y creciente. La compañía se distinguía por desarrollar fuertes relaciones con grandes empresas estadounidenses. Estas grandes empresas también tenían operaciones internacionales y eran actores globales.*

*Los clientes deseaban (incluso exigían) que Andy proporcionara los mismos servicios confiables a sus otras ubicaciones alrededor del mundo. El reto se colocó sobre la mesa: "adaptarse a las empresas internacionales, o aceptar un crecimiento más lento y permanecer en un mercado descendente".*

Andy era el presidente de división de esta compañía de servicios de soluciones y redes gestionadas de TI; Andy decidió que su división se adaptaría, potenciando las relaciones con clientes para acceder a los mercados internacionales. Andy señala que "pateando y gritando" describe con más precisión la primera expansión internacional, pero el resultado fue el potenciamiento y crecimiento.

Posteriormente, otras divisiones y toda la empresa siguieron el ejemplo. A partir de una posición de fuerza, Andy descubrió en sus actuales clientes poderosos abridores de puerta, como potenciador número uno. Esto también evolucionó en una formidable barrera de entrada para los competidores.

La empresa no tenía una verdadera experiencia internacional y se decidió por un enfoque simple y directo. Enviaría a sus expertos informáticos y de red necesarios para diseñar e implementar sistemas, asociándose con proveedores locales para la compra de hardware y software. De este modo, aprovecharon la fortaleza de su profunda experiencia estadounidense, como potenciador número dos. Parecía bastante simple.

Sin embargo, el camino estaba lleno de baches en estos nuevos mercados. Hubo obstáculos con clientes; algunos clientes deseaban que Andy enviara sistemas totalmente configurados desde los Estados Unidos, mientras que otros querían utilizar a proveedores en el país. Hubo obstáculos con proveedores, desde plazo de entrega del producto a problemas de configuración. La empresa de Andy opera con un margen estrecho, por lo que el camino accidentado de retrasos, cambio de moneda, el impuesto al valor agregado, honorarios, gastos de envío y recepción podían sumarse. Si no se administraba con cuidado, la empresa podía realmente **perder** dinero en un proyecto.

Le tomó algún tiempo, pero la compañía de Andy sorteó todos los obstáculos. Los negocios internacionales de la empresa pasaron a ser muy rentables e importante para sus clientes más grandes, demostraron que la empresa podría abordar los desafíos empresariales "a escala".

La compañía de Andy comenzó desde una posición de fuerza, aprovechando sus conocimientos técnicos básicos y las relaciones con los clientes para abrir nuevos mercados.

Andy atribuye el continuo éxito internacional a largo plazo de su empresa a seis medidas vitales.

1. Contratar un equipo totalmente dedicado a los negocios internacionales.
2. Crear una calculadora de costos internacional para comprender la rentabilidad potencial; incluye impuestos, honorarios, gastos de transporte y los retrasos.
3. Entrar a un país con un recurso dedicado.
4. Entrar a un país directamente o con socio; no nade en dos aguas.
5. No tenga miedo de pedir ayuda; mantenga asesoría legal en el país.
6. Establecer una línea de apoyo al cliente internacional, una extensión del punto número uno anterior. Construye una relación de confianza con los clientes y socios porque pueden ponerse en contacto y mantener una conversación con un ser humano que resolverá sus preguntas o problemas.

> Al convertir una empresa en internacional, Andy reconoció la importancia de agregar valor (6), reducir el riesgo (2 y 5), encontrar un guía de montaña (3 y 4), crear confianza (4 y 6), y establecer compromiso a todos los niveles (1, 4 y 6). Aplicando lo que aprendió, Andrew Cadwell ha mantenido un alto nivel de éxito en sus negocios internacionales.

Para encontrar una posición de fortaleza, examine estas cuatro preguntas básicas:

1) ¿Qué productos y/o servicios existentes desea exportar?
2) ¿A qué mercado nuevo (nuevo país o estado/región) va a estar entrando?
3) ¿Quién es el cliente para esos productos y servicios en el mercado de los Estados Unidos hoy y en el nuevo país?
4) ¿Qué productos ya existen, en la misma forma o similar en el país?

El **acelerador** de negocios más predecible es llevar un producto existente a un mercado nuevo o adyacente para captar nuevos clientes. La historia de Andy antes mencionada, utilizó los productos existentes y aprovechó los clientes existentes junto con experiencia interna para penetrar con éxito en nuevos países. El mejor enfoque para entrar en un nuevo mercado internacional es utilizar las fortalezas actuales de la compañía, características de producto, capacidades y valor conocidos, de esta forma sacando la "novedad" de la ecuación cuanto sea posible. Si usted también puede aprovechar los actuales clientes, como Andy hizo, es una ventaja agregada.

Espere unos cuantos **desaceleradores** si está desarrollando nuevos productos para lanzar dentro de los mercados actuales. Conocer a sus clientes y comprender el mercado reduce el número de variables, lo que disminuirá el riesgo, facilitando su paso a través de los baches en el camino.

La mayor **barrera**, mayor riesgo y la movida más difícil para una empresa es desarrollar productos totalmente nuevos para nuevos clientes en nuevos países. En un estricto análisis de costo-beneficio, los riesgos son demasiado grandes. Existen demasiadas incógnitas. Esto, por definición, es lo que hace un start-up, incluso si el "start-up" está teniendo lugar dentro de una empresa bien establecida. Veinticinco por ciento de las start-ups fracasan en el primer año, y cincuenta por ciento fallan dentro de cinco años. Saque el riesgo del start-up de la ecuación; productos nuevos para países nuevos *no debería* ser su enfoque para entrar en un nuevo mercado internacional. Elimine la barrera y mejore sus probabilidades de éxito internacional al tener sólo una "cosa nueva" en la mezcla, lleve un producto existente a un nuevo mercado, o lleve un nuevo producto a un mercado ya existente.

Comience desde su posición de fuerza. Hoy está logrando el éxito en el mercado estadounidense con sus productos y servicios. Haga una evaluación interna, y busque productos y servicios adecuados a los mercados extranjeros.[11] Eche un vistazo a marketing y ventas para encontrar opiniones, información y documentos para orientar sus esfuerzos.

---

[11] Pearl, *Grow Globally*.

*Ilustración 5: Llevar los productos al mercado*

Para algunos productos y servicios, la definición del cliente es sencilla porque el comprador y el usuario son los mismos. Cuando Arm & Hammer vende bicarbonato de soda como desodorizante para refrigeradores, el comprador es el usuario. El punto clave del mercado objetivo[12] es un/a dueño/a de casa con un refrigerador que se considera exitoso/a y muestra el orgullo de ser propietario. La familia tiene suficientes ingresos discrecionales para incluir elementos agradables de tener en su lista de compras.

Cuando Arm & Hammer considera exportar su desodorizante de refrigerador en un país fuera de los Estados Unidos, su posición de fuerza es dar prioridad a los países con la alineación más cercana a su punto clave. Canadá, Japón, Singapur o Australia todos tienen compradores estrechamente alineados al punto clave.

---

[12] J. Michael Gospe Jr., *The Marketing High Ground* (Word Press, 2011).

Para otros productos y servicios, la definición de "cliente" es mucho más compleja. El comprador puede ser distinto del usuario. Otros socios pueden ser necesarios para completar la oferta. Si este es el caso, es útil diagramar los eslabones en la cadena de cliente e identificar las características del punto clave en cada eslabón. Cada eslabón de la cadena de cliente debe ser fuerte para que el producto tenga éxito.

*Cuando TolpaTek decidió expandirse fuera de América del Norte, apuntó a Asia y sabiamente redujo la selección a dos países de entrada inicial. TolpaTek priorizó Singapur y Corea del Sur, porque la compañía podría trabajar desde una posición de fuerza. Los eslabones de la cadena de valor del cliente eran estrechamente paralelos a los existentes en América del Norte.*

*TolpaTek podría trabajar con **socios** locales que eran integradores de sistemas con los conocimientos técnicos necesarios. Los **compradores** y **usuarios** en estos mercados coincidían con los gerentes de tecnología y propietarios de procesos empresariales con los que TolpaTek trabajaba en América del Norte, una posición de fuerza probada. Había variedad de **negocios adecuados** que gestionaban relaciones complejas con los clientes.*

Para garantizar su éxito en la entrada a un nuevo mercado, documente los siguientes cuatro elementos esenciales para cada producto y servicio:

1. Identifique los eslabones de la cadena de clientes.
2. Describa el valor de cada eslabón en la cadena del cliente.
3. Desarrolle un perfil detallado (o persona[13]) para el comprador y el usuario.
4. Estructure los Cuatro Por qué.

---

[13] *Ibíd.*

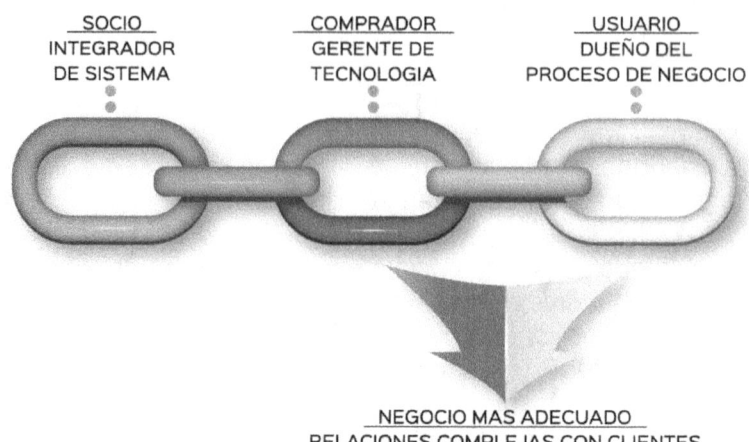

*Ilustración 6: Ejemplo de eslabones en la cadena de cliente*

## ¿Es la Tendencia su Amiga?

Es mucho más fácil seguir la corriente que nadar a contracorriente.

¿A quién no le gusta una buena tendencia? Algunas tendencias son simplemente novedad, aquí hoy y mañana se han ido, como las tendencias de la moda, las pet rocks, reality TV y celebridades. Esperemos que lo que está sucediendo en su industria no sea una moda.

Otras tendencias se extienden a lo largo del tiempo. Si su empresa está vinculada a hechos importantes de EE.UU., globales o temas específicos de cada país, no será una moda pasajera, sino una verdadera tendencia del mercado. Las verdaderas tendencias de mercado resisten las modas, el caos competitivo y las montañas rusas económicas.

### Una historia de Té y Skype con Jik Chu

Detectar o predecir una tendencia es complicado. Jik Chu vio de primera mano los resultados perjudiciales de no predecir correctamente una tendencia.

Jik trabajó para una importante empresa química y de pintura estadounidense que buscaba ampliar y llevar su modelo de fabricación y venta al por menor a Asia. Jik nació en Seúl, Corea del Sur. Asistió a la universidad en los Estados Unidos y trabajó para compañías de EE.UU. después de la graduación durante más de quince años antes de regresar a Corea del Sur.

La combinación de la experiencia de Asia EE.UU. abrió la puerta para Jik. El compromiso de expansión internacional llegó desde arriba. El presidente, vicepresidente internacional y Jik realizaron cuatro giras por Japón, Corea del Sur, Hong Kong, Taiwán, Filipinas e Indonesia.

La compañía atrajo una sociedad de riesgo compartido (JV) en Corea y Hong Kong: dos economías prósperas, que podían apoyar la fabricación efectiva en costos y potenciales distribuidores minoristas. El socio coreano propuso una JV y fábrica en Corea del Sur. El socio de Hong Kong ya había obtenido una licencia del gobierno indonesio y propuso la construcción de una fábrica de pinturas en Indonesia.

El tamaño del mercado era un factor determinante fundamental. La población de Indonesia era de más de doscientos millones y la de Corea del Sur de sólo treinta millones, 15 por ciento del PIB de Indonesia. Los PIB de Indonesia y Corea del Sur eran similares en ese momento. Jik sugirió que la *compañía mirara más allá del tamaño de la población a otras tendencias emergentes dentro de cada país. Se esperaba que el PIB de Corea del Sur creciera en más de un 10 por ciento al año, mientras que Indonesia esperaba un crecimiento más lento de alrededor del 3 por ciento. Además, los coreanos del sur tenían un mayor nivel de educación en conjunto y un compromiso cultural con la educación. Jik apoyaba la propuesta de Corea, pero la compañía decidió seguir adelante con el socio de Hong Kong y una fábrica de pinturas en Indonesia.*

*Después de sólo cinco años, la empresa cerró la planta de Indonesia, cerró las tiendas minoristas, y liquidó la JV. Lección aprendida para esta anteriormente exitosa empresa química y de pintura— el fracaso en identificar las tendencias fue muy costoso. El tamaño del mercado por sí solo no era suficiente. La empresa no pronosticó correctamente el crecimiento de ambas economías. El hogar promedio en Indonesia no tenía suficiente interés o ingresos para gastar en tiendas de pintura y decoración.*

**La grandeza empresarial es tener productos y servicios en el vórtice de una verdadera tendencia del mercado con movimientos sostenidos durante un período prolongado de tiempo.** Las tendencias se ven más claramente a través del espejo retrovisor, después de haber tenido suficiente impulso sostenido para medir su impacto. El desafío realmente difícil es tener la visión para reconocer las nuevas tendencias a través del parabrisas, para anticipar su sentido y alcance.

### Otra Historia con Té y Skype con Jik Chu
*Perder una tendencia puede tener un efecto negativo a largo plazo en una empresa. Jik Chu tiene*

*otra historia de un caso "en sentido inverso", donde una empresa no reconoció el valor de una tendencia.*

Vuelva atrás a los primeros tiempos de la revolución móvil. Dos veloces, cada vez más exitosas start-ups llegaron a Corea del Sur a buscar empresas tecnológicas para inversión. Una start-up había desarrollado un conjunto de chips especiales para teléfonos móviles, y la otra había creado un sistema operativo (OS) para teléfonos inteligentes.

La start-up con el conjunto de chips estaba buscando $60 millones de dólares en inversión. En lugar de invertir, la empresa coreana entró en un acuerdo de transferencia de tecnología, pagando una módica cuota inicial de licencia con regalías a lo largo del tiempo. En ese momento, pareció una sabia decisión y de bajo riesgo. Pero, la empresa coreana no anticipó correctamente el desarrollo o la energía de la revolución móvil. La fortaleza y durabilidad de la informática móvil significó que esta empresa coreana finalmente pagó más de 300 millones de dólares en regalías. Lección aprendida para el inversionista coreano—no identificar correctamente el sentido y alcance de una tendencia es muy costoso.

La start-up con un sistema operativo de teléfono inteligente llegó a Corea en busca de inversión, acercándose a varias empresas, y cada uno de ellos se negó. Hoy, el sistema operativo es el mayor generador de ingresos para una compañía estadounidense. Para las empresas coreanas que se negaron a la inversión, los honorarios de las licencias son asombrosos y una empresa paga miles de millones de USD dólares para utilizar este sistema operativo de teléfono inteligente.

> La lección que Jik ve para las empresas coreanas y otras, es ésta: "Cuando usted vea una potencial tecnología, tómela. Si usted no identifica el poder de la tendencia, usted pagará mucho más después". Jik señala que no es fácil detectar las tendencias; requiere buen juicio técnico y visión. Esa visión no debe quedar eclipsada por el ego corporativo o patriotismo, lo que podría alentar el pensar que "nosotros podemos hacerlo mejor".
>
> Hoy, Jik es un ejecutivo jubilado que se desempeña como guía de montaña para las empresas que quieren entrar en Corea del Sur. Jik Chu tiene muchas historias atractivas que contar, y escuchará más de ellas en el capítulo 4, "Encuentre un Guía de Montaña".

Temprano en el proceso de toma de decisiones, explore las tendencias que afectan al país que le gustaría entrar. Preste mucha atención a:

- hechos importantes dentro del país y
- etapa de desarrollo económico.

Cuando las tendencias están trabajando en su favor, serán potentes **aceleradores**. Estas proporcionan influencia y generan demanda en un país. Puede aprovechar las tendencias para hacer contactos, establecer socios en los países y atraer clientes.

 Cuando las tendencias están trabajando en contra de usted, serán **barreras**. En algunos casos podrían ser barreras infranqueables. Usted tendrá que decidir cuánto riesgo está dispuesto a tomar por oponerse a las tendencias.

Si la voz optimista en su cabeza dice, *"es una luz verde; vamos"*, en primer lugar analice el nivel de inversión que está dispuesto a hacer. Su objetivo será invertir la menor cantidad de tiempo, dinero y recursos humanos para reducir el riesgo y comprobar que se puede lograr el éxito.

Por otro lado, hay que tener cuidado si la voz idealista en su cabeza le dice:*"área no explotada; nadie más lo está haciendo. Podemos abrir nuevos horizontes, y seremos innovadores, no seguidores de tendencia".* Sí, hay innovadores en cada sector y cada país, **no** le decimos, "¡no, no haga eso!", pero sea cuidadoso. Construya un plan, haga de este país un "experimento controlado", fije puntos de referencia y establezca puntos de ventaja para cesación de pérdidas, así como para aumentar la inversión. Siga su plan monitoréelo de cerca. Con respecto al mercado bursátil, no se conecte demasiado emocionalmente a éste. No podemos negar que hay poder en la ventaja de ser pionero, pero también hay riesgo. No se olvide de los muchos primeros pioneros estadounidenses que fueron enterrados en la ruta mientras se dirigían a asentarse en el Oeste Salvaje.

Evalúe las tendencias, tome buenas decisiones comerciales, las buenas decisiones le traen recompensas. Las malas decisiones lo dejan desempolvando su currículum vitae.

Los asuntos importantes dentro de un país afectan a las personas, los negocios y la política del gobierno. Lea más allá del *Wall Street Journal* y el *New York Times*; lea las noticias locales. Suscríbase a las alertas de Google y suscríbase a una fuente de noticias online con sede en la ciudad capital del país. En las primeras semanas, *analizar* los artículos lo informará de los temas de moda. En la semana tres y más allá, la *lectura de* los artículos le dará una comprensión más profunda de los desafíos y oportunidades en el país. Las noticias también definirán y citarán a la gente en el país que son actores centrales. Utilice sus habilidades de detective en Fundamentos de Negocios para identificar las entidades gubernamentales y empresariales implicadas en la solución del problema. Estas habilidades pronto le revelarán a individuos, organismos gubernamentales, empresas y fundaciones que tratan de resolver el problema.

Los principales temas estarán primero y serán máxima prioridad a nivel personal, como empresarial y en las agendas de gobierno. Espere encontrar proyectos, programas, iniciativas y planes arremolinándose alrededor de los asuntos importantes. Si la oferta de su producto/servicio puede tener un impacto positivo sobre estos asuntos importantes, ésta será un punto de lanzamiento instantáneo y acelerará su negocio en el país. Esta aceleración será válida para cualquier negocio B2C, B2B o B2G.

## Etapa de Desarrollo Económico

Los países y su economía a menudo están segmentados en una de las siguientes etapas de desarrollo:

- avanzado (también conocido como países industrializados o desarrollados)
- en desarrollo, o
- emergentes.

La etapa específica del desarrollo económico y clasificación del país varía dependiendo de a quien pregunte. Las Naciones Unidas, el Fondo Monetario Internacional (FMI), el Foro Económico Mundial, y otras organizaciones tienen diferentes criterios para clasificar el desarrollo dentro de un país.

Los países también pueden pasar de una clasificación a otra a través de un desarrollo sostenido, como los que se enumeran a continuación como "recién graduado" o "rápidamente en desarrollo". Los países en movimiento probablemente tendrán las políticas e iniciativas que apoyan el avance de su economía. La mayoría de las autoridades clasificarían a los países seleccionados como sigue[14]:

| Avanzado | En Desarrollo | Emergentes |
|---|---|---|
| Alemania, Australia, Austria, Bélgica, Canadá, Corea del Sur*, Dinamarca, Eslovaquia*, España, Finlandia, Francia, Irlanda, Israel*, Italia, Japón, Letonia*, Los Estados Unidos México*, Noruega, Nueva Zelanda, Países Bajos, Portugal, Reino Unido, República Checa, Singapur*, Sudáfrica, Suecia, Suiza, Taiwán | Algeria, Argentina, Belice, Bulgaria, Chile*, Colombia, Ecuador, Egipto, Georgia, Indonesia, Irán, Kenia, Malasia*, Mongolia, Pakistán, Panamá, Filipinas, Tailandia, Turquía, Ucrania, Emiratos Arabes Unidos*, Venezuela, Vietnam, y Zimbabue | *Emergentes en Africa\** Angola, Burkina Faso, Chad, Entrea, Etiopía, Gambia, Guinea, Guinea Ecuatorial, Liberia, Mali, Mozambique, Nigeria, República de Africa Central, Ruanda, Senegal, Sierra Leona, Sudán, Tanzania, Uganda y Zambia |
| *Recientemente Graduados\** Eslovaquia, Letonia, México y República Checa | *Rápidamente en Desarrollo\** Emiratos Arabes Unidos, Chile y Malasia | *Emergentes Asia-Pacífico\** Afganistán, Bangladesh, Bután, Camboya, Laos, Myanmar, Nepal y Yemen |
| **Entre dos Aguas** "BRIC" o BRICS" Brasil, Rusia, India, y China, Incluyendo a Sudáfrica | | *Otros Emergentes* Islas Salomón y Haití |

*Evolucionando rápidamente en los últimos años

*Ilustración 7: Etapa de Desarrollo Económico*

Cada sistema de clasificación proporciona información que puede ser de interés para su empresa a medida que expanda sus operaciones internacionales.

- La División de Estadística de las Naciones Unidas contiene una gran cantidad de datos demográficos, incluidos los siguientes: económicos, sociales, ambientales, geográficos, energía, edad y género.
- El Fondo Monetario Internacional (FMI) contiene una gran cantidad de las estadísticas actuales e históricas de finanzas, comercio, PIB, moneda, pagos, y mucho más.

---

[14] Clasificación combinada de la ONU, el FMI y el Foro Económico Mundial.

- El Foro Económico Mundial proporciona información sobre infraestructura, transporte, TI, comunicaciones por Internet e innovación, entre otras cosas.

Al internacionalizar su empresa, una estrategia podría ser centrarse en los países que caen en una de las tres clasificaciones: avanzado, en desarrollo o emergentes. Esta estrategia tiene sentido desde el punto de vista de que habrá características similares de infraestructura, sistemas educativos y recursos monetarios. También puede haber expectativas similares de comportamiento del comprador. Las necesidades, tendencias y problemas normalmente se alinean con la etapa de desarrollo económico.

**Los países emergentes** con frecuencia están luchando para construir la infraestructura básica o subestructura vital para la existencia humana. Los requisitos de infraestructura básica podrían incluir la eliminación de desechos, la producción de electricidad, transporte, educación, salud y otros fundamentales. La subestructura vital para la existencia humana podría incluir el agua limpia, la producción de alimentos, la calidad del aire, la vivienda, e incluso aspectos básicos como la ropa.

**Las naciones en desarrollo** a menudo se enfrentan a un híper crecimiento de uno u otro tipo. El elevado crecimiento de la población puede saturar el mercado de trabajo y la disponibilidad de viviendas. El desarrollo rápido puede agotar los recursos naturales, tensionar la infraestructura y crear inequidad en la prestación de servicios básicos. El crecimiento económico acelerado puede ser un problema de doble filo, la creación de puestos de trabajo, especialmente en los centros económicos, mientras drena los recursos del conocimiento, gestión del talento y la fuerza de trabajo de las zonas circundantes. El rápido crecimiento económico también puede crear instantáneamente una gran clase media acomodada y que, a su vez, puede conducir a los efectos negativos del rápido crecimiento de la población, la sobrepoblación, la contaminación y el aumento de las tasas de delincuencia.

**Los países** económicamente **avanzados** han abordado las necesidades fundamentales para la mayoría de la población, de modo que los temas se centrarán más en el enriquecimiento humano y la protección del medio ambiente. Valoran el acceso a la información, la tolerancia de la diversidad, y la autoexpresión, conduciendo a una creciente demanda de participación en la toma de decisiones. Las personas que viven en los países avanzados tienen más ingresos disponibles. Están buscando productos y servicios que los diferencien personal o profesionalmente.

Los mercados emergentes y en desarrollo pueden ser muy atractivos para su negocio.

- Los mercados emergentes y en desarrollo a menudo muestran altas tasas de crecimiento económico. Una creciente clase media tiene una creciente demanda de equipos electrónicos, coches, servicios de salud y un sinnúmero de otros productos.

Estos países pueden proporcionar una base de fabricación para una amplia variedad de productos. Ofrecen calidad en mano de obra a bajos salarios para la fabricación y montaje, como lo hacen Etiopía, Camboya o Malasia. Otros, como Brasil, Colombia o Chile, tienen importantes reservas de materias primas o recursos naturales.

- Son destinos de origen para una amplia variedad de servicios y conocimiento. Las empresas multinacionales han establecido numerosos centros de llamadas en Europa Oriental, India, Filipinas y en otros lugares. IBM y Dell subcontrató ciertas funciones de conocimiento específico a trabajadores en la India. Intel y Microsoft tienen centros de programación en Bangalore, India. Las inversiones procedentes del extranjero benefician a los mercados emergentes con nuevos puestos de trabajo y la capacidad de producción, transferencia de tecnología y enlaces a mercados mundiales.

Muchos analistas predicen que el mayor porcentaje del crecimiento mundial en las próximas dos décadas provendrá de los mercados emergentes y en desarrollo, mientras que las economías avanzadas del mundo tendrán que esforzarse.

Los mercados emergentes y en desarrollo tienen la oportunidad de *retumbar*. Si la economía de un país en desarrollo está altamente impulsada por la exportación, con fuertes flujos de capital e inversión, significa que habrá dinero disponible para gastar en las importaciones adecuadas. Estas podrían ser las ofertas de su producto/servicio si ha descubierto una brecha de gran valor y sin explotar para los clientes en estos mercados emergentes.

Los mercados avanzados también presentan una fuerte y sólida base de oportunidad, los altos ingresos per cápita y economías estables son atractivos. Los compradores son exigentes, pero representan una gran base de mercado identificable, que busca ofertas nuevas e innovadoras.

## Difícil de Clasificar

Cada país tiene un sistema económico único y complejo. La verdad es que ningún país puede ser perfectamente clasificado en sólo una de estas categorías. Cada país tendrá zonas avanzadas funcionando al lado de zonas emergentes o subdesarrolladas, incluso los Estados Unidos. Las zonas urbanas, grandes ciudades y la ciudad capital serán más desarrolladas que las zonas rurales escasamente pobladas. Los temas importantes que enfrenta un país suelen ser una mezcla de varios niveles. Puede haber un muy fuerte contraste comparando la capital, Kuala Lumpur, con Malasia rural, tal como lo hay cuando se compara la ciudad de Nueva York con poblaciones rurales de Virginia Occidental. Los países que componen el BRICS (Brasil, Rusia, India, China y Sudáfrica) son ejemplos perfectos. Las principales ciudades están altamente desarrolladas y avanzadas; sin embargo, al viajar más lejos, tierra adentro encontrará áreas, agrarias, pobres y subdesarrolladas.

*Usted* es el experto en su industria, no nosotros. ¿Qué tendencias están acelerando su negocio en los Estados Unidos? ¿Están en juego las mismas tendencias a nivel mundial, regional, o en determinados países? No tiene que responder a todas estas preguntas usted mismo; haga uso de su inteligencia empresarial sobre las tendencias de la industria. Marketing puede desbloquear los secretos de las tendencias del mercado mundial y regional. Si su negocio está más impulsado hacia la tecnología, haga uso de sus expertos de ingeniería o gestión de productos para desbloquear los secretos en tendencias tecnológicas. Si estás en un negocio de servicios, invite al ejecutivo de servicios profesionales a tomar café.

La tendencia es su amiga. Si el negocio global tiene una tendencia a su favor, es sólo cuestión de tiempo antes que su país de destino la abrace. El gran desafío es llegar en el momento oportuno a cada país. ¿Estás buscando la ventaja de ser el primer promotor, un seguidor rápido, o la atracción de la mayoría temprana? Tendencias, mega tendencias, e incluso las tendencias exageradas pueden ser aceleradores de negocio.

Si su oferta de producto o servicio ayuda a solucionar o abordar los principales problemas que enfrenta el país puede ser un importante **acelerador** para usted. Las implicaciones son *grandes*, las tendencias reales pueden ser aceleradores para su negocio en los mercados internacionales. Esto no es simplemente una declaración para sentirse bien; el grado en que su oferta puede lograr resultados demostrables, medibles y cuantificables, puede impulsar *dramáticamente* el negocio. Su empresa se puede mover en *respuesta* a estos resultados, la mejora de los factores de crecimiento, el valor para el accionista, la clasificación competitiva y otros resultados de alto impacto. ¡Trabaje para hacer contacto con los promotores e impulsores de importantes temas que afectan a su negocio y hágase notar!

## Defina y Valore sus Fortalezas

En esta autoevaluación, considere cuidadosamente los aspectos clave de su propuesta de valor. ¿Cómo se conecta su propuesta de valor con socios y clientes? ¿Estás trabajando desde una posición de fuerza?

Lleve esta evaluación a comercialización y marketing de productos y pídales que evalúen independientemente las fortalezas de la compañía para el nuevo mercado, proporcionando su perspectiva sobre los clientes, los competidores y las tendencias.

Compare su evaluación con los de otros departamentos. Surgirán algunas ideas muy interesantes. Empezará a surgir la fundamentación de su plan de entrada al mercado, aproveche sus fortalezas acordadas y refuerce las áreas que están débiles.

En la siguiente evaluación, establezca su definición única de "socios". En un enfoque B2B (empresa-a-empresa), los socios podrían ser integradores, revendedores con valor agregado, fabricantes o proveedores de servicios que combinan su oferta con las propias para llevarla con éxito al mercado. En un enfoque B2C (empresa-a-consumidor), los socios podrían ser minoristas, distribuidores o proveedores de servicios con contacto directo con el consumidor.

### ① Fuerza de Valor para Su Cliente.

1. Identifique los eslabones de la cadena de clientes para cada producto y servicio. Sea específico en la descripción o por nombre.

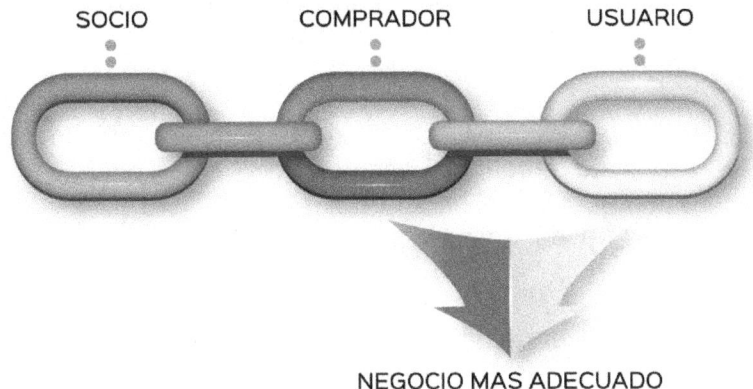

2. Describa a su cliente de país ideal:

- Ajuste de perfil de negocios óptimo
- Características (persona[15]) ideales del comprador y
- Características (persona) ideales del usuario si es diferente del comprador.

Para Ofertas B2B, sea específico acerca del tipo de empresas que representan a su comprador ideal, y enumere los nombres de compañías de ejemplo. Describa el tamaño ideal de empresa (número de empleados, ingresos, otros); segmento de la industria; madurez (fase temprana, en progreso, madura); tipo de empresa; y otros. Esbozar los usuarios dentro de la empresa, por departamento, función de trabajo, título y otros.

Para ofertas B2C, sea específico acerca de las características de las personas que representan a su comprador y usuario ideal. Describa las características relevantes, tales como sexo, grupo de edad, nivel de

---

[15] Gospe, *The Marketing High Ground.*

ingresos, educación, intereses, actitudes, aficiones, urbanas/suburbanas/rurales y otros.

3. Escriba la propuesta de valor de *cada eslabón* de la cadena de cliente (pregunta 1 anterior):

- ¿Cuál es la propuesta de valor para su socio en el país?
- ¿Cuál es el valor para el comprador?
- ¿Cuál es la propuesta de valor para el usuario en el país?

Utilice su propio formato para la propuesta de valor o la estructura N-A-B-C (necesidad-acercamiento-beneficios-competencia) de SRI International:

- ¿Cuál es la **necesidad** *socio / comprador / usuario*?
- ¿Cómo aborda su **acercamiento** esta necesidad?
- ¿Cuáles son los **beneficios por costo** de su acercamiento para el *socio / comprador / usuario*?
- ¿Cómo se comparan estos beneficios con las **alternativas competitivas** disponibles para el *socio / comprador / usuario* en el país?

4. Para cada eslabón en la cadena de cliente, describa los Cuatro Por qué en terminología que utilizarían los socios, compradores y usuarios en el país. Incluya

- característica o atributo,
- capacidad o función,
- valor y beneficio, e
- impacto y resultados.

## ② Su Fortaleza de Punto de Partida

1. ¿Qué país o países está considerando?

2. ¿Qué productos y/o servicios piensa usted internacionalizar?

    Para cada producto y/o servicio responda a las siguientes preguntas.
    Las respuestas afirmativas lo colocan en una posición de fortaleza.
    - ¿Es este un producto o servicio existente?
    - Si ya vende fuera de los Estados Unidos, ¿es el nuevo perfil de cliente en el país idéntico al de otros países que han tenido éxito?
    - Si no vende fuera de los Estados Unidos, ¿es el perfil del cliente en el país *idéntico* al de los Estados Unidos?

## ③ Su Fortaleza Competitiva

1. ¿Quiénes son los competidores existentes?
    a. ¿Cómo compiten?
    b. ¿Cómo se han dividido el mercado entre sí?

2. ¿Qué otras opciones, sustitutos o alternativas están siendo utilizadas en el país (distintas de las enumeradas anteriormente)?

3. ¿Cuáles son sus diferenciadores únicos, innovadores y convincentes?

    Califique su posición competitiva relativa en el país: débil, neutral o fuerte.
    - ¿Cómo se compara su oferta con las opciones y alternativas competitivas?

- ¿Será el interés del comprador débil, neutral o fuerte?
- ¿Qué nivel de interés se espera al demostrar los compradores su voluntad y capacidad para comprar?
- ¿Qué nivel de importancia espera de los usuarios?

## ④ La Fortaleza de Su Alineación a la Tendencia

1. ¿Cuáles son las cinco principales tendencias en el país que afectan a las personas, empresas y gobierno?

2. ¿Está su oferta de productos/servicios alineada con las necesidades de la etapa de desarrollo del país?

3. Enumere las cinco principales tendencias en el país.
    Tendencia 1:
    Tendencia 2:
    Tendencia 3:
    Tendencia 4:
    Tendencia 5:

4. ¿Es usted un rezagado, un seguidor o un líder? ¿Se encuentra usted en una posición débil, media o fuerte?
    - Califique su alineación con las cinco tendencias clave en el país descritas anteriormente.
    - Califique su alineamiento con la etapa de desarrollo económico en el país.
    - Califique su alineamiento con las tendencias mundiales en su industria.

## Capítulo 3:

## Eliminar Riesgos

*¿Qué es peor? ¿Ser despedido o la humillación? Para el Sr. Joon-ho Kim, la vergüenza de la humillación fue lo peor que podría suceder. El sufrimiento de la pérdida de respeto entre sus pares sería insoportable; incluso afectaría a su familia. El Sr. Kim era aprensivo ¿era o no una buena decisión trabajar con TolpaTek?*

*TolpaTek encontró un significativo interés en sus productos y servicios procedentes de Asia, concretamente en Singapur y Corea del Sur. Una averiguación se estaba desarrollando con bastante rapidez de leve interés en una investigación seria. Alex pidió a Casey, director de la costa oeste, que le hiciera un seguimiento.*

*Un integrador de sistemas tecnológicos coreano estaba muy interesado en la posibilidad de traer las capacidades de TolpaTek a Corea. La compañía vio un gran potencial y oportunidad para sus actuales clientes.*

Después de varias discusiones y varios viajes a Corea, el integrador y TolpaTek acordaron trabajar juntos.

La empresa coreana quería que el anuncio tuviera gran repercusión. La compañía invitó a trescientas personas a un hotel de cinco estrellas para un desayuno de lunes por la mañana, discurso de apertura, demostración y ruedas de prensa.

¡Esto era grande! El hotel era el Ritz Carlton en Seúl, Corea y los trescientos invitados representaban a los pesos pesados de la industria en la región.

El vuelo de Casey llegó a tiempo a Seúl, el domingo por la mañana, dándole tiempo para aclimatarse. Planeó ducharse, afinar su discurso, revisar la configuración y reunirse con el socio para discutir cualquier detalle de último minuto.

Después de llegar al hotel, Casey estaba emocionado, por lo que decidió que la ducha podría esperar y se dirigió directamente a la sala de reuniones. Era una habitación elegante y grande en el Ritz Carlton que albergaría cómodamente a las trescientas eminencias de la industria. ¡Todo parecía genial! El Sr. Joon-ho Kim, el contacto clave para el socio coreano de TolpaTek, se había encargado de cada detalle. El escenario estaba maravillosamente arreglado con las tecnologías más recientes para demostración, presentaciones y foros de discusión abierta. Todo lo que Casey tenía que hacer era iniciar sesión y acceder al software para la demostración de mañana.

Casey deseaba familiarizarse con el proceso y entró en línea para iniciar sesión. Apareció una ventana emergente. Estaba en coreano, así que Casey pidió al Sr. Kim que tradujera. El Sr. Kim estaba impactado. Para su incredulidad el equipo suministrado para acceder a la *demostración decía que los sistemas no eran compatibles. ¡Cielos! ¿Cómo puede ser esto?*

*Los sistemas TolpaTek estaban diseñados para compatibilidad universal, o así pensaba Casey. Corea era líder en innovación tecnológica en todo el mundo y el socio había proporcionado el más avanzado hardware y sistema operativo disponible para este gran evento de alto perfil.*

*Pero, los sistemas TolpaTek aún no habían sido probados para la compatibilidad con esta versión más actual. ¡Cielos! La conmoción en sus cabezas estaba gritando "¿ahora qué?" Las cosas no estaban funcionando. ¡Puede que parecieran compuestos por fuera, pero por dentro, Casey y el Sr. Kim estaban desesperados! El socio había gastado decenas de miles de dólares (más de 10 millones de won coreanos-KRW) en este evento, y ahora tenían menos de veinticuatro horas para salir del paso.*

*El Sr. Kim empezó a llamar a todos los que conocía. Era fin de semana. Era imposible contactarse con alguien. Casey empezó a llamar al soporte técnico para TolpaTek en los Estados Unidos. Era domingo y la oficina estaba cerrada, pero había un ingeniero de guardia para manejar emergencias. Casey y Tim discutieron la situación. Tim no tenía una solución pero llamó al director de desarrollo, que podrían estar trabajando en la interoperabilidad. No, desafortunadamente aún no habían comenzado los trabajos en esta área, ya que la tecnología no estaba prevista para llegar al mercado estadounidense hasta el próximo año.*

*Casey estaba perturbado, pero empezó a considerar su plan B. Quizá podría hacer una presentación, hablar durante la demostración, y mostrar algunas capturas de pantalla. Lo cierto es que no satisfaría las expectativas de la audiencia, pero ¿qué otra alternativa tenía?*

Por último, alrededor de las tres de la tarde, el Sr. Kim encontró un colega en Pusan, a unas 200 millas (320 km) al sur de Seúl, quien tenía una configuración compatible. El Sr. Kim respetuosamente insistió en que Casey permaneciera en el hotel y se preparara para el día siguiente. Casey dijo, "estamos en esto juntos" y saltó en el coche con el Sr. Kim. Se dirigieron hacia el sur; sería un viaje de cuatro a cinco horas en coche, en cada sentido. No todas eran autopistas entre Seúl y Pusan, pero al menos no había tráfico un domingo por la tarde. Ellos hicieron el viaje con éxito y recogieron el sistema compatible necesario para la demostración de TolpaTek.

Eran las cinco de la mañana (sí, a las cinco de la mañana) cuando Casey y el Sr. Kim regresaron al Ritz Carlton y tuvieron el sistema compatible colocado; sin dormir, sin ducharse y cuatro horas para el "espectáculo". Casey telefoneó a los ingenieros en los Estados Unidos para asegurar que todo funcionaba correctamente.

A las siete todo funcionaba y los círculos oscuros bajo los ojos de Casey se atribuyeron a diferencias de horario. El Sr. Joon-ho Kim estaba bastante agotado pero compuesto. El evento resultó ser un gran éxito y este socio se convirtió en uno de los mejores distribuidores de TolpaTek. Casey y el Sr. Kim ahora comparten un vínculo especial de respeto, confianza y amistad, junto con su secreta y aterradora historia.

Si Casey hubiera investigado un poco más acerca de Corea o tenido una mejor coordinación con el Sr. Kim, podría haber dormido la noche antes de esa gran presentación y demostración. La señal de un empresario exitoso es uno que ha aprendido exponencialmente desde su propia experiencia. La moral de la historia: prepárese para lo peor. Si puede haber problemas, los habrá, pero usted será capaz de resolverlos. Puede evitar los problemas sencillos, simplemente haga sus tareas con anticipación.

## Reduzca el Riesgo para Su Empresa

Cuando la oportunidad llama, abra la puerta. "Las oportunidades nunca se pierden; alguien tomará la que usted perdió".[16]

La mayoría de las compañías comienzan su expansión internacional inesperadamente.

*Es un azar.* Usted está en una feria comercial, y se acerca a usted un extranjero para aprender más acerca de lo que hace; podría ser un potencial cliente o socio. Ustedes dialogan extensamente y la persona lo invita a su país a reunirse con él o ella a explorar la posibilidad de trabajar juntos.

*La oportunidad* lo encuentra. Usted recibe el contacto (teléfono, e-mail o carta) de un potencial cliente o socio internacional. Esta persona estaba investigando alternativas y lo encontró. Usted estaba haciendo negocios como de costumbre y no pensaba en llevar a su empresa a este país.

*Usted recibe una solicitud.* Un cliente o socio multinacional actual indaga acerca de si su oferta está disponible para ellos en otros países donde su empresa está establecida. Sus vendedores estadounidenses están dispuestos a realizar una venta y considerar la posibilidad de vender a esta empresa en los Estados Unidos y dejar que el cliente (o socio) lo tome desde ahí.

Si la oportunidad surge de un socio creíble, esto puede ser un acelerador especialmente grande para la expansión internacional. Esto podría incluso ser su introducción a un representante en el país, de lo que hablaremos más en el próximo capítulo, "Encuentre un Guía de Montaña".

---

[16] Andrew Aitken "Andy" Rooney (1919-2011), escritor de radio y televisión americana.

Si la oportunidad viene de un actual o potencial cliente, esta podría ser su primera venta y lanzamiento de operaciones de ventas en un nuevo país o región. Examine la posibilidad de que este cliente pudiese ser su primera prueba de concepto de cliente y de referencia en el país; también hay más sobre esto en el capítulo 5, "Construya Confianza".

Haga sus tareas. Efectivamente la posibilidad es emocionante, pero es importante examinar la oportunidad y evaluar el riesgo de perseguirla. Sin embargo, es una cuestión de equilibrio; no pierda una oportunidad con parálisis de análisis. **Algunos países se ajustarán mejor a su oferta que otros.** Realice una diligencia conveniente a fin de que pueda tomar una decisión informada y sea capaz de apoyar satisfactoriamente las operaciones en un nuevo país. Usted no quiere perder una buena oportunidad. Robert dice, "Las mejores empresas en el negocio internacional, tienen más sentido común".

## Escoja Su Lugar: Un País a la Vez

Las empresas hablan de "globalizar", "internacionalizar la compañía ", o "expandirse a Europa" (o África, Sudamérica, Asia, o donde sea). Sentimos tener que informarle, pero hay 196 países en el mundo y no puede "globalizarse" como apretar un interruptor de luz o hacer un nuevo ajuste de temperatura en el termostato.

La razón por la que muchas empresas de EE.UU. piensan que "globalizar" es una sola movida se debe a la forma de hacer negocios en los Estados Unidos.

→ Un vuelo a través de los Estados Unidos, desde Los Ángeles a Boston es de 3.500 millas (5.630 kilómetros), volando sobre más de cuarenta y ocho estados que utilizan un solo idioma y una sola moneda, con algunas leves diferencias regionales.

→ En contraste, un vuelo desde Portugal a Kazajstán está a una distancia similar de 3.800 millas (6,116 kilómetros); sin embargo, el vuelo cruza más de cincuenta y dos países que utilizan más de un centenar de idiomas y 12 monedas diferentes.

Hay una famosa pregunta: "¿Cómo se come un elefante?" La respuesta: "¡Una mordida a la vez!" Este viejo proverbio africano es nuestro criterio para globalizar. Expándase globalmente, **un país a la vez**. Espere un inicio lento y tome velocidad a medida que su empresa adquiera la experiencia necesaria en las regulaciones, idioma, monedas y mucho más.

Globalizar es más como un reóstato de ajustar el brillo de una luz o un termostato disminuyendo progresivamente el cambio de la temperatura. Globalizar es añadir países, elevando gradualmente la intensidad internacional un paso a la vez.

Si usted se está "expandiendo a Europa", establezca un plan que comienza con un país y aproveche uno o más atributos en otro país. Aquí están algunos ejemplos de cómo puede elegir su lugar y expandirse en Europa.

1) Bloques comerciales compatibles (los países comparten algo en común):
- Elegir varios países que comparten una moneda, como el Euro-Seleccione un país; luego se expandirá a otros países, como Austria, Bélgica, Finlandia, Francia, Alemania, Grecia, Irlanda, Italia, Letonia, Países Bajos, Portugal, Eslovaquia y España.
- Elija zonas de cooperación intergubernamental, tales como Escandinavia, donde Dinamarca, Noruega, Finlandia, Suecia, y otros han reducido o eliminado las barreras comerciales y los aranceles

2) Compatibilidad de idioma/comunicación:
- Céntrese en el inglés, comience con Irlanda; luego se expandirá a Inglaterra y Escocia.

- Céntrese en el alemán, comience con Alemania, posteriormente Austria, Suiza, Luxemburgo, Liechtenstein, los cantones del este de Bélgica y el norte de Italia.
- Más allá de la compatibilidad de idiomas, también podría considerar la comunicación cultural y los estilos de toma de decisiones, Japón y Corea del Sur, ambas comparten una cultura de toma de decisiones en grupo y de pensamiento colaborativo.

3) Geografía compatible:
- Elija países con fronteras comunes, Suiza, por ejemplo, comparte fronteras (e idiomas) con Francia, Alemania, Italia y Liechtenstein; los suizos son multilingües, hablan alemán, francés e inglés.
- Busque la facilidad de transporte, por ferrocarril, carretera o aire con procesos de importación/exportación y aduanas confiables.

Elija su lugar. Globalizar se hace de un país a la vez, primero lentamente y aumenta su velocidad a lo largo del tiempo. Sí, nos estamos repitiendo. ¿Ya se dio cuenta?

## Un País a la Vez.

Comprenda a los clientes y el mercado de cada país al que entre. Los austríacos son diferentes de los alemanes, a pesar de que comparten el mismo idioma. Cada país es diferente. Francia es diferente a España, pese a que comparten una frontera. Grecia tendrá problemas diferentes a los de Inglaterra. Su oferta podría considerarse como un importante analgésico en Letonia y sólo una bebida saludable en Irlanda.

## Situación política

La situación política de un país se refiere a menudo como "clima político". ¿Por qué "clima político"? ¿Qué tiene que ver la política con las condiciones climáticas? En lugar de "clima", una mejor descripción podría ser "ambiente político" porque la variación de las condiciones políticas pueden ser volátiles y cambiar rápidamente, como una tormenta moviéndose a través de las Grandes Llanuras del medio oeste.

Las relaciones políticas entre los Estados Unidos y su país de destino pueden ser una **barrera** de entrada. Usted no tendrá ningún control sobre esto, así que es la primera cosa que usted debe examinar. Obtenga una breve historia, estado actual y proyección en la futura relación política antes de invertir tiempo y recursos para llevar su empresa a un país. Tenga cuidado: la alineación política puede cambiar rápidamente, como el clima. Si los indicadores claves dicen que el clima político se está deteriorando, es mejor que seleccione otro país para su movida internacional.

Hay muchos países donde el péndulo se ha desplazado con el clima político a lo largo del tiempo. Puede afectar a los países en cualquier parte del mundo, grande o pequeño. Ejemplos recientes son Crimea, Cuba, Venezuela y Vietnam, sólo por nombrar unos pocos. El cambiante clima político en estos países podría afectar directamente su capacidad para hacerlo. A continuación, se presentan algunos ejemplos que ilustran el cambio radical que el clima político puede tener en sus planes de negocio.

Sólo en los últimos cien años, Crimea ha sido controlado por al menos cinco facciones diferentes. Después de la I Guerra Mundial, Crimea se convirtió en parte de lo que más tarde fue conocido como la Unión Soviética. Después de la II Guerra Mundial, las relaciones con los Estados Unidos estuvieron congeladas por la guerra fría. En 1954, el comercio con las naciones occidentales era relajado ya que

Crimea fue transferida de Rusia a Ucrania, aunque todavía parte del Bloque Soviético. En 1991, posterior a su independencia se abrieron más posibilidades comerciales cuando Crimea se convirtió en una república autónoma dentro de la recién independizada Ucrania. A principios de 2014, Crimea estuvo nuevamente en una montaña rusa de volatilidad cuando las tropas rusas ocuparon el país, transfiriendo el control de vuelta a Rusia. Las relaciones entre Estados Unidos y Rusia han sido tensas con sanciones económicas y amenazas de un conflicto armado.

Cuba ha tenido tensas relaciones con los Estados Unidos durante muchos años, en parte debido a un embargo oficial del gobierno después de la revolución comunista de 1961. Las empresas estadounidenses que hacían negocios en Cuba perdieron parte considerable del capital en bienes, fabricación, y clientes cuando los lazos diplomáticos fueron separados y las sanciones económicas promulgadas. Los Estados Unidos restablecieron las relaciones diplomáticas con Cuba en 2015, aunque el péndulo está oscilando hacia una relación más favorable, las oportunidades de negocio aún deben abordarse con cautela, ya que el embargo Cubano sigue vigente.

Venezuela está en una carretera llena de baches en sus relaciones diplomáticas con los Estados Unidos. La relación era fuerte a principios de la década de 1970 y Venezuela era un popular destino de vacaciones para muchos estadounidenses. El gobierno venezolano tenía sólidas conexiones con los Estados Unidos para el comercio, la inversión y el control del comercio ilícito de drogas. A finales de los años 90, sin embargo, aumentaron las tensiones y Venezuela rompió relaciones diplomáticas con el gobierno de los Estados Unidos. El gobierno de Venezuela incautó en el año 2007 los intereses petroleros por valor de miles de millones de dólares; Exxon Mobil y ConocoPhillips abandonaron el país y presentaron una demanda por indemnización. Actualmente, siguen en vigor las sanciones económicas.

Las relaciones de Vietnam con los Estados Unidos están aún determinadas en gran medida por la guerra de Vietnam, que muchos vietnamitas llaman la "Guerra Americana". Después de veinte dolorosos años de restringidos vínculos económicos y políticos, la relación entre los Estados Unidos y Vietnam se normalizó en 1995. Desde la reapertura de la embajada estadounidense en Hanói y el Consulado Estadounidense en la Ciudad Ho Chi Minh (antigua Saigón), nuestros dos países han seguido ampliando el intercambio político y económico. Aunque quedan algunos recuerdos de la "Guerra Americana" para el pueblo vietnamita y de la Guerra de Vietnam para los veteranos estadounidenses y otros, hoy Vietnam y los Estados Unidos comparten una relación muy positiva.

El tipo de gobierno es el marco de cómo funciona la sociedad. Esto afecta cómo se toman las decisiones de negocios. El nivel de controles reglamentarios, la propiedad privada y otros factores críticos afectan su negocio. La cantidad de tiempo que un gobierno ha estado vigente afecta el proceso de toma de decisiones, los protocolos y la estabilidad. La estabilidad es principalmente una medida subjetiva de la aceptación interna de prácticas y principios de gobierno por facciones dominantes en el país y de otros países que hacen negocios con éste.

Si la situación política parece susceptible, es importante entender varias cosas sobre el gobierno dentro del país al que está apuntando:

- ¿Cuál es el tipo de gobierno?
- ¿Cuánto tiempo ha estado en vigor?
- ¿Cuán estable es?

Considere cómo afectará a su empresa una relación con el gobierno. Por ejemplo, un gobierno puede apoyar sus esfuerzos para importar productos o abrir para negociar dentro de su país. Busque construir relaciones con los ministerios o departamentos del gobierno que regulan su industria. Si va a crear puestos de trabajo o la construcción de conocimientos especializados dentro del país, construya relaciones con el ministerio o departamento de desarrollo económico.

Sin embargo, una relación positiva no es siempre el caso. Puede haber muchas corrientes ocultas y actores que operan en el país. Si este fuera un escenario de ventas tradicional, el Sr. Situación Política sería un controlador clásico con poder de veto. El Sr. Situación Política puede impedirle progresar en su negocio. Peor aún, puede permitirle invertir dinero, tiempo y recursos, pero en última instancia, no permitirle triunfar de ninguna manera significativa. Evalúe cuidadosamente la situación política para determinar si es buena para su empresa o si otro país puede ser más adecuado para el éxito de su negocio.

Si está considerando la entrada en un país donde la situación política es inestable o empeorando, podría ser conveniente seleccionar otro país de destino, de manera de observar los acontecimientos y esperar el fin de la tormenta.

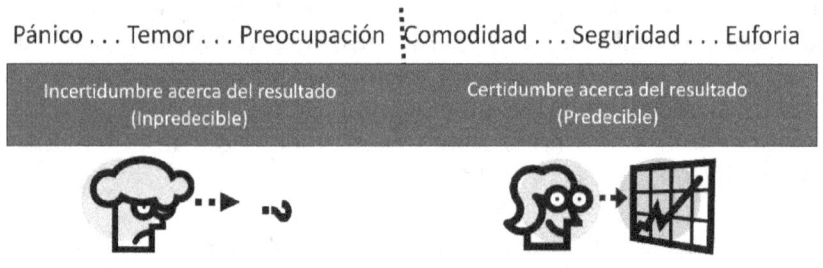

*Ilustración 8: Certeza política*

La certeza política es difícil de medir. Consulte con la embajada de EEUU; examine las relaciones comerciales y lea los flujos de noticias internacionales y de los Estados Unidos. ¿Cómo se "sienten" usted y otros en que usted confía respecto de la situación política? Evalúe la estabilidad del gobierno, protocolos, proceso de toma de decisiones, la transparencia, las prácticas, corrupción y otros indicadores. Analice los factores de forma independiente y colectivamente. A menudo vale la pena consultar la intuición.

Si usted está llevando nuevas herramientas para mejorar la productividad de las principales industrias de un país o para aprovechar los recursos naturales, el apoyo del gobierno será un gran activo. El gobierno puede tan fácilmente interponerse en su camino como ayudarle; depende de usted, acercarse a los funcionarios públicos implicados y construir relaciones.

Las relaciones políticas entre los Estados Unidos y el país de destino no serán necesariamente un **acelerador**, pero pueden abrir la puerta para la aceleración comercial bajo el conjunto adecuado de circunstancias.

Hay valor en las normas éticas compartidas. Mire a S. C. Johnson como un ejemplo. S. C. Johnson (www.scjohnson.com) es un fabricante estadounidense de suministros de limpieza para el hogar con ventas en 110 países. El negocio comenzó con cera de piso y hoy cuenta con más de treinta y cinco reconocidos productos de marca, incluyendo Drano, Pledge, Saran Wrap y Windex.

S. C. Johnson es una compañía con una larga historia de construir relaciones sólidas con el gobierno. En la década de 1930, H. F. Johnson Jr. viajó a Brasil para garantizar un suministro sostenible de cera de carnauba para los productos populares de la empresa. Esto resultó en el establecimiento de una plantación y, más tarde, fábricas, que proporcionó empleo y entrenamiento. La compañía está comprometida a construir operaciones sostenibles en los países donde abre fábricas. La empresa construye relaciones sólidas con las comunidades locales y el gobierno. Invierte en la gente y en educación, a la vez que establece lugares de trabajo con altos niveles de integridad.

Hoy S. C. Johnson sigue manteniendo fuertes lazos internos en Brasil, como lo manifiesta el reconocimiento de "Mejor Lugar de Trabajo" por el Great Place to Work Institute en Brasil.[17] S. C. Johnson sigue recibiendo ayuda y el apoyo de las

---

[17] PR Newswire, comunicado de prensa, 19 de agosto de 2015, http://news.syscon.com/node/3420509.

comunidades y los gobiernos de los 72 países en los que opera. Esto reduce el riesgo de entrada a nuevas regiones y ayuda al éxito de la compañía.

Hay muchos ejemplos de empresas de una amplia gama de industrias que exhiben una fuerte ética corporativa como un sello de su éxito empresarial. A su vez, estas normas éticas influyen en los países, los empleados, los clientes y la propia empresa y, por lo tanto, en los accionistas y las ventas. El Ethisphere Institute (www.ethisphere.com) define, anticipos, y mide los estándares de prácticas empresariales éticas que estimulan el carácter corporativo, el mercado, la confianza y el éxito empresarial. En los últimos años, compañías como Accenture, Allstate Insurance, Cisco Systems, Intel, John Deere, LinkedIn, Microsoft, Rockwell Collins, y muchas más han recibido reconocimiento por ética empresarial y las repercusiones positivas del mismo.

Aquí hay algunos ejemplos de cómo la política, el gobierno y relaciones éticas afectan la selección de país:

- **Las consideraciones comerciales** de la situación política son las siguientes: ¿Cuál será la posición del gobierno a la entrada de su empresa, alentadora, de apoyo, neutro, inútil, u obstruccionista? Estar siempre alerta a la posibilidad de corrupción, debilidad de los sistemas jurídicos, la débil protección de IP (propiedad intelectual) y obstáculos del gobierno.

- **Consideraciones del cliente** de la situación política son las siguientes: ¿en qué medida están los clientes dispuestos a hacer negocios con una compañía estadounidense como usted: entusiastas, conformes, o reacios?

- **Consideraciones de viaje** de la situación política incluyen la seguridad personal y la capacidad para moverse libremente por el país, región o ciudad.

- **Consideraciones para una entrada asequible** incluye honorarios, tiempo para entrar, los requisitos reglamentarios, la certificación, la burocracia y el papeleo.

## Comunicación y Lenguaje

Recuerde esta famosa línea de la película *Cool Hand Luke*? "Lo que tenemos aquí es falta de comunicación".

La capacidad de comunicarse es importante para el éxito de toda iniciativa. La comunicación es el intercambio de información útil entre dos partes: comprador y vendedor, socios en un acuerdo, el vendedor y el cliente, mandante y mandatario, o incluso el esposo y la esposa.

Sabemos cómo funciona esto. Es lo mismo en las amistades, las citas, las asociaciones y el matrimonio. Cuando funciona, es genial. Cuando no funciona, ¡cuidado! Para citar otra gran película, *Apolo 13*, "Houston, tenemos un problema". Una comunicación eficaz requiere que el emisor y el receptor transmitan e interpreten la información contenida en el mismo contexto.

Normalmente el lenguaje es nada más que un **desacelerador**. Las cuestiones de idioma asustan a muchas empresas y les impide la expansión internacional. Sí, el lenguaje es una consideración importante para la identificación de productos, documentación y acuerdos, pero todos estos pueden ser abordados.

Problemas de comunicación con el uso del lenguaje pueden ocurrir incluso entre hablantes nativos del mismo idioma. Tome la palabra "aplicación". En una reunión de negocios, diciendo algo que parece sencillo, como "nuestra innovadora aplicación proporciona esto, eso y lo otro", bien podría acabar con algunas interpretaciones muy diferentes.

*Alex, el vicepresidente ejecutivo, envió una invitación de reunión a cuatro directores clave de TolpaTek. Asunto: Aplicaciones para Singapur. En las notas de la reunión, pidió a cada director que viniera preparado para discutir sus aplicaciones para este nuevo e importante mercado.*

*Cuando llegó el jueves a las diez de la mañana, todos se reunieron en la sala de conferencias preparados para examinar las aplicaciones de Singapur.*

- *Samir, director de ingeniería, estaba ansioso por comenzar, ya que el equipo de ingeniería había estado trabajando hasta tarde, configurando una aplicación de software personalizado para Singapur.*

- *Jessica, directora de IT y Michael, director de marketing, se prepararon para realizar una demostración de maquetas de una "aplicación" para el mercado de Singapur. La aplicación proporcionaría acceso al sistema a través de dispositivos móviles y podría estar disponible en los cuatro idiomas oficiales de Singapur: malayo, chino mandarín, tamil e inglés.*

- *Taylor, el director de recursos humanos, había investigado las prácticas de contratación local, y personalizado un formulario de postulación específicamente para los candidatos de Singapur buscando empleo en TolpaTek.*

*Alex llamó la reunión a orden, dio las gracias a todos por asistir, y explicó: "Estamos aquí para examinar las aplicaciones para Singapur". Todo el mundo asintió con su cabeza en acuerdo, mirándose con entusiasmo para debatir lo que cada uno de ellos había preparado.*

*Alex continuó, "Específicamente, queremos abordar el diseño de procesos de flujo de trabajo para Singapur".*

> *¿Qué? Todos miraron a Alex desconcertadamente y, a continuación, el uno al otro. ¿Se habían equivocado de reunión?*
> 
> *Todos estaban dispuestos a hablar sobre aplicaciones para Singapur. Pero, cada uno había definido "aplicación" de forma totalmente diferente. Samir estaba dispuesto a hablar sobre aplicaciones de programas de computadora. Jessica y Michael habían construido una demostración de aplicación móvil. Taylor había traído las postulaciones de empleo. Sin embargo, Alex quería hablar acerca de la aplicación de negocios del proceso de flujo de trabajo. ¿Cómo pudo suceder esto?*
> 
> *Este es un gran ejemplo de cuatro interpretaciones correctas, pero marcadamente diferentes, de la palabra "aplicación".*

Todos estaban correctos en sus interpretaciones, en base a su uso común y comprensión de la palabra "aplicación" utilizada por su departamento. El significado de Alex, el iniciador de la reunión de negocios, era algo diferente. Le puede pasar a cualquiera.

Las dificultades de traducción ocurren incluso cuando se utiliza un lenguaje común. Estas se magnifican con interpretaciones en varios idiomas. Planifique con anticipación: se requerirá traducción experta.

**Hay 7,106 lenguas vivas en uso en todo el mundo.** Según SIL International, seis mil tienen registradas las cifras de población, y 560 idiomas (8 por ciento) se usan regularmente. La buena noticia es que usted no tendrá necesidad de traducir la interfaz del producto y la documentación de apoyo en cada uno de ellos.

El inglés es el idioma de los negocios en muchos países alrededor del mundo. El inglés es la principal lengua hablada por grandes porciones de la población de muchos países.

 Llevar su empresa basada en Estados Unidos a un país donde el inglés es el idioma predominante tiene sus ventajas. Los productos y servicios podrán entrar al país de destino como está o puede requerir sólo pequeñas modificaciones de idioma.

| País | Región | Población | Inglés como Idioma principal |
|---|---|---|---|
| Reino Unido | Europa | 63.705,000 | Si |
| Canadá | Norteamérica | 34.880,000 | Si (ex.Quebec) |
| Australia | Oceanía | 23.520,299 | Si |
| Irlanda | Europa | 4.581,269 | Si |
| Nueva Zelanda | Oceanía | 4,433,000 | Si |
| Bahamas | Caribe | 371,960 | Si |
| Los Estados Unidos | Norteamérica | 318.224.000 | Si |

*Ilustración 9: Países con el inglés como idioma principal*

También hay muchos países donde el inglés no es el idioma principal, pero es utilizado por gran parte de la población (estándar de facto), puede ser el idioma sancionado por ley (de jure) o convivir con las lenguas locales. Estos países pueden ser un excelente punto de partida para la expansión en nuevos mercados internacionales.

**Apuntar a Países de habla inglesa puede ser una buena propuesta de negocio.** Los primeros seis países con inglés como idioma principal contribuyeron con el 33 % del PIB mundial; esa contribución crece a más del 38 por ciento cuando se añade a los países con el inglés como estándar de facto.[18]

---

[18] FMI, Perspectivas de la economía mundial (WEO), abril de 2015.

| Pais | Región | Población | En vigencia el uso de inglés |
|---|---|---|---|
| India | Asia | 1.247.540.000 | Si |
| Pakistán | Asia | 165.449.000 | Si |
| Nigeria | Africa | 148.093.000 | Si |
| Otros 18 Países Africanos | Africa | 128.720.000 | Si |
| Filipinas | Asia | 90.457.200 | Si |
| Sudáfrica | Africa | 47.850.700 | Si |
| Tanzania | Africa | 40.454.000 | Si |
| Kenia | Africa | 37.538.000 | Si |
| Sudán | Africa | 31.894.000 | Si |
| Uganda | Africa | 30.884.000 | Si |
| **Papúa-Nueva Guinea** | Oceanía | 6.331.000 | Si |
| Singapur | Asia | 5.312.400 | Si |
| Jamaica | Caribe | 2.714.000 | Si |

*Ilustración 10: Países con el inglés como estándar de facto*

Una discusión de idioma también trae a colación la cuestión de los nombres de producto y marcas globales. Aunque el inglés sea el idioma de los negocios internacionales, vale la pena investigar los nombres de producto y marcas en el país. Los nombres de los productos no necesitan ser los mismos en todo el mundo, a pesar de que puede hacer más fácil la identificación de producto para las multinacionales y los clientes globales. Cambiar el nombre de un producto en determinados países o regiones también puede ser útil, como las variaciones de las características, las funciones y los precios pueden ser necesarios en diferentes áreas.

Otra consideración es que el nombre del producto o de la compañía estadounidense no pueda traducirse bien en otro idioma o en otro país. La industria del automóvil tiene algunos ejemplos interesantes y divertidos.

La división Chevrolet de General Motors presentó un automóvil compacto en los Estados Unidos en 1962. Fue diseñado para ser sencillo, de regreso a lo básico en coche compacto y llegó en tres modelos: el Chevy II Serie 100, el Chevy II, serie 300 y la serie 400 de Nova. El Nova era el más deportivo de los modelos con un diseño de carrocería diferente y ofreciendo una opción convertible. El nombre de Nova y este coche deportivo, compacto y asequible, fueron un éxito con el público estadounidense, conectando a las imágenes de novedad y nuevo diseño y atrayendo a los soñadores al nombre. No importa cuál fuera la intención por el nombre, para 1969 el nombre Nova había reemplazado el nombre Chevy II.

General Motors comercializa habitualmente sus coches fuera de los Estados Unidos, conservando a veces el mismo nombre de producto. Pero cuando GM intentó llevar el coche a México y otros países de habla hispana con el nombre de Nova, el coche no se vendió bien. Tras la investigación, GM se enteró de que "no va" significa "no va" o "no pasar" en español. ¿Hecho o leyenda urbana? Las deprimentes cifras de ventas hablan por sí solas.

La Ford Motor Company tiene una historia similar respecto del Ford Pinto. El Pinto fue un coche subcompacto introducido a principios de la década de 1970. El automóvil presentaba un deportivo color de dos tonos de pintura y fue nombrado Pinto porque era una reminiscencia de un caballo con el distintivo de marca de dos colores que llamamos pinto o una pintura. Ford descubrió que no tuvo éxito en la comercialización del Pinto en países de habla portuguesa como Brasil. Ford aprendió que " pinto" es un término coloquial en portugués para "pene pequeño". ¡No sorprendentemente, pocos hombres portugueses estaban interesados en comprar el coche! Ford rebautizó el coche "Corcel", portugués para caballo, pero era demasiado tarde para superar la caótica denominación y otros problemas.

Aquí están algunos de los impactos del lenguaje en la selección de país:

- **Consideraciones del cliente** respecto del lenguaje incluyen entrenamiento, identificación de productos, instrucciones del producto y nombre del producto.

- **Las consideraciones comerciales** del lenguaje incluyen el flujo de trabajo, documentación, precios, embalaje y cortesía.

- **Consideraciones de viaje** del lenguaje incluyen navegar por el servicio de taxi y transporte público.

- **Consideraciones de una entrada asequible** en el país incluyen la necesidad de intérpretes o de guías de negocios y de viajes.

## Clima Económico

Las principales tendencias económicas que afectan a la prosperidad de un país se combinan para crear el clima económico. En lugar de la temperatura, humedad y viento, el clima económico considera patrones en desempleo, tasa de cambio, la inflación, la producción industrial, los ingresos y otros factores.

Normalmente, el clima económico de un país no será más que un **desacelerador.** Pero, si no está consciente de las tendencias económicas en el país, usted no puede aprovecharse de ellas o evitar los peligros que puede presentar. Las tendencias económicas pueden trabajar en su favor, o pueden estancar las oportunidades de negocio.

Hay una amplia variedad de teorías y metodologías para la medición o comprensión de los modelos económicos; algunas son muy lógicas y matemáticas, mientras que otras no son tan fáciles de entender. Usted no necesita tener un grado en economía o ser un doctorado de Harvard. Lea el flujo de noticias de negocios locales durante unas pocas semanas, y usted será capaz de recoger algunas de las principales tendencias económicas; después de unos meses, usted tendrá un panorama relativamente bueno.

La situación ideal es aquella en la que las tendencias económicas son **aceleradores**. La mayoría de los factores de la economía como, por ejemplo, la moneda y tasas de cambio, estarán fuera de su control. Pero hay otros aspectos de la economía del país que pueden ser algo que su empresa pueda aprovechar para el éxito.

Algunas áreas económicas a considerar para aprovechar en el país incluyen:

- llevar empleos a un país con alto desempleo
- contribuir al fortalecimiento de la producción industrial en el país,
- ayudar con el desarrollo de la economía en general y
- utilizar recursos naturales en beneficio del país o su fuerza de trabajo.

Si su evaluación es que el clima económico del país puede ser una barrera de entrada, busque otro país donde llevar su empresa. Continúe supervisando el progreso económico del país y seleccione un tiempo más favorable para entrar, ya sea cuando su organización tenga más experiencia internacional o esté en mejores condiciones de asumir el riesgo.

**La moneda y los tipos de cambio** son algo a tener en cuenta. Usted no tiene ningún control sobre ellos, pero son un factor en la forma de hacer negocios. La moneda es el dinero (bueno, ¡usted lo sabía!). Los billetes o papel moneda, son fácilmente intercambiados entre divisas, pero las monedas normalmente sólo se utilizan dentro de un país. El tipo de cambio puede proporcionar flexibilidad, como el euro, que es aceptada en 18 países europeos, o una moneda puede limitarse a ser utilizada únicamente en un país específico, como el baht tailandés. En cuanto a moneda y tipo de cambio los recursos son abundantes. Busque un "convertidor de monedas" para encontrar muchos recursos, desde nombres de marca a nuevas aplicaciones.

La tasa de cambio es el valor en el que una moneda se intercambia por otra. Es un indicador del poder adquisitivo y la percepción del valor relativo dentro de un país, lo que se traduce en la capacidad y disposición de ese país para comprar el producto que ofrece.

**El carro de compras.** Si todos los productos y servicios se comercializaran libremente, una idéntica compra de productos y servicios tendría el mismo valor relativo no importa cuál sea la moneda. Lamentablemente, el valor percibido puede variar enormemente dependiendo del país. Tu carro de compra de productos y servicios estadounidenses, cuando se convierten en yuan (o renminbi) probablemente será visto por compradores chinos como caro en relación con una cesta de la compra de productos y servicios chinos. Tome ese mismo carro de compras de productos y servicios estadounidenses a Singapur, y probablemente será visto como el par o a un buen valor en dólares de Singapur. El **valor relativo es importante para atraer compradores así como para crear un negocio rentable en el país.**

La forma de tendencias monetarias como el tipo de cambio fluctúa con el tiempo. La tasa de cambio es instantánea, mientras que una tendencia monetaria es más como una película que muestra los cambios relativos en el tiempo.

Si la tasa de cambio del dólar estadounidense (USD) está bajando, de manera que cuesta más USD para adquirir otra moneda, el dólar se debilita y la moneda del otro país está cobrando fuerza. Cuando el dólar pierde valor, es más barato para los compradores en el país comprar su producto o servicio. Si usted está entrando en un país donde ésta es la tendencia en el país, los compradores verán esto como positivo porque está aumentando su poder adquisitivo. Si el dólar está perdiendo valor, es una mala noticia si usted no lo ha previsto. Sin embargo, sólo es un reductor de velocidad, si se han incorporado la flexibilidad y margen adicional en los precios, porque el debilitamiento del dólar significa que usted estará recibiendo menos USD a lo largo del tiempo.

Por otro lado, si usted está entrando en un país donde el dólar está ganando fuerza en contra de la moneda local en el país, puede que los compradores vean esto negativamente. Como los compradores están perdiendo poder adquisitivo, el valor relativo de su oferta se percibe como más caro a lo largo del tiempo. En estas condiciones de mercado, la solidez de su propuesta de valor es la clave. Si los clientes perciben la brecha de valor como amplia y su oferta es convincente, los compradores seguirán comprando. Si no, pueden optar por buscar en otro lugar o no hacer nada.

| La tasa de cambio está subiendo | Tasas de cambio estables | La tasa de cambio está bajando |
|---|---|---|
| El dólar está ganando fuerza Puede comprar más moneda local | Sin cambio | Dólar debilitándose. Puede comprar menos moneda local |
| Poder de compra de EE.UU mejorando | USD fuerte-sus productos son relativamente costosos | Poder de compra de EE.UU se está deteriorando |
| Poder de compra en el país se está deteriorando | USD débil- sus productos pueden ser costeables | Poder de compra en el país está mejorando |
| Valor relativo-productos EE.UU se hacen más caros | Valor relativo permanece constante | Valor relativo- los productos EE.UU. se hacen más baratos |
| Su precio en el país subirá, si fluctúa con las tasas de interés | Precio estable | Su precio en el país bajará, si fluctúa con las tasas de cambio |
| Puede que su precio suba para mantener el margen | Margen estable | Sin cambio de precio, mejorará el % de margen |
| Crear flexibilidad de precio para estabilizar precios y mantener compradores | | Podría reducir el precio, manteniendo el % de margen, pero no la utilidad del USD |

*Ilustración 11: El efecto de las tasas de cambio*

Considere el impacto del clima económico al entrar en un nuevo país:

- ¿Cómo se comparan sus precios en el país con la oferta de producto similares nacionales o importados?
- ¿Podrá su oferta de producto o servicio sostener su valor, precio y margen a medida que cambie el clima económico?
- ¿Cómo afectará el clima económico a socios, proveedores, prestadores de servicios, y otros eslabones en su cadena de cliente? ¿Puede su empresa y su ecosistema de socios mantener el margen y el comportamiento de los precios durante el proceso de creación del volumen de ventas a lo largo del tiempo?

## Reduzca el Riesgo de Buscar Clientes

Hay dos aspectos fundamentales para reducir el riesgo de buscar clientes:

- atraer a los clientes y
- el riesgo que los clientes perciben al hacer negocios con usted.

El riesgo de ser capaces de atraer a los clientes es la búsqueda de compradores. Su capacidad para identificar y cerrar la brecha de valor es fundamental para reducir el riesgo de encontrar compradores. Este es un concepto clave en el capítulo 2, "Agregar Valor". Usted debe ser capaz de ofrecer, entregar y crear valor para sus clientes.

El riesgo que los clientes perciben en hacer negocios con usted es su voluntad y su capacidad para hacer negocios con usted. Su capacidad para obtener tracción en el país, es de vital importancia. Las introducciones a los clientes de un guía de montaña de confianza proporcionan la base inicial. Ofrecer a los clientes ensayos de la prueba de concepto puede acelerar la aceptación y popularidad del producto. Estos importantes ingredientes de su estrategia internacional se examinan en mayor detalle en los capítulos 4 y 5, "Encuentre un Guía de montaña" y "Construya Confianza".

## Comportamiento del Comprador

Su objetivo final es tener compradores en el país que estén dispuestos a comprar sus cosas.

Esto pertenece al curso fundamentos de negocios, un básico de ventas y marketing. ¿Existen clientes en el país que quieren lo que estás vendiendo y tomarán una decisión de compra? Capacidad y disposición para comprar se combinan para crear demanda y acelerar el crecimiento de las ventas. Sin una saludable combinación de ambos, puede cerrar algunos acuerdos, pero las ventas se estancarán porque usted será incapaz de crear demanda.

**Capacidad para comprar:** ¿Tienen los compradores suficientes fondos disponibles para comprar sus cosas? ¿Tienen los compradores la autoridad y el acceso al dinero necesario para adquirir su oferta? La capacidad para comprar se ve afectada por las prácticas de negocios en el país. La capacidad de compra del consumidor se verá afectada por el acceso a los fondos y las normas culturales. En muchos países las decisiones de negocios son colaborativas, exigen un acuerdo de otros. Japón es un buen ejemplo de la adopción de decisiones por consenso.

**La disposición a comprar:** ¿Están los compradores interesados en obtener sus cosas? ¿Priorizarán los compradores su producto por encima de sus otras necesidades de gasto? ¿Perciben los compradores que el valor de su oferta es lo suficientemente importante como para crear un sentido de urgencia para ellos para comprar ahora? La necesidad y el deseo de comprar puede ser subjetiva cuando los clientes evalúan el valor percibido; el valor puede ser una cuestión de discreción individual. La competencia va a desempeñar un papel cuando los clientes evalúen el valor relativo.

**Vender a DAN**: Venda a los tomadores de decisiones; DAN podría estar en manos de una mujer. DAN es una sigla para **D**inero, **A**utoridad y **N**ecesidad. Esta simple sigla es un sencillo resumen de la capacidad y la disposición a comprar. Si alguno de estos tres elementos falta, una venta exitosa es improbable. Aunque no pudimos encontrar el origen de esta conocida sigla, es familiar para muchos en ventas. Dinero y autoridad se combinan con la capacidad de comprar. La necesidad es el fundamento de la voluntad.

Además de la capacidad y voluntad de comprar, agregamos la importancia de la confianza, la confianza entre el comprador y el vendedor. ¿Puede el comprador confiar en que el vendedor entregue? ¿Puede confiar el vendedor en que el comprador pague? Puede ser subjetivo, pero debe existir una confianza subyacente. Centre las preguntas en las necesidades de los clientes en el país. Escuchar cuidadosamente ayuda a nuevos clientes en el país a construir la confianza de que pueden confiar en usted. Más sobre construir confianza en el capítulo 5.

La confianza a lo largo del tiempo es importante para ambas relaciones B2C y B2B. ¿Serán lo productos y servicios accesibles en el futuro? ¿Mantendrán los productos y servicios la misma calidad o servicio a lo largo del tiempo? Con compradores recurrentes, la lealtad de los clientes, o las relaciones con los clientes son importantes para su negocio, la confianza a lo largo del tiempo es importante. Mantenga el seguimiento y cumpla en forma oportuna para demostrar que usted y sus ofertas son confiables en una relación a largo plazo. Esto es un fundamento de negocios. Establezca una expectativa y cumplala a tiempo o, mejor aún, antes de tiempo.

La fiabilidad es un resultado importante de una relación de confianza. La confianza puede ser un factor positivo preexistente, como la fuerte confianza en los productos y servicios estadounidenses. Al establecer una nueva operación de vuelo en Senegal, una empresa había contratado pilotos entrenados en los Estados Unidos en primer lugar porque son profundamente respetados por sus conocimientos, experiencia e historial de seguridad. La confianza en el trabajo con pilotos americanos ya estaba establecida. Por el contrario, la incertidumbre lleva a la preocupación y la preocupación al riesgo de fracaso. Habrá opiniones prevalecientes acerca de la industria americana y hacer negocios con empresas de EE.UU.; considere entenderlas.

La confianza puede ser fortalecida con estudio de casos de clientes y evaluaciones de terceros, tales como artículos de la industria o validación de analistas. El reconocimiento de su marca y participación de mercado también pueden aumentar la confianza. Como en los Estados Unidos, una remisión o referencia de una fuente de confianza es muy poderosa.

## Digno de Inversión

Lo que es bueno para su cliente es bueno para usted. ¿Son sus mercancías o servicios dignos de la inversión de sus clientes? ¿Es la oportunidad de mercado en el país digna de la inversión de su compañía?

¡Sí, el tamaño importa! El tamaño del mercado es un **acelerador** para su empresa; muchos clientes prefieren seguir tendencias junto con otros clientes tomando las mismas decisiones inteligentes que ellos. Los clientes quieren saber que usted va a estar ahí para atender sus necesidades y que continuará invirtiendo en su patio trasero; los clientes en el país reconocen que si su mercado es digno de inversión, usted se quedará para apoyarlos.

Los clientes que compran un producto nuevo justo cuando entran a su país, saben que hay un elemento de riesgo en hacer negocios con usted: usted es un desconocido para ellos. Los clientes quieren estar seguros de que usted estará allí para ellos, para ayudarles a comenzar y a prestarles apoyo en el largo plazo. Cuando los clientes ven a los demás utilizando sus productos y servicios, es una afirmación de una decisión bien hecha. Si su oferta de productos y servicios incluyen complementos, adiciones o actualizaciones, los clientes desean la certeza de que usted seguirá allí cuando ellos estén listos para el siguiente paso.

Entrar en un nuevo mercado requiere una inversión de tiempo, recursos y capital. La empresa quiere saber que el mercado es digno de la inversión y que con el tiempo, producirá una amortización adecuada. A más compradores potenciales en el país, más remisiones y referencias alimentarán sus negocios. Tanto para sus clientes y su compañía, **no necesita ser el mercado más grande. Es necesario que sea un mercado que puede penetrar de una manera significativa.**

Es un juego de números. ¿Cuál es el tamaño de s*u potencial de* mercado? No es necesariamente el tamaño del país o población. Es a quien usted le vende. Chile es relativamente pequeño en población, pero *grande* en la minería y la producción de vino. Taiwán es una superficie relativamente pequeña, pero *grande* en la flexibilidad de las técnicas de fabricación.

Su empresa ya es exitosa en los Estados Unidos, así que usted sabe qué cifras analizar. Son diferentes para cada sector o producto. Los bienes de consumo pueden buscar la población de mujeres entre los catorce y cuarenta y cinco, que viven en áreas urbanas con un cierto nivel de ingresos del hogar. Los productos tecnológicos B2B pueden buscar empresas con cincuenta o más trabajadores de oficina en una sola ubicación. Los productos industriales pueden buscar empresas manufactureras que producen bienes que emplean el aluminio.

El mercado es diferente para cada producto o servicio que se ofrece. Usted sabe las características del mercado que busca. Investigue las cifras; hay muchas fuentes disponibles de datos de mercado. Todo país dispone de un departamento de estadística, departamento de comercio, o el departamento de desarrollo económico, que produce datos de mercado y hace que estén disponibles. En segmentos de mercado específicos, los analistas de la industria también evalúan y publican los datos de mercado.

Impulse; no se adelante. **Acelere** para avanzar; no sobre expanda. Utilice la competencia básica de su empresa para aprovecharla al máximo. Las principales características, capacidades, valor y el impacto que se han probado en los Estados Unidos o en otros países son importantes palancas de éxito. Su principal fortaleza proviene de aprovechar los atributos y funciones exitosas para entregar un beneficio y resultado demostrable. No olvide el poder de los Cuatro Por qué.

Construya una sólida base de confianza con los clientes, mientras que aprovecha las competencias básicas de su empresa. Aproveche las fortalezas del producto actual; no salte a un producto completamente nuevo. Un producto completamente nuevo en un mercado nuevo agrega costo y riesgo; su objetivo es minimizar el costo de entrada, de contener el riesgo y maximizar la oportunidad. Evalúe lo que se necesitará cambiar en las características y atributos del producto; algunos serán irrelevantes para los clientes en el nuevo país, y puede que sean necesarios otros nuevos. Documente sus suposiciones; desarrolle una matriz comparando las características, capacidades, valor e impacto estadounidense conocidos con las previstas en el nuevo país al que se propone entrar.

No busque el Océano Azul[19] o espacio vacío. *No está* buscando espacio de mercado indiscutible. Usted *no está* buscando llevar un nuevo producto a un nuevo mercado; hay demasiados riesgos. Usted está buscando un mercado viable. ¿Le suena familiar? Hemos discutido la importancia de comenzar desde una posición de fuerza en el capítulo 2, "Agregue Valor".

---

[19] W. Chan Kim y Renée Mauborgne, *Blue Ocean Strategy: How to Create Uncontested Market Space and Make the Competition Irrelevant* (Harvard Business School Publishing, 2015)

Sí, entendemos que la creación de un nuevo mercado y desarrollar una nueva demanda puede producir un alto retorno. Pero el Océano Azul, o espacio vacío, *no es* nuestro enfoque para hacer su primera movida internacional o entrar en un nuevo país. Llevar un nuevo producto a un nuevo mercado implica mayores riesgos de productos y mercados.

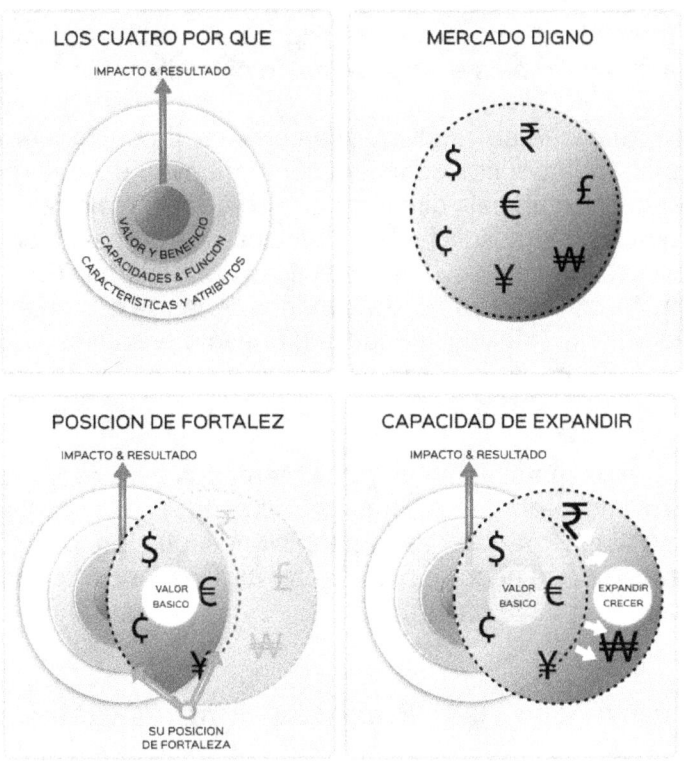

*Ilustración 12: Aproveche el valor básico en nuevos países*

Comience con una posición conocida y más cómoda de sus ofertas actuales para conocer el nuevo mercado.

Un mercado digno de inversión es un mercado de tamaño suficientemente grande en el que su empresa está dispuesta a comprometer tiempo, dinero y recursos humanos para el acceso.

Empiece a partir de una sólida base de confianza donde puede aprovechar las características y capacidades del producto actual y donde los clientes en el país encuentran el valor e impacto importantes para ellos.

Los clientes dispuestos y con capacidad para comprar en un nuevo país, amplían y diversifican su empresa. "La diversificación es una estrategia corporativa para entrar en un nuevo mercado o industria en el negocio no está actualmente".[20] Entrar a un nuevo país es una forma de diversificación.

Puede que se requieran cambios de producto, pero si es necesario un producto completamente nuevo, busque en otro lugar, encuentre un país diferente que se adapte mejor a su debut en el mercado. Hay suficientes dinámicas para hacer frente a la política, el lenguaje, las prácticas empresariales y de infraestructura. Usted ya tiene las manos llenas ya que su empresa necesita adquirir habilidades nuevas, nueva mensajería y la nueva metodología para abrirse correctamente a comerciar en un nuevo país.

Aproveche su éxito en otros mercados para avanzar hacia el nuevo mercado. Si el nuevo mercado en el país, es lo suficientemente grande, las repercusiones pueden crear ondas conforme crece su negocio para captar una mayor participación de mercado.

## Alineación con las Prácticas Empresariales y la Cultura

Lo que se considera educado en un país puede ser un insulto en otro.

Lo que se espera o requiere en un país puede ser innecesario en otro.

---

[20] *Wikipedia*, s.v. La "Diversificación", modificada por última vez el 20 de abril de 2017 https://en.wikipedia.org/wiki/Diversification (finanzas).

Un buen ejemplo de incompatibilidad cultural es el tema de la propina. En los Estados Unidos, la propina es habitual y se espera en los restaurantes, en los taxis y para muchos servicios de hotel. Propinas de 20 por ciento para un servicio excelente son comunes en los Estados Unidos, con menos para buen servicio; no dejar propina es considerado insultante, incluso si el servicio fue malo. En muchos países de Asia y el Pacífico, su gesto bien intencionado de una propina puede ser tomado como un insulto. En Europa, América Central y América del Sur, muchos restaurantes y hoteles añaden un recargo del 10 por ciento a la factura, así dejar propina es innecesario. En el Oriente Medio y África, su propina no será vista como insultante, pero probablemente no sea necesaria.

Los estadounidenses con miedo de insultar a los demás a menudo darán propina, no importa cuáles sean las costumbres locales. Como los negocios se han globalizado, esto está cambiando las expectativas en muchos países. Puede que la propina no sea la norma en un país, excepto cuando se atiende a los estadounidenses. Con tantos estadounidenses que ofrecen propinas, los servicios locales la esperan... pero, sólo de los estadounidenses.

A la hora de planificar un viaje de negocios a otro país, piense en los protocolos de un típico día y semana de negocios en el país:

Entienda cómo prepararse para el día:

- traje de negocios y
- expectativas de puntualidad para las citas.

Esté consciente de la etiqueta de negocios:

- saludos, intercambio de tarjetas de visita, y las formas adecuadas de tratar (uso de primer nombre, títulos, etc.);

- gestos para darse a entender y gestos que deben evitarse;
- regalos de negocios; y
- dirigir la reunión, flujo del programa.

Infórmese sobre otras consideraciones de negocios:

- atenciones de negocios y uso de alcohol (inapropiado en muchos países),
- expectativas de jornada o semana de trabajo y
- vacaciones o celebraciones religiosas.

La mezcla religiosa de un país no está directamente relacionada con su capacidad de hacer negocios en un país, pero es importante de entender. La fundación religiosa de un país conformará el sistema de valores y estilo de negociación. Estas pueden ser generalizaciones y siempre es importante ser sensibles a las personas específicas con las que está trabajando.

Existen numerosas fuentes de información sobre la etiqueta de negocios internacionales. Busque información general o específica de cada país, tales como "Etiqueta de Negocios Española". Una de nuestras fuentes favoritas y más completas es el libro clásico de Terri Morrison *Kiss, Bow, or Shake Hands* y el sitio virtual (www.kissbowshakehands.com). Pero incluso estas útiles herramientas de etiqueta no le dirán todo, como cuán profundamente hacer una reverencia, desde un simple movimiento de cabeza o una inclinación hasta la cintura.

### Una historia de Café con Janice Hulse

*Ella había forjado una relación plurianual potencialmente enorme con una de las compañías portadoras más importantes en el país. Ahora era el momento de finalizar el compromiso a nivel superior de ambas empresas.*

*Janice Hulse era un alto director de ventas para un proveedor de comunicaciones unificadas basado* en los Estados Unidos. Ella estaba introduciendo la compañía a nuevos socios comerciales en Japón.

El acuerdo estaba firmado. Los gerentes de proyectos de ambas empresas estaban nombrados. El paso final era una reunión ejecutiva de alto nivel. Las relaciones se habían construido con éxito en los niveles de trabajo de la organización. Era importante y habitual para ejecutivos de alto nivel hacer lo mismo, como una muestra de respeto y compromiso mutuo.

Janice llevó a su vicepresidente ejecutivo a Japón. El socio de la empresa hizo todos los arreglos para una reunión privada durante la cena en una tradicional casa de té japonesa. En la noche de la cena, el vicepresidente ejecutivo de Janice anunció que no se sentía capaz de cenar y que ella podría encargarse. Janice intentó explicar la importancia de la reunión, pero el VPE simplemente le dijo, "Manéjalo". Mientras más suplicaba explicando la importancia de la reunión, más molesto se ponía. El la despidió diciéndole. "Janice, sólo manéjalo".

Al llegar a la casa de té, Janice quedó impresionado por la sencilla elegancia de la histórica casa, inmersa de tradición que se podía remontar a la época Edo (circa 1600). El pequeño edificio de madera estaba situado en un sereno bien cuidado jardín. Janice entró a la zona de bienvenida donde retiró sus zapatos, pisó la esterilla de tatami, y se inclinó en respetuosa bienvenido a sus anfitriones. Los asientos habían sido cuidadosamente arreglados con los altos ejecutivos sentados en el centro, uno enfrente del otro. Los funcionarios de menor rango se sentaron a la izquierda y a la derecha.

*Los ejecutivos del socio de la empresa saludaron y preguntaron cuándo llegaría el VPE. Janice fue muy educada y se lamentó explicando la ausencia del VPE. Se disculpó mostrando remordimiento. Los ejecutivos del socio de negocios reconocieron esto. Entonces ellos tranquilamente se levantaron de sus asientos en la mesa de té. Un ejecutivo que se sentaba a la derecha del alto ejecutivo se acercó a Janice. Él le dijo que la cena se había cancelado y con un movimiento algo tieso empujó una bolsa de regalo en su dirección, indicando lo presentara al VPE. Los ejecutivos de la empresa asociada, se calzaron sus zapatos, giraron y abandonaron la casa de té en silencio.*

*Janice estaba avergonzada y humillada. La ausencia del VPE había sido interpretada como una muestra de descortesía. La relación comercial procedió de conformidad con el acuerdo firmado, pero la relación nunca prosperó al nivel previsto originalmente. Fue una lección dolorosa y costosa de insensibilidad cultural.*

*Aprender rápidamente de la experiencia es un gran activo. La carrera internacional de Janice Hulse continuó rápidamente a vicepresidente internacional de una corporación multinacional global y una residencia de más de quince años en Singapur apoyando a los clientes del Sudeste Asiático.*

## Alineación Cultural desde una Perspectiva de las Ciencias Sociales

Alineación con la cultura de un país puede ayudar a que su negocio prospere. El desajuste puede significar el fracaso.

Las necesidades de la sociedad se reflejan en los valores culturales del país. El concepto de "contrastar valores de supervivencia con valores de autoexpresión" se deriva de la obra del Dr. Ronald Inglehard, Dr. Miguel Basanez y el Dr. Christian Welzel.[21] Los valores de supervivencia son más fuertes en los países donde las necesidades humanas básicas son escasas. Las necesidades de autoexpresión son más fuertes en los países ricos.

Al alinear los productos y servicios con la cultura de un país, es probable que encuentre valores de supervivencia más fuertes en los países emergentes, como los de África, mientras que los valores de autoexpresión serán más fuertes en los países más avanzados, como los encontrará en Europa.

En muchos países emergentes, la atención se centra en las necesidades fundamentales de la sociedad y el bienestar básico de la población. En países como Bangladesh o Ruanda, se prioriza la actividad de importación en torno a las necesidades de subsistencia: vivienda, seguridad, agua potable, la producción de alimentos, la eliminación de desechos, la electricidad y la salud humana.

✓ Si la oferta de su empresa ayuda a levantar las necesidades básicas de un país con sólidos valores de "supervivencia" de forma costo efectiva y manejable, sus productos y servicios serán bienvenidos.

Los países avanzados como Canadá e Irlanda han abordado sustancialmente las necesidades básicas de la sociedad; acogen una gran variedad de importaciones que agregue a la prosperidad de los individuos y la sociedad. Las importaciones que atiendan a las necesidades humanas básicas, serán bienvenidas si aportan capacidades nuevas únicas y añaden valor incremental. Sociedades prósperas y opulentas, como Suiza y Nueva Zelanda, buscan importaciones que ampliarán la creatividad humana; permiten una mayor autoexpresión; o abordan causas nobles,

---

[21] Ronald Inglehard y Miguel Basanez, *Cambio de Creencias y Valores humanos: Un libro Transcultural Basado en las Encuestas de los Valores del Mundo y Estudios de Valores Europeos* (2010).

como las cuestiones ambientales, la diversidad, la sostenibilidad, la educación, la investigación médica y la conservación.

✓ Si su oferta promueve valores de "autoexpresión" en países ricos, será bien recibida.

Una empresa que ofrece una unidad de electricidad solar auto-contenida podría apelar a los países en ambos extremos del espectro de valores de supervivencia frente a los valores de autoexpresión. En áreas sin electricidad, la unidad solar podría proporcionar una necesidad esencial: la electricidad. En los países avanzados, la unidad solar podría ofrecer una alternativa ecológica y sostenible a los combustibles fósiles.

Un sencillo sistema de riego por gravedad sería muy atractivo en zonas emergentes donde la supervivencia depende de las pequeñas parcelas de agricultores que cultivan la mayoría de los alimentos. Por el contrario, este sistema de riego no sería un negocio viable en países más ricos, avanzados.

Una aplicación de salud y bienestar para teléfonos inteligentes, como el que nos señaló Kevin McCoy (en el capítulo 2, "Agregar Valor"), resultará atractiva en países con un alto nivel de valores de autoexpresión, donde la población es más próspera y la economía está en una fase avanzada. La aplicación no sería de interés en países donde los valores de supervivencia son altos y no se satisfacen las necesidades básicas de subsistencia.

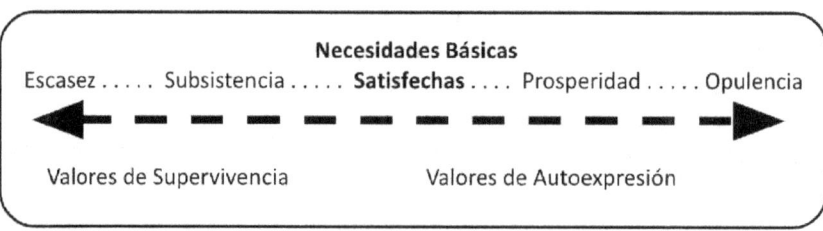

*Ilustración 13: Satisfaciendo necesidades de supervivencia frente a autoexpresión en un país*

¿Cuál es la mejor alineación para su oferta de producto o servicio? ¿Están satisfaciendo las necesidades de los clientes en áreas que funcionan con escasez o abundancia, o algo entre las dos?

El trabajo del Dr. Ronald Inglehard examina también otra dimensión cultural, contrastando los valores religiosos tradicionales con valores seculares racionales.

El contraste de las dimensiones de los valores religiosos tradicionales y valores seculares racionales tiene múltiples facetas. No todos los elementos afectarán su negocio en un nuevo país, pero uno o más serán importantes para sus clientes. Hemos identificado cinco elementos clave que pueden afectar a su negocio; progreso, métodos, perspectiva, familia y misticismo.

Mirando el elemento central de los avances, los países con más valores tradicionales tendrán las prácticas consagradas en alta consideración, mientras que los países con valores más seculares apreciarán enfoques innovadores. Los métodos en un país más tradicional se pueden alinear a un enfoque intuitivo, mientras que un país laico tendrá un mayor respeto por los métodos científicos. La "Perspectiva" de un país más tradicional puede estar centrada en valores locales y nacionalistas, en contraste a una del país más secular interesado en la forma en que encaja en el escenario mundial.

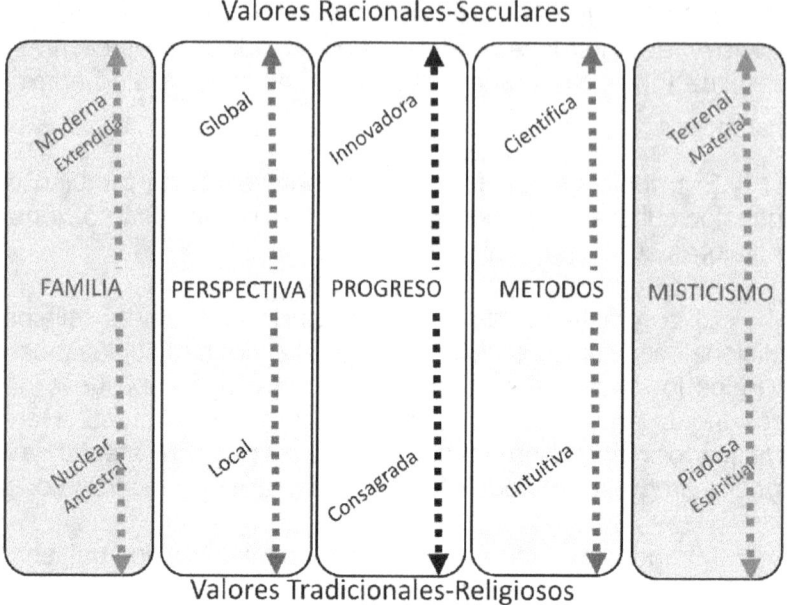

*Ilustración 14: Satisfaciendo necesidades de país tradicional-religioso frente a secular racional*

Estas dimensiones contrastantes de valores tradicionales frente a los valores seculares no son tan simples como los valores de supervivencia frente a los de autoexpresión, pero no son menos importantes.

- ✓ Los países de América Latina y de África, con fuertes valores religiosos tradicionales normalmente tendrán personas y empresas que valoren productos y servicios que apoyen los métodos consagrados que dan soporte a sus necesidades locales.

- ✓ Los países de Europa, como Suecia, Noruega y Dinamarca, con fuertes valores seculares-racionales buscarán nuevos e innovadores métodos que sirvan para fortalecer sus posiciones en el escenario mundial.

Aplique su experiencia y conocimiento de la industria para evaluar cómo esta dimensión se alinea con sus productos y servicios.

Algunas ofertas se alinearán mejor con uno de los extremos del espectro frente al otro; otras pueden ser "agnósticas" y atractivas para todos. Infraestructura de TI y capacidades de administración del sistema con funcionalidad de alto nivel podría ser muy atractiva en países en ambos extremos del espectro. Vamos a oír más sobre esto con Daniel Turner en el capítulo 5, "Construir Confianza". Kuwait, país con valores en gran medida religiosos tradicionales, quería que la más moderna e innovadora tecnología informática disponible globalmente, al actualizar la infraestructura vital.

¿Cómo se alinea su producto o servicio en la dimensión tradicional / secular? ¿Están satisfaciendo las necesidades de los clientes más tradicionales o más seculares? Ninguna cultura o país encaja perfectamente en una sola categoría, por lo que su evaluación no será fácil. Su evaluación le sugerirá negocios o segmentos de la población que mejor se adapten a su oferta.

- Un juego, actividad, destino turístico que promueve el tiempo en familia podría tener alto atractivo para aquellos con fuertes valores religiosos tradicionales, en países como Rusia, Rumania, o Bangladesh.

- Los dispositivos inteligentes para el hogar con entretenimiento, seguridad y controles ambientales probablemente tendrán mayor atractivo para la gente, culturas y países con valores más seculares racionales, como Irlanda, Australia, o Suiza.

Pongamos estas dos dimensiones juntas y volvamos al trabajo del Dr. Inglehard para la evaluación en ciencias sociales. Los doctores, Inglehard, Basanez, Welzel y otros compilaron el trabajo realizado por una red mundial de científicos sociales, formularon la Encuesta

Mundial de Valores, y desarrollaron el Mapa Mundial de Valores[22] ilustrado a continuación.

La Encuesta Mundial de Valores fue diseñada para proporcionar una medición integrada de las áreas clave de preocupación humana, desde la religión a la política y desde la vida económica a la vida social. Su trabajo tiene un propósito diferente, pero pensamos que ofrece interesantes pistas para qué países puedan ser mejores en sus ofertas de productos y servicios.

Los valores tradicionales versus racional secular suben en el eje vertical.

La supervivencia frente a la autoexpresión abarca el eje horizontal.

Superpusimos dos líneas en el mapa mundial de valores, una línea horizontal entrecortada y una línea vertical punteada interceptando los Estados Unidos. Los Estados Unidos se sitúan en la parte inferior derecha del Mapa Mundial de Valores. Esto significa que el Mapa Mundial de Valores sitúa a los Estados Unidos como más tradicional con altos valores de autoexpresión. Dado que usted tiene una base sólida de experiencia en el mercado de EE.UU., esto le permite evaluar un país en relación a su entendimiento de los Estados Unidos.

---

[22] Mapa Mundial de Valores reimpreso con permiso del Dr. Ronald Inglehard.

*Ilustración 15: El Mapa Mundial de Valores*

**Por encima de la línea entrecortada horizontal** de valores tradicionales/seculares racionales de valores están los países con valores racionales seculares más fuertes que los valores en los Estados Unidos. Los países que aparecen en este mapa mundial de valores podrían buscar productos y servicios que aportan nuevas ofertas, nuevas capacidades y valor incremental para los usuarios. La India agradecería ofertas innovadoras que podrían ampliar el sector industrial, que representa el 26 por ciento del PIB y emplea al 22 por ciento de la fuerza laboral,[23] especialmente en bienes de consumo de rápido movimiento y de productividad agrícola.

**Por debajo de** esa misma **línea entrecortada horizontal** están los países que tendrán valores tradicionales aún más fuerte que los de los Estados Unidos. Los productos y servicios que

---

[23] Banco Mundial y Quandl.

ayuden a su orgullo nacional o perspectivas probablemente serán atractivos. Esto puede incluir productos y servicios que promueven (o aprovechan) los recursos naturales de un país, la construcción de un centro de excelencia en áreas únicas para el país, o apoyar los valores tradicionales. Perú agradecería contar con productos y servicios diseñados para estimular la industria manufacturera (22 por ciento del PIB) o la minería (15 por ciento del PIB).

A la **izquierda** de la **línea vertical punteada** de valores de supervivencia/autoexpresión están los países con valores de supervivencia más dominantes que los Estados Unidos, busque a la izquierda los países donde las necesidades son más dramáticas. Estos países acogerán los productos y servicios que mejoran la supervivencia, seguridad, agua potable, eliminación de desechos, la producción de electricidad, la salud, la creación de empleo, y otras ofertas para mejorar la supervivencia. Muchos países en el continente africano acogerán con beneplácito los productos y servicios que elevan las necesidades humanas básicas.

A la **derecha** de esa misma **línea vertical punteada** a través de los Estados Unidos hay muy pocos países. Estados Unidos es uno de un pequeño número de países con altos valores de autoexpresión, evaluados por el Mapa Mundial de Valores. Para estos países, llevar los productos y servicios que promueven la protección del medio ambiente, la creatividad humana, entretenimiento, acceso a la información, la diversidad, o la creciente demanda de participación en la toma de decisiones.

Nuestra opinión es que los estímulos culturales pueden ser un **acelerador** para su empresa. Las prácticas empresariales y la cultura no están dentro de su esfera de influencia o control. Pero hay factores arraigados dentro de la práctica empresarial y la cultura que usted puede aprovechar para el éxito.

 Los estímulos culturales pueden ser simultáneamente un **desacelerador** porque usted necesita funcionar de manera cooperativa en el nuevo entorno cultural. Haciendo sus tareas y trabajando con un representante en el país, su guía de montaña, usted debería ser capaz de desenvolverse cómodamente con las prácticas empresariales y las consideraciones culturales.

**La alineación con la cultura de un país puede ayudar a que su negocio prospere. El desajuste puede significar el fracaso.** Aquí hay algunas de las maneras en que las prácticas empresariales y la cultura del país podrían afectar su selección de país:

- **Consideraciones de la cultura del cliente** ayudan a determinar la aceptación e impacto de su oferta para los usuarios. Puede considerar mejor qué funcionará y qué no, dadas las consideraciones culturales. Por ejemplo, en un país musulmán, donde la mayoría de las mujeres visten hijabs, la laca para el pelo no estará en alta demanda. El reconocimiento de la cultura del país le ayuda a evaluar la disposición e interés del cliente por su oferta.

- **Consideraciones de prácticas empresariales** deben funcionar dentro de los ciclos de negocios del país, las fases de gobierno, las fiestas religiosas y las vacaciones en familia. Estas consideraciones deberían tenerse en cuenta en su decisión para la fecha de lanzamiento del producto y los antecedentes de su guía de montaña. También considerar estos factores al decidir qué género sería el más adecuado para el trabajo a realizar.

- **Otras consideraciones de negocio** incluyen la percepción de la corrupción en el país. La desigual distribución del poder y de la riqueza puede conducir a la percepción y la práctica de comportamiento corrupto o inmoral, que puede ser muy sutil, como el trato preferencial. O las prácticas corruptas pueden ser muy evidentes, como los sobornos, coimas y pagos. La transparencia Internacional contribuye a proporcionar un índice relativo en www.transparency.org.

## Receptivo a las Importaciones Norteamericanas

La balanza comercial, importación/exportación y producción industrial son indicadores de la salud económica de un país y la disposición de sus ciudadanos para comprar productos y servicios desde fuera de su país. La voluntad de comprar, discutida anteriormente en "El Comportamiento del Comprador", también incluye la disposición a comprar productos y servicios de los Estados Unidos. No se confunda con el ir y venir en la utilización de las palabras " importación" y "exportación". Todo es cuestión de perspectiva: Quién está trayendo productos (importación) y quién está enviándolos fuera (exportación), depende de donde usted vive y trabaja.

*TolpaTek quiere aprovechar todos los conocimientos y recursos que pueda obtener antes de hacer su primera movida fuera de los Estados Unidos y a Canadá. Alex se acercó al Departamento de Comercio de los Estados Unidos; estaba muy emocionado y encantado al encontrar una gran cantidad de información. Pero, igualmente abrumado y confundido por la gran cantidad de material. ¿Qué se debe hacer primero? ¿Qué era crítico ahora versus crítico después? ¿Es que no había una fórmula paso a paso? ¿Cómo podría Alex y TolpaTek unir todas las piezas?*

*Por suerte, Alex encontró el "Export Start-Up Kit" del International Trade Compliance Institute (ITCI) y "Base de Datos de Información Comercial" en www.tradecomplianceinstitute.org .¡Fue un descubrimiento! Este sitio web proporciona información sobre los conceptos básicos de exportación y ayudó a Alex a evaluar el potencial de exportación y disposición de TolpaTek. Para Alex, era el mapa paso por paso que estaba buscando. Le dijo a todos sus colegas empresarios sobre éste, agregando su propio humor. Les dijo, "Encontrar ITCI fue como un GPS para exportar, no un Sistema de Posicionamiento Global, sino una Guía para Vender Productos Globales".*

Los Estados Unidos es un importante exportador grande. ¿Sorprendido? Si bien es cierto que los Estados Unidos ha enviado un montón de procesos de fabricación fuera del país, todavía tiene un montón de excelentes productos y servicios que son valoradas exportaciones. Sí, las importaciones estadounidenses superan a las exportaciones estadounidenses. *Pero,* los Estados Unidos se sitúan en el top cinco de exportadores del mundo, la mayoría de los años posicionado como número tres o incluso número dos.[24] En sólo un año, las empresas norteamericanas exportan más de 2 trillones de dólares (sí, trillones con *T*) en bienes y servicios a más de 150 países. Esto incluye todo, desde bebidas hasta inodoros, servicios de mantenimiento para viajes, y una asombrosa lista de otras ofertas que nunca se podría imaginar de comercio global.

Exportar no es exclusivo para mercancías, materias primas y productos. Las exportaciones de servicios consistentemente representan alrededor de un tercio de las exportaciones estadounidenses y los Estados Unidos se sitúan en la parte superior de la lista de exportadores de servicios en todo el mundo. Los servicios que exportamos incluyen banca, servicios de computación, ingeniería, entrega rápida, seguros, servicios jurídicos, servicios de atención de la salud, turismo y mucho más.

A pesar de lo que se podría pensar, el campo de la importación/exportación no es el único ámbito del gran conglomerado de empresarios corporativos. Según el Departamento de Comercio de EEUU (www.commerce.gov), las grandes corporaciones constituyen sólo aproximadamente el 4 por ciento de todos los exportadores. Eso significa que el otro 96 por ciento son pequeñas y medianas empresas.

---

[24] Brock Williams y Michael J. Donnelly, *Comercio internacional EE.UU.: Tendencias y Pronósticos* (Washington, DC: Servicio de Investigación del Congreso, 2012).

Globalizate
*Built for Global: Edición en Español*

La globalización depende del comercio internacional y es la base para las corporaciones multinacionales, la subcontratación, la producción en el exterior y otras prácticas comerciales bien reconocidas. Sin el comercio internacional, los países estarían limitados a los productos y servicios producidos dentro de sus propios países. Existen muchas fuentes que pueden ayudarle a averiguar el saldo de la balanza comercial y la producción industrial de un país. Aquí están algunas de nuestras fuentes favoritas:

**Export.gov** (www.export.gov) es un portal asociado del Departamento de Comercio de EE.UU. que "reúne los recursos de todo el gobierno de EE.UU. para ayudar a las empresas estadounidenses en la planificación de sus estrategias de ventas internacionales y triunfar en el mercado global de hoy en día." Encontramos que Export.gov contiene mucha información, incluyendo conceptos básicos de exportación y los problemas del comercio.

**Asociación de Comercio Internacional (ITA)** es una división del Departamento de Comercio de los Estados Unidos. La visión y la misión de ITA es "fomentar el crecimiento económico y la prosperidad a través del comercio global" para "Crear prosperidad mediante el fortalecimiento de la competitividad internacional de la industria de EE.UU." Las tres unidades de negocio de ITA son: Mercados Globales, Industria & Análisis, y Ejecución & Cumplimiento. ITA (www.ita.doc.gov) proporciona mucha información, recursos y servicios de expertos regionales, promociones comerciales y servicios de exportación específicos de cada país. La asociación también tiene oficinas en todo el país.

**Banco de Datos de Comercio Nacional (NTDB)** (www.stat-usa.gov) es otro valioso recurso de información. Este es un intermediario de información para el gobierno que tiene datos procedentes de múltiples fuentes. NTDB contiene información básica sobre la actividad exportadora de la industria, información específica de la industria, información específica sobre los países e información industria-país.

**El Departamento de Comercio de EE.UU** (www.commerce.gov) contiene un caudal de información. Los datos están disponibles mediante códigos NAICS (Sistema de Clasificación Industrial de América del Norte), para que pueda obtener los datos específicos de la industria. La misión del Departamento de Comercio es "ayudar a las empresas Estadounidenses a ser más innovadoras en casa y más competitivas en el extranjero".

**Organización Mundial del Comercio (OMC)** es una organización con membresía (www.wto.org) con sede en Ginebra, Suiza, que se ocupa de las normas que rigen el comercio entre los países. La OMC tiene 160 países miembros y un caudal de información sobre cada país miembro, incluido un claro perfil comercial. La OMC actualiza los perfiles comerciales anualmente. Encontrará información incluyendo temas comerciales, documentos, datos y recursos.

¿Es el país receptivo a las importaciones de EE.UU.? ¿Tiene Estados Unidos una historia de exportaciones con el país al que usted está buscando entrar? Relaciones de importación existentes pueden ayudar a hacer más fácil su entrada en un país. Existen recursos en Estados Unidos y en el país que pueden ayudarle a navegar a través del proceso. Usted puede revisar los datos de exportación a EEUU y las tendencias. Sólo recuerde que los números son indicadores y no relatan la verdadera historia de la penetración, pero le proporcionarán una ventaja para la comprensión.

Si la relación exportaciones/importaciones incluye productos y servicios en su industria, contribuirá a **acelerar la** entrada. En el mundo de exportación/importación, la tendencia es su amiga. Si los Estados Unidos tienen una fuerte relación de exportación existente con el país, hará su entrada más fácil. Los honorarios, los reglamentos y el proceso serán conocidos y comprendidos, así que usted no tiene que ser el pionero.

Si los Estados Unidos no tienen una relación de importación/exportación existente con el país, espere que la entrada tome más tiempo y requiera una mayor inversión, pero, por fortuna, sólo será un desacelerador, no una barrera a la entrada.

Preguntas sobre importar/exportar a considerar al entrar en un nuevo país incluyen las siguientes:

- ¿Cuáles son las restricciones de importación o exportación? Los países con menos restricciones, obviamente, serán más fáciles que aquellos con mayores restricciones.

- ¿Valora el país el reconocimiento en los mercados internacionales?

- ¿Existe producción nacional de productos y servicios similares? Si la respuesta es sí, ¿cómo afectará a la empresa nacional del país importar su oferta? ¿Importa o exporta el país productos y servicios similares a aquellos que se propone introducir en el país?

## Ser un Detective Eliminador de Riesgo

Una buena persona de negocios piensa como un detective. La buena gente de negocios internacionales son investigadores que no se pierden ningún detalle, ya sea si es delicadamente sutil o severamente concreto.

La investigación es trabajo de detective en esteroides. El primer y más importante paso en la puesta en marcha de sus esfuerzos de investigación es saber qué es lo que busca. ¿Qué preguntas está intentando contestar? ¿Qué datos de apoyo podrían ayudarle a tomar decisiones informadas?

Hay dos tipos de investigación: primaria y secundaria. La investigación primaria es donde usted mismo recoge los datos, directamente de la fuente. Investigación secundaria es utilizar datos que otros reunieron. Comencemos con la segunda, la primera está al alcance de tu mano.

## Investigación Secundaria

Investigación secundaria es resumir la información de las fuentes existentes. Podrá formar su propia opinión sobre el material y la información que está revisando, pero usted no es la fuente de datos. Internet es la forma más poderosa de investigación secundaria porque hay una inmensa cantidad de información al alcance de su mano. Otras fuentes comunes de investigación secundaria son el uso de redes, el uso de analistas de la industria, empresas de investigación de mercados, universidades y asociaciones comerciales.

### Una historia de Café con Robert Pearlstein
*Robert estaba trabajando en una oportunidad donde había identificado una aplicación exclusiva de tecnología robótica en la industria minera. La minería es un gran mercado en todo el mundo, pero al no tener experiencia en este mercado, Robert estaba en un dilema en cuanto a cómo empezar. La primera cosa que hizo fue ponerse en contacto con el Departamento de Comercio de los Estados Unidos, que comparte una gran cantidad de información sobre el sector minero mundial. Se enteró de que Canadá y Australia podrían ser grandes mercados para explorar, especialmente porque el inglés es el*

*idioma principal. Nuevas investigaciones en línea le llevaron a las asociaciones comerciales de la industria minera, donde se identifican las empresas que podrían tener interés en esta singular aplicación. A continuación, Robert comenzó a trabajar en red, usando LinkedIn para hacer contacto.*

**Contactos.** ¿A quién conoce usted con información que puede ayudar a su expansión internacional?

¿A quién conoce en el país de destino? Podría ser alguien que trabaja en su empresa, un contacto de red, o un amigo de un amigo. Alguien que se ha trasladado recientemente o inmigrado a los Estados Unidos desde el país en el que se busca entrar puede ser una gran ayuda. Esta persona puede contarle a usted acerca de las costumbres locales y algunos detalles de la vida, que no están fácilmente disponibles. Su información será subjetiva, pero puede proporcionar una visión de la vida cotidiana en el país.

Si su contacto de red está dentro de su empresa o industria, él o ella puede proporcionarle la información comercial relevante y contactos. Compruebe sus redes de Facebook y LinkedIn para personas que incluyen información de ubicación para los empleadores anteriores, universidad(es) a las que asistió y los idiomas hablados. Esto puede darle pista de personas en su red que son originarias de un país determinado. A la gente le encanta hablar de su país de origen y responderán interminables preguntas sobre cualquier tema tanto grande como pequeño.

Dentro de su empresa hay inmensos recursos listos para ayudar. El departamento de marketing conocerá fuentes relevantes de datos de mercado y tendrá acceso a ellos. Puede que el departamento de ingeniería sea capaz de proporcionar información técnica sobre requisitos de alimentación, interfaces de sistemas y otras organizaciones de inteligencia operativa. Finanzas ayudará con las transacciones financieras, los requisitos legales, acuerdos y otros factores críticos del negocio. Recursos humanos será útil más adelante y proporcionará información acerca de las prácticas de contratación en otros países. Construya un equipo interno para ayudarle a encontrar la información que necesita; lea más sobre esto en el capítulo 5, "Construya Confianza".

**Los Analistas de la Industria y Empresas de Investigación de Mercados.** Ambos son expertos proveedores de información. Suelen realizar investigaciones primarias y secundarias para producir informes de la industria. Hay muchas empresas muy respetadas que se consideran para proporcionar opiniones autorizadas y son de confianza dentro de su industria para evaluaciones y proyecciones. Utilizando sus profundos conocimientos y experiencia del sector, estas empresas segmentarán los mercados de la industria, pronosticarán crecimiento o cambios, dimensionarán segmentos de mercado y evaluarán a los actores dentro del mercado.

Puede valer la pena pagar por informes de la industria. Evalúe sus necesidades y qué preguntas está tratando de responder de manera que usted pueda seleccionar el informe adecuado o un conjunto de informes que se adapte a sus necesidades.

Hay muchos analistas de la industria y empresas de investigación de mercados para elegir; su empresa ya tiene una relación con uno o más. Aproveche las relaciones actuales con analistas para encontrar los informes específicos que le ayudará en la selección de país y lanzamiento del producto en ese país. Muchas de estas empresas también organizan eventos anuales que podrían ser estupendos para formar redes, hacer conexiones, y ampliar tus conocimientos.

Aquí están los nombres de algunos analistas de la industria y empresas de investigación de mercados con las que Janet y Robert han trabajado en el pasado:

- Computer Review
- Digital Clarity Group
- Forrester Research

- Gartner Group
- IDC (International Data Corporation)
- Lux Research
- McKinsey & Company.
- Ovum Ltd.
- Yankee Group

**Los Académicos.** Las instituciones educativas y universidades que ofrecen grados, experiencia o especialización en su sector son enormes recursos. Esto puede no parecer obvio a primera vista. Estas instituciones buscan oportunidades para crear diálogo, enlaces y asociaciones con la industria. La universidad no tiene que estar cerca de la sede de su negocio, pero si está cerca, esto puede beneficiar tanto a su empresa como a la universidad.

Comience con una entrevista informativa con el colegio o universidad. Usted deseará evaluar objetivos mutuos y cómo se entrecruzan para satisfacer las necesidades tanto de la empresa como de la institución de aprendizaje. Vaya preparado con la información que usted está buscando explorar. Incluso en el proceso de la entrevista, espere obtener algunas ideas interesantes. Además, vaya preparado para compartir información. Cuando los beneficios recíprocos son obvios, se puede forjar una fuerte relación.

Considere la utilización de pasantes. Si el colegio o universidad tiene estudiantes matriculados en el país al que se dirige, su compañía puede emplearlos como pasantes. Hablan el idioma y comprenden los matices de obtención de citas y comunicar valor. El beneficio para los pasantes es que construyen conocimientos de la industria estadounidense y contactos de negocios.

Hay muchos tipos diferentes de pasantías. Las pasantías de experiencia laboral son normalmente para estudiantes de pregrado y comúnmente ocurren durante las vacaciones escolares de verano. Las pasantías de investigación/tesis las realizan generalmente estudiantes de posgrado. Los estudiantes de posgrado querrán temas de investigación que complementan sus tesis de maestría o doctorado. Si su empresa está cerca del colegio o universidad, las pasantías pueden ocurrir durante el año escolar regular, los estudiantes adecuarán su horario de clases para cumplir con los requisitos de pasantía.

Una relación con colegio o universidad puede desarrollar mayores oportunidades para su empresa. Estas escuelas también pueden producir contrataciones de recién graduados con alto potencial.

**Las Asociaciones de Comercio o Grupos Comerciales Industriales.** Estas son un recurso subutilizado. Aunque puede haber muchos otros objetivos enunciados en la carta organizativa, la verdadera finalidad de las asociaciones comerciales es la educación, cabildeo político y la estandarización. Las asociaciones de comercio de los Estados Unidos normalmente son organizaciones sin fines de lucro que son financiadas mediante la membrecía de los individuos o empresas dentro del sector de la industria.

Las asociaciones de comercio publican un volumen considerable de información sobre su sector de la industria, tendencias, temas de actualidad y requisitos normativos. Las asociaciones comerciales celebran periódicamente reuniones de miembros y suelen celebrar eventos para sus miembros y empresas dentro de la industria. Este es un gran recurso tanto de información como de contactos que pueden convertirse en socios de negocio o clientes. Las asociaciones comerciales tienen sitios web, publican boletines o revistas, y ofrecen información de miembros; estos son fuente importante de contactos en la industria para socios o clientes.

Una asociación de comercio con base en los Estados Unidos puede tener contactos con asociaciones internacionales similares para ayudar a abrir las puertas para usted. De lo contrario, no dude en ponerse directamente en contacto con una asociación de comercio en el país. Es útil tener presentaciones hechas por contactos locales que hablan el idioma local, ya que las asociaciones comerciales en el país tendrán el objetivo de promover negocios locales y pueden no estar acostumbrados a operar en inglés.

Alguien dentro de su empresa será miembro de una asociación comercial pertinente. Ingeniería, fabricación, servicio al cliente o marketing probablemente ya saben de asociaciones comerciales pertinentes y están suscritos a una de sus publicaciones, cariñosamente llamados "trade rags". Aproveche esas opiniones internas y contactos en asociaciones comerciales para ver si lo pueden orientar hacia algunos contactos en el país. Muchas asociaciones de comercio ofrecen seminarios educativos que podrían ser de interés u organizan eventos que podrían ser útiles.

**Investigación en Internet.** La más poderosa herramienta de investigación secundaria en el planeta está en tus manos, y que no cuesta un céntimo, centavo, pfennig o pingin (excepto para el acceso a internet). El principal costo es el tiempo, que podrían ser tus noches y fines de semana; el tiempo de un colega; o de un pasante, consultor o investigador de mercados. ¡Cualquiera que sea la forma que elija para pasar el tiempo en investigación secundaria, es tiempo bien invertido!

Si usted está haciendo una investigación de mercado para ayudarle a descubrir el valor (capítulo 2) busque artículos de prensa relacionados con la industria y blogs, pase tiempo en sitios web de la competencia y saque los archivos de la SEC de los competidores (archivos de la Comisión de Valores y Bolsa, que incluyen 10Q, 10K, Informe anual y los informes trimestrales).

¿Se ha preguntado alguna vez cómo los competidores han tenido tanto éxito con sus campañas de marketing en línea? Existen herramientas en línea para eso también, como SpyFu.com. SpyFu.com expone los secretos del motor de búsqueda de marketing de empresas tales como palabras clave, Adwords y ranking.

Introdúzcase a las herramientas disponibles a través de su motor de búsqueda favorito. Muchas herramientas son gratuitas y otras requieren suscripción. Cada motor de búsqueda ofrece un conjunto de herramientas y capacidades: Google, Bing, Yahoo!, AOL, Ask, WOW, Webcrawler y otros.

Increíbles posibilidades y una increíble cantidad de información están a sólo un clic de distancia.

## Investigación Primaria

Si usted trabaja en ventas o marketing, su éxito profesional está basado en la investigación primaria. Le gusta hablar con la gente, ¿verdad? ¡Si es así, usted es experto en investigación primaria! La investigación primaria se basa en la comunicación directa o la observación de clientes, clientes potenciales y otros involucrados en el rol de comprar y el usar sus productos o servicios.

**Entrevistas uno-a-uno.** Hablar directamente con los clientes y potenciales clientes proporciona valiosa información. Existe una relación personal entre el entrevistador y el entrevistado con el objetivo de comprender la perspectiva del entrevistado. En la investigación primaria, las entrevistas uno-a-uno se consideran investigación cualitativa porque los tamaños de muestra son pequeños y se centran en el "por qué" y "cómo" de la toma de decisiones.

Las formas más comunes de entrevistas relacionadas con el negocio se dividen en dos categorías: entrevistas guiadas y entrevistas de respuesta fija. Entrevistas guiadas tienen un conjunto preseleccionado de preguntas diseñadas para recoger la misma información general de todos los entrevistados. Las entrevistas guiadas permiten un grado de conversación y discusión abierta. Las entrevistas de respuesta fija formulan la misma pregunta a todos los entrevistados, teniendo que elegir una respuesta de una lista fija de opciones. Las entrevistas de respuesta fija limitan la conversación pero facilitan la recopilación de datos estadísticos.

Las entrevistas guiadas pueden proporcionar una amplia gama de información. Las entrevistas de respuesta fija proporcionan respuestas que pueden ser cuantificadas. Robert y Janet prefieren utilizar una mezcla de preguntas guiadas y de respuesta fija cuando hacen entrevistas uno-a-uno de investigación primaria.

Las entrevistas uno-a-uno pueden ser realizadas por usted, una pequeña empresa de consultoría, o una gran empresa de investigación de mercado, basado en el tamaño de la muestra, sofisticación y presupuesto. La tecnología y los medios sociales han acelerado las entrevistas uno-a-uno. Empresas minoristas harán "shop-alongs," (entrevistas realizadas en el punto de venta acompañando al comprador), utilizan la tecnología de rastreo ocular, o monitorean el flujo de clientes en la tienda. Tanto en B2B como B2C, las revistas de mapeo o diarios digitales son útiles para determinados tipos de productos y servicios.

**Los Grupos Focales.** El uso de grupos focales en la investigación primaria está reservado principalmente para los productos de consumo, pero esos grupos también pueden ser útiles para recopilar datos de los usuarios y administradores de de productos o servicios B2B. Un grupo de enfoque reúne a un pequeño número de personas a quienes se les pide que compartan sus percepciones, actitudes y opiniones acerca de un producto o servicio. Puede que al grupo focal se le muestre una presentación o demostración, o pueden interactuar directamente con la oferta de producto. Utilizar grupos de enfoque se considera investigación cualitativa.

Los grupos focales pueden llevarse a cabo cara a cara o en línea vía telefónica o conferencia web. Hay mucha discusión acerca de la eficacia de los grupos de enfoque, porque a menudo se realizan en configuraciones similares a un laboratorio o están demasiado controlados. Sí proporcionan importante información cualitativa y pueden ser especialmente útiles porque los miembros del grupo discuten temas clave de negocios entre sí.

Nuestra experiencia con productos tecnológicos B2B es que los grupos de enfoque son ampliamente utilizados, pero no se denominan así. Grupos de usuarios, consejos consultivos de clientes, y las comunidades en línea son formas de grupos focales B2B. Se necesita un grado de conocimiento del producto o del sector, por lo que las actividades de grupo focal tienen un público más específico y en general, las empresas buscan información más específica.

**Las encuestas.** Las encuestas son la fuente principal de la investigación cuantitativa. El tamaño de la muestra debe ser lo suficientemente grande como para extrapolar las respuestas representativas de un segmento de la población. Las encuestas suelen incluir un conjunto estructurado de preguntas con respuestas fijas. Las encuestas de opinión y datos de censos del gobierno son buenos ejemplos. Herramientas en línea y los medios sociales han revolucionado y simplificado la metodología detrás de la entrega de la encuesta, recopilación de datos y presentación de informes.

Nos encantan todas las herramientas en línea disponibles hoy en día. Pequeñas encuestas pueden realizarse rápidamente en aplicaciones de redes sociales como LinkedIn, Facebook y Twitter. Los resultados reflejan las opiniones de los usuarios de aplicaciones, que pueden o no ser extensible a los que no son usuarios de redes sociales. Las herramientas de sondeo DIY (hágalo usted mismo) permiten a las organizaciones preparar y distribuir encuestas rápidamente a un público cautivo, como empleados, clientes, socios o listas adquiridas. Hemos utilizado con éxito herramientas de entrevistas DIY tales como Survey Monkey y Zoomerang, y hay muchas otras disponibles.

## ¡No me Digas!- Fundamentos que Vale la Pena Conocer

Las cosas simples son útiles, fomentan la facilidad de entrada y ayudan a evitar errores ingenuos y a menudo costosos. A veces las cosas más sencillas causan los mayores dolores de cabeza. El adaptador de alimentación equivocado significa que los juguetes electrónicos que usted trajo pronto son inútiles porque no pueden enchufarse o recargar. El software formidable no puede demostrarse porque el país utiliza un sistema operativo diferente. Anticipe los posibles problemas y venga preparado y le ahorrará un estrés innecesario, la frustración y el costo. Véase el apéndice 3, "Fundamentos que Vale la Pena Conocer ", para detalles adicionales.

 Los fundamentos y las infraestructuras deben ser nada más que pequeños **desaceleradores** si hace su tarea.

He aquí algunas consideraciones importantes para la selección de país al investigar los fundamentos e infraestructura:

- **Consideraciones del cliente.** ¿Cómo funcionará su oferta dentro del flujo de trabajo existente del país? ¿Va a hacer un uso eficiente de su actual configuración de infraestructura y fundamentos? ¿Qué cambios necesitarán los clientes hacer para acomodar su oferta de productos? ¿Es la necesidad de su oferta de productos suficientemente grande de modo que los clientes priorizarán los cambios necesarios en infraestructura para acomodarla?

- **Consideraciones de Representante y Socio de Negocios.** ¿Qué modificaciones son necesarias para que su oferta se desempeñe de forma óptima en el país? Considere el desempeño de los asociados, proveedores, prestadores de servicios y otros proveedores que interactuarán con su oferta. Si se requiere cambio en *su* oferta, investigue y planifique con antelación. Si se requiere cambio en la infraestructura del país, sería más prudente que estudie la posibilidad de poner en marcha su negocio en otro país primero.

- **Consideraciones para la entrada asequible en un país.** Se trata de una cuestión de planificación anticipada. Considere todas las necesidades de infraestructura de su oferta para la entrega y uso dentro del país; esto le permitirá estimar costos con antelación para tomar las decisiones más prudentes, con la confusión de último minuto en el país, los costos pueden rápidamente salirse de control.

## Menos es Más—Evitar la Parálisis de Análisis

Lo que usted sabe. Lo que usted no sabe. Lo que no necesita saber... al menos no al principio.

*"Tienes que estar bromeando. ¿Cómo se supone que voy a saber lo que no sé?"* Sea el detective. Lo que usted no sabe puede deducirse de la lectura entre líneas de lo que sabe. Sea su propio Sherlock Holmes. Una vez que haya recopilado y escrito lo que *sabe*, vuelva atrás y mire de nuevo a través de diferentes lentes. Lea entre líneas. Mire a través del lente de un usuario. Mire la información desde la perspectiva del comprador, que puede no ser el usuario. ¿Cómo vería su representante en el país lo que usted sabe y qué otras preguntas haría él o ella?

Hable con gente de su red profesional y personal para ayudar a descubrir lo que usted no sabe. Como puede haber adivinado, nuestro enfoque preferido es reunirse con la gente a tomar una taza de café. La pequeña inversión de café y una hora de tiempo puede tener un enorme reembolso. Nos encanta ponernos al día, mirar hacia atrás y visualizar hacia adelante con personas que han llevado una empresa u oferta de producto a mercados internacionales o al país que nos interesa en específico. Es sorprendente cuán rápido pasa una hora y la increíble experiencia que usted ganará. Nuestras preguntas favoritas de "café" son simples:

- Cuénteme su "historia de guerra" favorita sobre cuando llevó su oferta de productos a un nuevo mercado internacional.

- ¿Qué le hubiera gustado saber antes de entrar al país?

- Aún con todo su conocimiento previo, ¿cuáles son algunos de los "tropiezos" inesperados?

- ¿Dónde perdió la mayor parte del tiempo?

Como usted sin duda ha notado, hemos incluido algunas de las grandes historias que hemos escuchado de amigos y colegas con café o té. Incluso puede ser una taza de café o té virtual con colegas que están al otro lado del país o del mundo.

Cree un archivo. Recopile datos y fuentes. Grabe sus suposiciones; no trate de mantenerlo todo en su cabeza. Confíe en nosotros; incluso el mejor sistema de memoria, ya sea humano o máquina se convierte en falible a lo largo del tiempo. Dejar algo por escrito requiere un nivel de compromiso. Realmente no importa cómo graba los datos; simplemente encuentre una manera que funcione para usted y **hágalo**. Puede actualizar sus archivos a medida que su conocimiento aumenta y valida hipótesis. Además, su conocimiento puede compartirse más fácilmente con los demás si está escrito.

Lo que no necesita es excesivo detalle, no se enrede, no se quede atrapado en una "parálisis de análisis". Seguro, su jefe siempre le preguntará una pregunta más para la que no tiene la respuesta, espere eso, pero no sude.

El verdadero desafío al que se enfrentará será **el dilema de tener demasiados datos generales y demasiada poca información específica**. Hay una plétora de datos generales disponibles. Busque información específica para su país en perspectiva y su segmento de la industria. *Ignore el resto.*

*Cómo* buscar información se menciona en "Ser un Detective Eliminador de Riesgo." Nosotros no estamos tratando de convertirlo en un experto en investigación de mercado, sólo proporcionándole opciones útiles a considerar.

*Quién* hará la investigación es una pregunta que sólo usted puede responder. Es muy probable que sea una combinación de esfuerzos. Hará más de lo que ya están haciendo, investigación en Internet y reunirse con la gente. El equipo de casa investigará, así como también abrirá las puertas a los analistas de la industria, empresas de investigación de mercados y las asociaciones de comercio. A medida que su apoyo para sus esfuerzos internacionales crece, es probable que contrate a un consultor externo, empresa de investigación o un pasante para llevar la investigación al siguiente nivel.

*Qué* buscar es importante para identificar el valor (capítulo 2) y eliminar el riesgo de la oportunidad (capítulo 3).

*¡Dónde* buscar está en todas partes! Revise el apéndice 1, "Recursos y Referencias", para un adelanto de lugares donde buscar. Todos los días hay nuevas herramientas y recursos disponibles, así que continúe haciendo su propia investigación.

*¿Por qué? e*s para que usted tome decisiones informadas. Si la información crítica puede ser triangulada y verificada contra dos o más fuentes, usted estará seguro de que su decisión se basa en datos sólidos. Si la información es cualitativa o sólo hay una fuente, la precisión es incierta.

## Evalúe Sus Riesgos.

La evaluación de riesgos puede hacer la diferencia entre el éxito y el fracaso. La evaluación de riesgos puede marcar la diferencia entre un traslado seguro y uno peligroso a un país nuevo. Evalúe su riesgo y, a continuación, pida a algunos otros actores clave en la empresa que hagan lo mismo, y comparen notas.

### ① Evaluación de Ventaja

Más ventaja = menos riesgo

1. ¿Vende actualmente su empresa fuera de los Estados Unidos?
   ¡□ NO □ SI!

   - Si la respuesta es sí, enumere todos los países.
   - Para cada país tenga en cuenta cuánto tiempo han estado vendiendo en el país y el volumen de ventas actual. Finanzas debería poder suministrar esta información.
   - Incluya datos del mercado estadounidense para la comparación.

2. ¿A qué país o países se propone entrar?

   - Enumere cada país de destino, la fecha prevista de entrada, y el volumen de ventas esperado.

3. ¿Qué ventaja existe entre su negocio actual (número 1 anterior) y su expansión internacional propuesta (número 2 anterior)?

   Evalúe la fortaleza de su ventaja evaluando la semejanza a sus operaciones actuales. Las respuestas afirmativas le

ponen en una posición de ventaja más fuerte que las respuestas negativas.
- ¿Es un producto existente?
- ¿Son las necesidades del cliente las mismas?
- ¿Puede usar su lenguaje actual para la documentación e identificación de producto?
- ¿Maneja actualmente finanzas la moneda?
- ¿Es el país adyacente o de geografía fácilmente accesible?

## ② Compatibilidad Política

Esta es un área que puede ser un impedimento. Evalúe la compatibilidad política, pida a un ejecutivo o miembro del directorio de confianza que haga lo mismo, y compare notas.

1. ¿Clima político del gobierno norteamericano actual y las relaciones con el país de destino?

□ Fuerte aliado □ Amable □ Cordial □ Tolerante □ Débil (enemigo)
*Cielo despejado – Soleado    - - -   Nublado -  Oscuro & Tormentoso*

2. ¿Perspectivas para el gobierno norteamericano actual y las relaciones con el país de destino?

□ Estable    □ Mejorando   □ Incierta    □En deterioro   □ Crítica

3. ¿Posición anticipada del gobierno en el país?

□ Favorable □ De apoyo  □ Neutro   □ Desfavorable □ Opositora

Describa por qué. ¿Qué iniciativas o políticas gubernamentales existen que apoyan su punto de vista?

4. ¿Qué ministerio, oficina, departamento o agencia es responsable del manejo de su industria, productos o servicios?

5. ¿Anticipa la corrupción gubernamental en el país? Compare su perspectiva con el "Índice de Percepción de la Corrupción" de Transparencia Internacional (www.transparency.org).

☐ Poco a ninguna    ☐ Corrupción menor    ☐ Corrupción sistémica

6. ¿Cuál es la actividad de exportación de EE.UU. en el país de destino?
   - En conjunto, el total de las exportaciones estadounidenses a país seleccionado
   - Relacionadas con su sector de exportaciones estadounidenses en el país
   - Productos estadounidense específicos o exportaciones de los competidores

## ③ Asuntos Económicos

Muchos factores económicos están fuera de su control. Aproveche los factores que trabajan en su favor y desarrolle planes de contingencia para minimizar el impacto de los factores negativos. Evalúe los asuntos económicos, pida a un ejecutivo de confianza en finanzas que haga lo mismo y a continuación, compare notas.

1. ¿Cuáles son las tendencias monetarias en el país a medida que las tasas de cambio de la moneda del país fluctúan con el tiempo? Seleccione una de las columnas en la tabla de abajo.

| La tasa de cambio está subiendo | Tasas de cambio estables | La tasa de cambio está bajando |
|---|---|---|
| El dólar está ganando fuerza. Puede comprar más moneda local | Sin cambio | Dólar debilitándose. Puede comprar menos moneda local |
| Poder de compra de EE.UU mejorando | USD fuerte-sus productos son relativamente costosos | Poder de compra de EE.UU se está deteriorando |
| Poder de compra en el país se está deteriorando | USD débil- sus productos pueden ser costeables | Poder de compra en el país está mejorando |
| Valor relativo-productos EE.UU se hacen más caros | Valor relativo permanece constante | Valor relativo- los productos EE.UU. se hacen más baratos |
| Su precio en el país subirá, si fluctúa con las tasas de interés | Precio estable | Su precio en el país bajará, si fluctúa con las tasas de cambio |
| Puede que su precio suba para mantener el margen | Margen estable | Sin cambio de precio, mejorará el % de margen |
| Crear flexibilidad de precio para estabilizar precios y mantener compradores | | Podría reducir el precio, manteniendo el % de margen, pero no la utilidad del USD |

2. ¿En qué etapa de desarrollo económico está el país (capítulo 2)?

    ☐ Avanzado ☐ En Desarrollo ☐ Emergente

3. ¿Cómo se comparan los precios de los competidores a sus precios en el país? Enumerar los tres principales competidores, que podrían ser alternativas que no son equivalentes a la suya. ¿Es su precio en el país, equivalente, superior o inferior al suyo? ¿Cuál será su estrategia de mercado? La competencia también se discutió en el capítulo 2 porque usted desea destacarse en la multitud a medida que entrega valor para los clientes en el nuevo mercado.

    - Competidor 1:
    - Competidor 2:
    - Competidor 3:

4. Su producto puede tener impacto económico positivo para el país al que está ingresando. Marque todas las que correspondan a su oferta y con un impacto medible verificable.

  ☐ Aborda subestructura vital para la existencia humana (producción de alimentos, agua potable, calidad del aire, vestimenta, vivienda, otros).
  ☐ Aborda cuestiones de infraestructura fundamentales (eliminación de residuos, la producción de electricidad, transporte, educación, salud, seguridad personal, otros).
  ☐ Aborda las preocupaciones de seguridad (la delincuencia, el terrorismo, la violencia, el abuso, otro).

  ...

  ☐ Mejora de la protección del medio ambiente.
  ☐ Promueve la creatividad, el entretenimiento y la auto-expresión.
  ☐ Aumenta el acceso a la información o a la participación en la toma de decisiones.
  ☐ Promueve la tolerancia por la diversidad.

  ...

  ☐ Crea empleo
  ☐ Construye o crea habilidades.
  ☐ Fortalece la producción industrial.
  ☐ Ayuda a negocios en el país a ser más competitivos a nivel local, regional o mundial.

  *Evaluación de Fase de Desarrollo Económico*: La primera agrupación se aplica a países emergentes o zonas rurales, subdesarrolladas de países en otras etapas de desarrollo económico. El segundo grupo será importante para los compradores y usuarios en los países avanzados, aunque pueden ser necesarios en los países menos desarrollados. El tercer grupo será importante para cualquier país, en cualquier etapa de desarrollo económico.

*Evaluación de redes*: Para los elementos marcados en la primera y la tercera de las agrupaciones, el país tendrá un ministerio de gobierno, oficina, departamento o agencia responsable e interesada en lo que usted tiene para ofrecer.

## ④ Desafíos del Idioma

Normalmente el idioma es de bajo riesgo y nada más que un reductor de velocidad, pero esto debe ser considerado en las primeras etapas del proceso de planificación.

1. ¿Qué idioma o idiomas se utilizan en el país?

    - Idioma hablado predominante: _____
    - Otros idiomas hablados: _____
    _____
    - Idioma predominante de negocios: _____

2. ¿Para el uso de su producto o servicio, dónde es el idioma (escrito o hablado) esencial para el despliegue, el uso o la operación? ¿Qué áreas de interacción verbal son obligatorias, útiles, opcionales o no requeridas?

    - documentación
    - embalaje
    - uso/operación
    - entrenamiento
    - identificación de productos
    - Mantenimiento

## ⑤ Evaluación del Mercado

Sin compradores = sin clientes = ningún negocio

Evalúe el mercado, pida a un ejecutivo de marketing de confianza hacer lo mismo y a continuación, compare notas.

1. Califique su comprensión del comportamiento del comprador y su acceso a DAN (dinero/autoridad/necesidad). La evaluación puede basarse en su profundidad de entendimiento, o el grado de paralelo a las operaciones actuales.

    - capacidad para comprar (acceso a capital)
    - autoridad para comprar
    - acceso a los tomadores de decisiones
    - disposición a comprar (necesidad)
    - sentido de urgencia de los compradores

2. Número total de clientes en el país que se ajustan a su perfil de comprador ideal. Un poco de investigación en Internet, su guía de montaña, o marketing deberían poder ayudarle con esto.

3. Porcentaje de captura de participación de mercado esperado (o deseado):

    Año 1:_____ Año 2:_____ Año 3:_____

4. Captura del cliente. Haga los cálculos a partir de las preguntas 2 y 3 anteriores.
   \>>arma secreta. Una hoja de cálculo hará que esto sea mucho más fácil<<

Número de clientes en el país **x** porcentaje de participación de mercado **=** captura del cliente

5. Proyección de ingresos de alto nivel. Tome el promedio de ventas esperadas por cliente, multiplique eso por su captura de cliente esperada y obtendrá una aproximación a sus ingresos, si la venta es directa. Si vende a través de canales, usted tendrá que ajustar esto para los márgenes de los canales socios (distribuidor, revendedor, minorista, etc.).

6. Ponga a trabajar la hoja de cálculo y siga trabajando con los números. Calcule lo siguiente:

    - compra inicial (primer año)
    - compra potencial a futuro: suscripción, repetir, suplemento, actualización
    - tasa de retención de clientes
    - crecimiento de la empresa a lo largo del tiempo
    - ¡y más!

# *Capítulo 4:*

# Encontre un Guia de Montaña

*¿Cómo pueden los amigos y vecinos parecer tan similares y compatibles pero ser tan diferentes?*

*TolpaTek se encontró con un desacelerador tras otro cuando comenzó a hacer negocios en Canadá. El ciclo de ventas fue más largo. Los canadienses eran más conservadores y nacionalistas en su toma de decisiones, explorando las alternativas Canadienses primero y evaluando cuidadosamente el valor comparativo. Canadá estaba más avanzado en sus acuerdos de licencias y más estrictamente regulado en otros aspectos de sus sistemas financieros y comerciales.*

*Al entrar inicialmente en Canadá, TolpaTek no había agudizado del todo sus habilidades de sensibilidad cultural y comenzó a hacer negocios como si Canadá fuera el quincuagésimo primer estado. Sí, había similitudes culturales. Sí, hablaban inglés. No, Canadá **no** es los Estados Unidos.*

*Un gran avance se produjo cuando TolpaTek encontró a Samantha Tremblay, un consultor canadiense, quien se convirtió en su guía de montaña en el país. Samantha jugó un papel decisivo en presentar a TolpaTek las personas adecuadas, los clientes adecuados y la forma correcta de hacer negocios en Canadá. Ella aclaró que TolpaTek no estaría haciendo negocios en Quebec (la segunda provincia Canadiense) o con cualquier entidad relacionada con el gobierno, a menos que los empleados pudieran realizar negocios en francés. Canadá es una orgullosa nación soberana, y hay dos lenguas nacionales: el francés y el inglés.*

*Canadá es ligeramente más grande en masa terrestre que los Estados Unidos, pero su población es ligeramente menor que la del estado de California. Aunque era una estrategia viable para comenzar a hacer negocios en provincias que no fueran Quebec, Samantha ayudó a TolpaTek a construir un mapa de ruta para adoptar el francés para presentar a todo Canadá su propuesta de valor.*

*Samantha era la guía de montaña canadiense de TolpaTek. Ella ayudó a TolpaTek a seguir los requisitos lingüísticos de la Carta de la Lengua Francesa, que hace del francés la lengua usual de negocios en Quebec. Ella era el navegador canadiense de TolpaTek para las reglas de negocios, empleados, productos, embalaje, publicidad y tecnología de la información. Samantha amplió su papel como guía de montaña a lo largo de los años, contribuyendo a que TolpaTek navegara por las leyes laborales que variaban de una provincia a otra, a medida que la empresa contrataba a talentos locales canadienses de tiempo completo.*

Si desea escalar el Monte Kilimanjaro en Tanzania, el Pico Bolívar, en Venezuela, o el Monte Tolpagorni en Suecia, busque un guía de montaña que conoce *esa montaña específica* muy bien y puede guiar a su equipo en un viaje seguro.

Su guía de montaña es el navegador para un viaje seguro y exitoso. El guía de montaña le ayuda a prepararse para el viaje, planifica la ruta, asegura que la documentación adecuada está en su lugar y proporciona orientación mientras está en marcha. Una vez que llegue al aeropuerto, su guía de montaña le saluda y guía la aventura. Sí, usted es un participante activo. *Sin embargo*, su guía de montaña influye en sus pasos para asegurar el éxito de la aventura y disminuye los riesgos con su profundo conocimiento de la montaña.

Su guía de montaña es el jugador titular estrella en el país. **El guía de montaña es un individuo establecido u organización que residen en el país, hablan el idioma local, y tienen una profunda experiencia empresarial relevante.** El guía de montaña es un embajador, su abridor de puerta inicial y ayudará en el lanzamiento de sus esfuerzos.

Toda empresa tiene una montaña que escalar, primero en su país de origen y posteriormente en otros países cuando su negocio se expande. Quizás TolpaTek reconoció este hecho y le dio a su compañía el nombre del hermoso Monte Tolpagorni en la zona de Kebnekaise de la Laponia sueca.

# Por Qué Necesita un Guía de Montaña

### Otra historia tomando café con Andrew Cadwell
*"Usted necesita entender el panorama, comprender los riesgos, y hablar su idioma. Si hace todo eso, puede construir una relación de confianza con los clientes y le considerarán como uno de los suyos."* Andrew Cadwell, presidente de división de una compañía de soluciones de TI gestionados y servicios de red, reconoció que la apertura de un nuevo sector de

*mercado tiene muchos de los mismos desafíos, que la apertura de un nuevo mercado internacional.*

*Experiencia en la industria con ofertas significativa de tecnología fueron los principales criterios de selección de Andy para un guía de montaña. Andy contrató a un veterano de la industria que fue capaz de guiar a la empresa en el aprendizaje de cómo hablar acerca de la solución y quien proporcionó la credibilidad en el espacio. La compañía tenía experiencia en el suministro de soluciones complejas en otros sectores de la industria, pero no en el cuidado de la salud.*

*El guía de montaña fue esencial para Andy, construyó una estrategia de "brecha" triangular para la industria de atención de salud: 1) agregar valor, 2) practicar lo que se predica y 3) probar la solución.*

- o *La empresa de Andy agregó valor ayudando a las instituciones de atención de salud a mejorar las puntuaciones para recuperar más reembolsos del gobierno y de seguros.*
- o *La compañía practicó lo que predicó en un hospital: mejorando los tiempos de respuesta de la enfermera, horas de silencio en el hospital, reingresos de paciente, y más.*
- o *Probó la solución ejecutando pequeñas instalaciones de prueba de concepto (PoC).*

*El guía de montaña de Andy fue vital en transformar tecnología en serie a una con valor específico para la atención de salud. No se trata de que una talla única sea adecuada para todos en cualquier industria. El guía de montaña íntimamente comprendió el poder de mejorar las operaciones del hospital mediante la mejora de los reembolsos y la mejor experiencia de usuario paciente/trabajador.*

*Con la ayuda de un guía de montaña veterano de la industria, la empresa de Andy Cadwell comenzó pequeña, se convirtió en experta en un área significativa, acumuló conocimientos, y se convirtió en un importante actor de la industria. Su compañía fue invitada a participar en más y más grandes oportunidades.*

Su empresa ha dedicado años a encontrar y construir relaciones de confianza con los clientes y socios de la industria en los Estados Unidos. Ahora busca hacer negocios fuera de los Estados Unidos o en un nuevo sector de la industria. Por alguna razón desconocida, los altos directivos (y quizás incluso usted), creen que puede hacerlo por su propia cuenta. *No se puede.* Se requiere asistencia en el país (o industria), y llevará tiempo.

El contacto en redes es fundamental para hacer negocios en los Estados Unidos-las redes conectan los puntos entre relaciones de confianza. La confianza se extiende a través de la gente en su la red a otros en la de ellos. La conexión de redes funciona de la misma manera internacionalmente y **el establecimiento de redes internacionales es aún más importante** que dentro de los Estados Unidos.

Su guía de montaña **acelera** el proceso de red mediante la ampliación de la confianza en el país mediante sus relaciones con socios, clientes, el gobierno y la industria. En los Estados Unidos, la confianza se puede establecer con bastante rapidez y las relaciones de negocios permanecerán intactas hasta que se demuestre lo contrario. En el extranjero, la confianza se construye más lentamente y se cura con el tiempo. Su guía de montaña ayuda a construir y mantener comunicaciones respetuosas coherentes y por lo tanto, la confianza.

El negocio internacional tiene un sentido de urgencia, pero no es apresurado o agresivo. Cantidad de trabajo puede realizarse a través de Skype, Google Hangout o WebEx, pero no reemplazará la importancia del contacto en persona cara a cara. Un buen beso en ambas mejillas en Francia, un beso en una mejilla en Chile, o una venia en Japón simplemente no puede realizarse de forma remota.

*Ilustración 16: Redes*

El guía de montaña local ayuda a mantener el contacto persona a persona durante el tiempo que usted está prestando atención a la empresa en los Estados Unidos y otras partes del mundo. E-mail y las comunicaciones de texto mantienen las cosas en movimiento pero pueden quedar sin responder sin la ayuda en persona de su guía de montaña estableciendo un sentido de prioridad.

## Un Guía de Montaña Beneficia a Su Compañía

Utilice un guía de montaña, en lugar de los empleados de la empresa, al inicio de la entrada en un nuevo país para ayudarle a entender y navegar mejor los desafíos locales.

Un guía de montaña beneficia a su empresa y le ayudará con un gran número de cosas:

- El guía puede ayudar con la introducción y apertura de puertas al
    - establecer reuniones con líderes influyentes en la industria y los negocios,
    - ofrecer sugerencias para configurar o personalizar ofertas para su país, y
    - explicar la necesidad de activos de garantía para ser localizados y cuáles pueden permanecer en inglés.
- El guía de montaña puede ayudarle a desarrollar su empresa y construir su propuesta de valor debido a su
    - comprensión profunda de las características distintivas de los clientes del país, tanto compradores como usuarios;
    - comprensión profunda de otros socios necesarios para sus negocios en el país, como proveedores y canales de distribución;
    - relaciones con los ministerios y organismos gubernamentales para las autorizaciones y aprobaciones; y
    - habilidad para tratar con las leyes y las costumbres locales.
- el guía puede ayudar con la evolución de su negocio y acelerar la confianza al
    - mantener y fomentar las relaciones en el país
    - recomendar y abrir nuevos segmentos de mercado.

 Espere una **carretera llena de baches** al entrar en un nuevo mercado. Para las muchas cosas valiosas que un guía de montaña hará por usted, nunca debe perder de vista el hecho de que su función principal es encontrar los clientes locales "más adecuados". Sin clientes, usted no tiene un negocio y no se ha logrado introducir con éxito a ese nuevo mercado.

Los usuarios locales de un producto pueden ser bastante diferentes a los de los Estados Unidos. Su guía de montaña le ayudará a identificar los "mejores" clientes en el país. Por ejemplo, puede que usted venda de equipo de comunicaciones para la policía en los Estados Unidos. Un buen guía de montaña de Chile señalará que los clientes más adecuados son el servicio de guardacostas y la marina, ya que el país tiene una larga costa y estos servicios son responsables de todas las actividades de la policía costa afuera y diez kilómetros tierra adentro desde la costa.

Además de ayudar a vender a clientes obvios, un buen guía de montaña podrá identificar otros buenos clientes y oportunidades específicas de cada país. Por ejemplo, una empresa que fabrica arcos detectores de metales para la seguridad aeroportuaria contrató los servicios de un guía de montaña en México que los presentó a una gran empresa bancaria que quería utilizar los detectores en las entradas a sus bancos.

## ¿Qué Montaña Escalar?

Si usted está subiendo el Kilimanjaro en Tanzania, un guía de montaña del Monte Fuji no tendrá los conocimientos adecuados. Usted desea un guía de montaña con la experiencia adecuada.

Antes de empezar su búsqueda, decida cuál es la función que cumplirá el guía de montaña. Si se trata de una variedad de productos diferentes o muy variados perfiles de cliente, puede que necesite más de un guía de montaña, cada uno con un enfoque especial. Cuantos más seamos, mejor, pero sepa que requerirá más atención de la administración y se necesitará supervisión.

**Su guía de montaña es la clave para la apertura de una red en el país** y mantener la relación de trabajo de confianza en persona cuando usted no esté ahí. A fin de cumplir su función, el guía de montaña debe tener la necesaria orientación a la acción y capacidad de influenciar.

## El Papel del Guía de Montaña

Piense en su empresa estadounidense hoy: ¿Dónde satisfacen los "socios" una necesidad o función importante para completar la oferta para el comprador o usuario final?

Empiece por examinar a los socios que tiene en los Estados Unidos hoy en día. Si su empresa vende a través de canales, distribuidores o revendedores, usted querrá un guía de montaña con habilidades de ventas y distribución. Su guía de montaña puede de hecho ser su canal o socio de distribución en el país.

*Ilustración 17: Los socios satisfacen una necesidad importante*

¡Huy! ¿Usted no trabaja con socios en los Estados Unidos hoy? Mire un poco más de cerca. Pocas empresas hoy están completamente integradas verticalmente, realizando todas las funciones para llevar sus productos al mercado. Las empresas externalizan determinadas funciones o aspectos de la relación entre sus ofertas y los compradores o usuarios. Puede utilizar una empresa de venta por teléfono para la generación de oportunidades, subcontratar determinados trabajos, contratar expertos técnicos según sea necesario, o utilizar una empresa de logística de terceros. Estos son ejemplos de socios, aunque puede que no los denomine así. Puede que desee que su guía de montaña proporcione una función similar o construya relaciones similares en el país.

Identifique el papel que el guía de montaña debe proveer. Un guía de montaña es su socio en el país para conectar su oferta con los clientes, compradores y usuarios. Las cuatro funciones principales o los puntos de conexión para conectar su oferta con los clientes son ventas, experiencia, cumplimiento y soporte técnico:

- Ventas
    o creación de demanda y generación de oportunidades
    o desarrollar y cerrar acuerdos
    o continua relación con el cliente
    o acceso a los mercados de la industria, geografía, u otra

- Experiencia
    o habilidades técnicas
    o conocimientos específicos de la industria.
    o integración de sistemas
    o localización

- Cumplimiento
    o capacidades de exhibición o demostración al detalle
    o inventario o entrega
    o instalación, implementación o entrenamiento

- Apoyo
    o mantenimiento, reparación o servicio
    o continua relación con el cliente

- habilidades técnicas específicas
- cobertura geográfica

## Orientación a la Acción

Según la función que cumple su guía de montaña, asegúrese de que usted está satisfecho de que su orientación a la acción logre los objetivos deseados.

Guías de montaña *proactivos* iniciarán e impulsarán la acción con resultados cuantificables. Ventas es un clásico papel proactivo: encontrar clientes potenciales y desarrollar y cerrar acuerdos. Nuestra experiencia es que la mayoría de las empresas necesitan guías de montaña proactivos, especialmente en la entrada inicial del país. Las ventas minoristas requieren muchas funciones proactivas, tales como la exhibición del producto, la demostración y la gestión de inventario, que son necesarias para el éxito de la experiencia del consumidor. Algunas industrias y productos requieren un soporte proactivo para mantenimiento preventivo o ingeniería de mantenimiento; esto es común para algunos equipos industriales y los centros de control, por ejemplo.

Guías de montaña *activos* dependen del desempeño de otras funciones para ofrecer resultados cuantificables. Para muchas empresas, un guía de ventas activo o de montaña experto es la persona adecuada. Si su función de ventas se basa en búsquedas en Internet, campañas de marketing y las actividades de generación de oportunidades, ventas es una función "activa", apoyándose en campañas de marketing proactivas para ofrecer resultados cuantificables. Si esto describe el plan de su proceso de ventas en el país, todas las funciones deben estar en orden para que el éxito sea activo.

Guías de montaña *receptivos* actúan según la necesidad, lo que se les solicite o según se les dirija.

Funciones tales como el cumplimiento y apoyo son los primeros en responder, entrando en acción con la llamada de un cliente. Mantenimiento, reparación y servicios de solucionar lo que no funciona son clásicos papeles receptivos. Cumplimiento de funciones, tales como la entrega, instalación y capacitación, responden a eventos o acciones en un proceso de ejecución.

Identificar el rol y la orientación a la acción que el guía de montaña desempeñará es vital para ofrecer valor a sus clientes. Su enfoque para llegar a los clientes de un país le ayudará a seleccionar el guía de montaña adecuado como socio.

## Capacidad para Influenciar

La influencia es una mezcla de energía y acción que dan a su empresa y los productos que ofrece la mejor ventaja en el país. Seleccione un guía de montaña con una adecuada capacidad de influir en las personas, procesos y políticas que afectarán su éxito en el país. Considere tres atributos fundamentales del guía, la capacidad de influencia: 1) ¿Es más adecuado un individuo o un grupo de persona? 2) ¿Tiene el individuo o grupo el poder y la capacidad de influir en el cambio? 3) ¿Está el guía de montaña o grupo posicionado adecuadamente para tomar acción?

1. ¿Necesita una **persona o grupo de personas** para ejercer el poder o tomar medidas para provocar el cambio?

   Ejemplo: El equipo de Toshi ha sido influyente en las políticas económicas.

   Seleccionar el representante apropiado para ayudar a su empresa en el país depende de una combinación de diversos factores: el tipo de oferta, la etapa de crecimiento y sus expectativas de acción. Dependiendo de las necesidades de su negocio, el guía de montaña podría ser un agente, un contratista, un conglomerado familiar, un agente de franquicia, o algo completamente diferente. Exploraremos la variedad de opciones más adelante en esta sección.

2. Considere el **poder** necesario para influir, cambiar o controlar algo o a alguien y la habilidad necesarias para cambiar el desarrollo de cosas tales como la conducta, pensamientos o decisiones.

    Ejemplo: Juan tiene influencia sobre la planificación dentro del Ministerio de Educación.

    Determine el tipo de energía que será más beneficioso para usted a la hora de entrar en un país. Los poderes que un influyente representante tiene y usa incluyen los siguientes: red, conexiones, experiencia, conocimiento, autoridad, posición, ubicación, opinión, motivación, empatía, liderazgo, carisma, habilidades interpersonales, calificaciones, etc. Busque estas cualidades al entrevistar y elegir un representante con quien trabajar. Consulte la sección "Seleccionar los Mejores" a continuación.

3. ¿Puede la persona u organización tomar **medidas** para provocar los cambios necesarios?

    Ejemplo: Andrea puede influir en su decisión.

    Identifique el tipo de acciones que desea que un representante de país realice para usted. El tipo de acción necesaria será muy específica para su negocio y las necesidades de desarrollo pueden incluir las siguientes: la realización de presentaciones, organizar reuniones, obtención de citas con el gobierno o la industria, la capacitación y educación del personal de la empresa, informar, anfitrión, negociación, asesoramiento, venta, cierre, etc. Especifique la acción que espera de su guía de montaña. Esto le permitirá establecer los objetivos adecuados para una exitosa relación de trabajo, tal como se explica en "Establezca Acuerdos".

## Tipos de Guías de Montaña

Dependiendo de su negocio, un guía de montaña puede proporcionar toda la ayuda que usted necesita, o puede que usted requiera otros guías especializados, cada uno con competencias complementarias. Robert ha utilizado agentes ampliamente y se refiere a ellos como embajadores.

El tipo de guía de montaña que seleccione dependerá de la necesidad primordial de su empresa en su fase de entrada. Cada tipo de guía de montaña tendrá diferentes habilidades con qué contribuir. Ellos podrán sobresalir en algunas áreas y no podrá realizar otras cosas. Los guías de montaña más comunes caen en una de las categorías siguientes:

- agente
- consultor
- empresa subcontratista
- contratista
- exportador
- conglomerado familiar
- agente de franquicia
- sociedad conjunta
- agente de licencias

### Agente
Usted tiene una oportunidad de negocio para traer al país, ya sea B2B o B2C. Su agente debe tener conocimientos específicos de la industria para ayudarle a navegar por exigencias comerciales, aprobaciones y socios de negocios en el país. El agente debe tener una buena red específica a la industria, incluyendo conexiones gubernamentales apropiadas. El agente lo conectará con socios/compradores y conocerá el panorama competitivo.

Normalmente un agente le ofrecerá un grado de exclusividad, no representando a otras ofertas competitivas o similares. Pueden ser necesarios otros guías de ruta dependiendo del conjunto de habilidades del agente. Si está considerando una relación exclusiva, establezca parámetros de tiempo, geografía o rendimiento porque hay riesgos si no se cumplen las expectativas.

**Consultor**
Usted está buscando algo de ayuda especializada. Un consultor puede trabajar con su agente o contratista o para ellos. Un consultor brindará conocimientos específicos, capacidades y contactos que complementará la labor de su guía de montaña principal, tales como ventas, marketing, industria o gobierno. Cuando se necesitan otros guías de ruta, lo más probable es que sean consultores. Puede utilizar uno o más dependiendo de los conocimientos específicos necesarios. Generalmente se emplean a corto plazo o en base a un proyecto.

**Empresa Subcontratista**
Tiene un producto para producir en el país. Los subcontratistas pueden manejar la mano de obra local, aprobaciones de países, localización e inventario. El subcontratista debe tener una buena red B2B. Él o ella no le conectarán con los compradores y no conocerá el panorama competitivo. Necesitará otros guías ruta para conectarse con los compradores, como un distribuidor local, contratista o agente de ventas y marketing.

**Contratista**
Un contratista es lo mismo que un agente. La diferencia es que el contratista no suele pedir exclusividad. Pueden ser necesarios otros guías de ruta dependiendo de la habilidad del contratista. Evalúe cuidadosamente otros productos similares o competitivos que él o ella representan y cómo él o ella determinarán la colocación en el mercado de cada producto.

**Exportador**
Tienes un producto "listo para usar" para presentar, ya sea B2B o B2C. Los exportadores tienen conocimiento de las necesidades comerciales del país, transporte, inventario y logística. Ellos te

ayudarán con el lío del papeleo. Los exportadores deberían tener una buena logística y red de tiendas específicas de la industria. Un exportador conocerá el panorama competitivo (hasta cierto punto) y puede conectarse con los compradores, dependiendo de su industria. Serán necesarios otros guías de ruta, como un agente de marketing o contratista local.

### El conglomerado familiar
Un conglomerado familiar es similar a un agente, antes mencionado, pero el ámbito y alcance de la relación serán mucho más extensos. Los conglomerados familiares también tendrán una red que incluye financiación y servicios administrativos. Podrá aprovechar sus conocimientos, la red y el capital político en el país. Pero, representarán múltiples intereses y pueden traer también "bagaje" político. Deberían tener una buena red específica a la industria, incluyendo conexiones gubernamentales apropiadas. Le conectarán con socios y compradores. Ellos serán conocedores del panorama competitivo en el país. Puede que necesite otros guías de ruta, dependiendo del conjunto de habilidades del conglomerado familiar, pero tendrán que ser aceptables para la familia. Espere que el conglomerado familiar recomiende y apruebe a los otros guías de ruta, ya que querrán mantenerlos dentro de su círculo de influencia. Examine cuidadosamente las relaciones políticas; pueden trabajar para usted, y en su contra.

### Agente de Franquicia
Usted tiene un negocio listo para desarrollar y marca de franquicia en el país. Los agentes de franquicia manejan la ubicación de franquicias, aprobaciones, en el país y los requisitos legales. Deberían tener una buena red de industria, normativa y de gobierno. Comprenderán el panorama competitivo y lo deberían conectar con los posibles compradores. Se requerirán otros guías de ruta como agentes de marketing o contratista local, dependiendo de la habilidad.

### Sociedad Conjunta
Usted tiene una solución, producto, servicio u oportunidad de negocio para traer llevar al país. En una empresa conjunta, usted compartirá el riesgo y recompensa con el socio local. Usted se

beneficia del conocimiento y capital político de su socio en el país. El socio aprovechará su oferta, su experiencia y su inversión. Los socios deben tener una buena red de clientes, que vincule la empresa de riesgo compartido (joint venture) con los compradores y usuarios. Le conectarán con los compradores y conocerán el panorama competitivo. Los otros guías de ruta suelen ser manejados por sociedad conjunta, pero usted querrá estar íntimamente involucrado con la selección de un CEO local. Puede haber un riesgo significativo en los extremos. Si la empresa conjunta es tremendamente exitosa o si no produce los resultados deseados, evalúe sus opciones cuidadosamente.

**Agente de Licencias**
Tienes un proceso, tecnología o producto para patentar en el país. Un agente de licencias puede manejar las aprobaciones y requisitos legales en el país. El agente de licencias debe tener una buena red legal, normativa y de gobierno. Él o ella comprenderán el entorno competitivo pero probablemente no lo conectarán a compradores potenciales. Otros guías de ruta incluirán a un agente de ventas o contratista local.

## Seleccione al Mejor

Usted quiere lo mejor en todo lo que haga. Desea el mejor guía de montaña. El tipo de guía de montaña y relación de negocios que seleccione será único para sus productos, el país, sus clientes objetivos y la forma en que quiere hacer negocios. Nunca pierda de vista el hecho de que el guía de montaña es un agente de ventas, que representa a su empresa y vende para usted. Su guía de montaña necesita ayudarle a encontrar clientes.

Encuentre al mejor guía de montaña para satisfacer las necesidades de su negocio. "Qué montaña Escalar," más arriba, define la función, orientación a la acción y la capacidad de influencia. Esto reducirá el campo de juego de modo que usted pueda comenzar a entrevistar a los candidatos.

Los cinco principales criterios de selección son
- experiencia en la industria,
- experiencia con ofertas *significativas*,
- longitud del ciclo de ventas,
- tipo de estilo negocios y
- territorio.

Hay muchos factores que afectarán su proceso de selección. Aquí hay algunas consideraciones importantes que deben incluirse en las preguntas de la entrevista y los criterios de selección:

### *Experiencia en la industria.*

- ¿Tiene el guía de montaña experiencia previa dentro de su industria en particular? "¿Entenderá" él o ella lo que usted hace? ¿Comprenderá el guía de montaña los tipos de personas con que él o ella tendrá que trabajar?

- ¿A quién conoce el guía de montaña y quién sabe de él o de ella? Los **Estados Unidos es el único país que hace negocios con extraños.** Los europeos, asiáticos, africanos y sudamericanos hacen negocios por presentación. Un actor de confianza en el país dentro de la industria amplía la confianza en su empresa. Puede que su oferta sea elegida no sobre la base de los precios o la tecnología, sino que posiblemente en base a *quién* hizo la presentación.

- ¿Tiene el guía de montaña experiencia inter industrias? Estamos de acuerdo con Mona Pearl en *Grow Globally*[25] que representantes con experiencia inter industrias tienen flexibilidad y apertura y más habilidades universales necesarias para introducir nuevos productos en nuevos mercados. Son más propensos a adoptar soluciones fuera de su zona de confort.

---

[25] Pearl. Grow *Globally*.

## *Experiencia con ofertas relevantes*

- ¿Tiene el guía de montaña experiencia representando ofertas similares en el país?

- ¿Entiende él o ella los desafíos y sabe cómo navegar alrededor de ellos con éxitos anteriores demostrados?

- El guía de montaña, ya sea una empresa o un individuo, debe ser financieramente sólida e ingeniosa. Usted no quiere ser el primer cliente del guía porque un novato *no* sabe lo que él o ella *no* sabe. Tampoco quiere ser el cliente más grande o el más pequeño de un guía de montaña.

- Cuando el guía de montaña es una empresa, puede obtener información financiera de otras fuentes, tales como Dun & Bradstreet o fuentes específicas de la región. Por un precio razonable, estos servicios le proporcionan datos sobre sus representantes, socios y clientes, tales como propiedad, actividad y situación financiera.

## *La longitud del ciclo de ventas.*

- ¿Con qué longitud de ciclo de ventas, ha tenido el mayor éxito el representante? Las personas capacitadas para trabajar con un corto ciclo de venta buscan una rápida y repetida retroalimentación del mercado para determinar su curso de acción.

- Las personas expertas en largos ciclos de ventas saben cómo construir la relación proveedor-cliente en el tiempo, construyendo la confianza y agregando valor continuamente.

- Un desajuste dará como resultado una falta de tracción de ventas y frustración para ambos usted y su guía de montaña.

## Tipo de estilo de negocios

o  El estilo de negocios debe ser humilde pero confiado. La arrogancia no es respetada en ningún mercado, ya sea en casa o en el extranjero.

o  Robert recomienda contratar un guía de montaña que sea bueno en su trabajo con productos tangibles, no servicios. Aunque usted pueda estar vendiendo servicios, su objetivo es embalar ese servicio como un producto. Los representantes de servicio son buenos en la *personalización de* la oferta para satisfacer las necesidades de los clientes. Los representantes de producto son mejores en *posicionar* una oferta existente para satisfacer las necesidades del cliente.

o  ¿Qué enfoque de negocios ha funcionado en los Estados Unidos? ¿Qué ha funcionado en otros países? ¿Qué espera su posible guía de montaña que se adapte mejor a los clientes en el país?

o  Si su oferta requiere un enfoque consultivo, un guía de montaña agresivo alejará a los clientes y no será efectivo en una venta consultiva.

## Territorio

o  ¿Puede el guía de montaña cubrir efectivamente el país o territorio?

o  ¿Cuál es la proximidad del guía de montaña en el territorio? ¿Puede él o ella llegar fácilmente al cliente y funcionarios de gobierno? El contacto cara a cara es clave.

o  ¿Será su guía de montaña capaz de generar confianza y respeto en el país? Si su oferta mejora la automatización de fábrica, un representante con base en Alemania puede ser capaz de representar a su empresa en toda Europa debido a que el mercado mundial respeta la experiencia alemana en la automatización de fábricas. Si su oferta es de cosméticos de lujo, un representante francés o italiano estará en mejores condiciones para representar a su oferta en el país.

**Las consideraciones operacionales** deben ser abordadas. Estas son las preguntas que nos gusta hacer en el proceso de entrevista para aprender más sobre el país y profundizar en la comprensión de cómo funciona el guía de montaña:

### Consideraciones de Mercado

- ¿Cuál es la mejor manera de penetrar al mercado objetivo?
- ¿Qué tipo de complemento de negocio o servicio post-venta esperarían los clientes en el país?
- ¿Es ventajoso ser un proveedor norteamericano? ¿Por qué o por qué no?

### Costos de marketing

- ¿Cuál es la manera más productiva para llegar a clientes en el país?
- Describa un ejemplo de una campaña de marketing costo-efectiva.

### Consideraciones sobre la Propuesta

- Describa el proceso de propuesta típico.
- ¿Serán necesarias propuestas detalladas en el idioma local? Si es así, ¿cómo sugeriría que lo manejemos?

### Conocimiento Técnico

- ¿Qué nivel de profundidad técnica está implicado en las diversas etapas del proceso de decisión?
- ¿Cómo ven los tomadores de decisiones la experiencia técnica en el país frente a la experiencia técnica externa?

Último punto de control en la selección: ¿Se llevan bien usted y el guía de montaña? La química es importante. Ustedes "vivirán juntos" cuando están en el país y hablarán de dos a tres veces por semana cuando usted esté ausente. Es como salir con alguien. **Si no le gusta la persona, la relación no funcionará.** Si usted tiene una relación de confianza, respeto y coherente, será evidente para usted, sus clientes y sus socios. Si no, será igualmente evidente.

Robert y Janet le dan "tarea" a los posibles guías de montaña entre las visitas. Esto proporciona a los guías de montaña la oportunidad de demostrar sus habilidades y usted puede ver cuán eficazmente se comunican, cómo responden y qué perspectivas traerán a su empresa.

Las "tareas" pueden proporcionarle valiosa información sobre el mercado para utilizar en el lanzamiento en el país. No abuse de ese privilegio pidiendo demasiado antes de establecer una relación de trabajo.

A continuación se muestran ejemplos de algunas de nuestras asignaciones de tarea favoritas antes de la contratación. Raramente asignamos más de una antes de establecer una relación o acuerdo formal.

- *Competencia*: ¿Quiénes son los principales competidores en el país? ¿Cuál es la estrategia de ventas y marketing del líder del mercado? ¿Por qué los clientes prefieren al líder de mercado sobre otras alternativas?

- *Gobierno*: ¿Qué ministerios o departamentos regulan esta industria en el país? ¿Cuál es la proyección y la tendencia de la supervisión reguladora? ¿Cuáles son las opiniones de los contactos del guía de montaña dentro del ministerio controlador?

- *Compradores*: ¿A quiénes vería el guía de montaña como los mejores candidatos a clientes para la fase inicial de la prueba de concepto? ¿Qué beneficios especiales en su país, son importantes para los clientes? ¿Quiénes estarían involucrados la revisión y decisión?

Reúnase con su futuro guía de montaña en el país. Reúnase con él o ella varias veces y en varios lugares, en el hotel, durante la cena, y en su oficina.

Visitar al guía de montaña en su lugar de negocio va a proporcionar un mayor conocimiento sobre el tamaño de su operación, especialidad, diversificación y en general, su forma de hacer negocios. Si está trabajando con una organización, en lugar de un solo individuo, visitar la oficina facilita también para reunirse con altos funcionarios de la organización y altos directivos. Si el guía de montaña es una persona, él o ella tendrán también un lugar donde llevan a cabo los negocios. Los representantes en el extranjero, como los de los Estados Unidos, tendrán un lugar donde hacer negocios como una oficina alquilada, cafetería, espacio de oficina prestado o similar. Hay que tener en cuenta que las apariencias pueden engañar; una operación muy humilde puede tener muy buenos contactos para su empresa.

Jik Chu tiene algunas ideas adicionales sobre la selección y el trabajo con guías de montaña.

### Más historias con té y Skype con Jik Chu

*Las relaciones pueden ser complicadas. Esté a la expectativa de sutiles riesgos en la relación. Jik Chu enfatiza la importancia de contratar un guía de montaña en quien pueda confiar y que será fiel a su empresa. No es fácil. Las Intrincadas relaciones en el país requieren de confianza y lealtad.*

*Jik Chu es un guía de montaña para Corea del Sur. Un nativo de Corea del Sur, asistió a la universidad en los Estados Unidos y tuvo experiencia trabajando con los Estados Unidos y compañías coreanas. Jik compartió dos interesantes historias de alineación de* tendencias con nosotros en el capítulo 2, "Agregar Valor".

### Historia 1: Verifique detrás del telón

Las compañías norteamericanas no están acostumbradas a la combinación de negocios y política que son más comunes en otros países. Detrás del telón se pueden estar preparando actividades políticas mientras una compañía está actuando ingenuamente de buena fe.

Una compañía farmacéutica norteamericana había estado trabajando con un gran fabricante farmacéutico coreano. La compañía norteamericana había estado vendiendo compuestos químicos al farmacéutico coreano y quiso establecer una empresa conjunta (JV) para aumentar los márgenes de utilidades. Después de haber trabajado con el fabricante coreano durante unos años, los empleados de la compañía norteamericana estimaron que entendían y podían confiar en la empresa coreana.

Con desconocimiento de la compañía farmacéutica norteamericana, múltiples farmacéuticos coreanos, incluido el socio de fabricación de la compañía norteamericana, habían estado presionando al gobierno a no conceder licencias de JV. Su interés era mantener el negocio bajo la dirección exclusiva de la administración coreana.

La empresa norteamericana siguió adelante, contratando a Jik como el CEO de la JV local. Jik tenía sólidos contactos en la "Casa Azul" (equivalente coreano a la Casa Blanca). El gestionó efectivamente con funcionarios del gobierno y obtuvo una licencia de JV en una proporción de capital 50:50.

El CEO de la farmacéutica coreana se rindió al acuerdo de JV pero odiaba a Jik por eso y trabajó entre bastidores para hacerlo sacar. La JV funcionó correctamente durante quince años, pero no todas las decisiones fueron favorables a la empresa estadounidense, ya que el farmacéutico coreano controlaba muchas opciones. La JV pasó de 50:50 a 51:49 en favor de la empresa coreana. A la compañía estadounidense no se le dio ninguna opción para ventas que no fuera utilizando la red de distribución del farmacéutico coreano.

La lección que Jik Chu aprendió: contratar gente y hacer sociedades con aquellos en puedes confiar y que te serán leales. "Si una persona lo mete en problemas con el socio local, contrate uno nuevo". No proceda sin alguien en quien usted puede confiar.

### Historia 2: Investigue a los Reacios
Cuando las cosas cambian en lo que era una buena relación, busque un poco más profundo por la causa.

Una gran empresa canadiense estaba trabajando con una empresa coreana como su socio de ventas. El socio de ventas de Corea estaba vendiendo los productos canadienses con buen margen. Las ventas eran sólidas y las relaciones eran buenas entre las dos compañías, con respeto mutuo e intercambio de conocimientos.

La empresa canadiense salió con un nuevo y emocionante producto de nueva generación, esperando que el socio coreano aceptara la nueva oferta con entusiasmo. En cambio, ocurrió lo contrario. El socio de ventas de Corea se mostró reacio y no asumiría el nuevo producto. La empresa canadiense estaba perpleja; proyectaban más ventas y mayor margen para ambas empresas.

La relación se tensó y flaqueó. La empresa canadiense no se dio cuenta que su socio de ventas coreano estaba desarrollando su propio producto competitivo. Finalmente rechazó los productos canadienses por los propios.

La lección que aprendió Jik Chu: contrate socios de confianza, pero cuando el comportamiento cambie, busque más profundamente la causa. "Cuando un socio local decide rechazar, hay poco que la compañía puede hacer aparte de nombrar a otro socio, si lo permite el contrato. Pero, espere que esto cause disrupción en el mercado".

### Historia 3: Cuidado con los Agentes Ocultos

Los mercados con gran futuro, en rápido movimiento son emocionantes y arriesgados. Las tendencias se convertían en mega tendencias y afectan a una industria con cambios increíbles y desarrollo tecnológico. Las grandes empresas establecidas, empresas start-up y de servicio público respaldadas por el gobierno estaban contendiendo, colaborando, compitiendo y cooperando. Era casi imposible elegir al ganador.

Jik trabajaba con una compañía que estaba en un lado de esta ola de cambio tecnológico. Jik cabildeó intensamente con el gobierno, la industria y la opinión pública. Lo que Jik no pudo ver al otro lado fue una start-up con estrechas relaciones con un oficial de alto rango que actuó como agente oculto. Este alto oficial fue capaz de afectar la legislación clave para este cambio de tendencias en la industria de Corea. La compañía que Jik representaba no pudo continuar en Corea.

La lección que aprendió Jik Chu: "Buscar agentes ocultos de la competencia desde el comienzo".

Ahora mirando hacia atrás en la historia, Jik representó a la tecnología y a la empresa que finalmente dominó la industria en todo el mundo. Jik gastó tanta energía, tiempo y angustia en el mercado coreano, para que tomara un camino diferente debido al agente oculto. La posterior dominación del mercado de su empresa ahora no es nada más que un amargo consuelo.

## Los Buenos Representantes También son Selectivos

Al entrevistar a posibles guías de montaña, espere que ellos también lo entrevisten a usted. Aproveche todas esas habilidades de entrevista y de gestión que ha utilizado a lo largo de los años. Es prácticamente lo mismo. Como con cualquier entrevista, espere que un candidato reflexivo le haga preguntas.

Considere el tipo de preguntas que su candidato a guía de montaña le hace: estratégicas, perspicaces, tácticas, operacionales o ninguna. (¿Ninguna? En realidad no).

El tipo de preguntas ofrece una visión de la forma en que el guía de montaña piensa y al nivel en el que él o ella van a funcionar. Preguntas perspicaces y estratégicas son buenos indicadores de un guía de montaña que va a ser más independiente y planificará un curso de acción. Los candidatos con más preguntas operacionales y tácticas requerirán probablemente más gestión de dirección y orientación. Aquí hay algunos ejemplos de los tipos de preguntas que un candidato podría preguntar:

- Estratégica
    - ¿Qué impacto tendrá el éxito en *este país* (rellenar el espacio en blanco) sobre su empresa y su plan global?
    - ¿Por qué ha seleccionado *este país* para entrar en este momento?
    - ¿Ha hecho negocios en *este país* antes? ¿Con quién? ¿Cuál fue el resultado?

- Perspicaz
    - ¿Describa la retención de clientes? ¿El servicio de atención al cliente?
    - ¿Qué asociaciones de comercio empresarial, asociaciones de negocio u otras afiliaciones tiene su empresa?
    - Cuénteme sobre sus otros representantes internacionales. ¿Qué funciona? ¿Qué no? ¿Se reunirán los representantes periódicamente para compartir las mejores prácticas?

- Operacionales
    - ¿Quién estará disponible para ayudarme después del entrenamiento?
    - ¿Tiene algún programa de bonos asociados al logro de resultados, tales como superar las metas, la contratación de otros agentes, etc.?

- Tácticas
    - ¿Ofrece entrenamiento? ¿Cuántos días u horas de entrenamiento formal? ¿Existe un costo para mí?
    - ¿Qué tipo de materiales de marketing y servicios de sitio web están disponibles?

Como con cualquier entrevista, puede hacerse una idea de la motivación subyacente de un potencial representante por las preguntas. Un guía de montaña tendrá una combinación de impulsos personales, profesionales, sociales y organizacionales que lo motivan.

Si las preguntas se centran en compensación, el potencial de ingresos es importante para su guía de montaña. Desde una perspectiva estadounidense, la motivación del dinero puede ser visto como una buena cosa. En otros países, puede ser un **desacelerador** que indica problemas con el ingreso individual o empresarial. Los individuos que están solamente motivados por el dinero pueden tomar malas decisiones al representar a su empresa porque su objetivo es maximizar sus ingresos personales.

Si las preguntas se centran en la creación de empleo o el desarrollo económico, significa que el guía de montaña puede estar centrado en el trabajo por el bien del país. Esto puede ser un gran motivador ya que su representante verá su papel en una causa mayor que la suya propia. También puede señalar un **desacelerador** si sus fuertes prejuicios nacionalistas obstaculizan el éxito de su empresa en el país; tendrá que decidir.

Si las preguntas hacen hincapié en los objetivos y resultados, los logros pueden ser la prioridad del guía de montaña. Esto puede ser un **acelerador** ya que los representantes motivados por sus logros personales y profesionales tienden a ser los más exitosos. También es un enfoque con que los estadounidenses se sienten muy cómodos, por lo que es probable que funcione bien con su estilo de gestión.

¿Se siente presionado? Usted tiene un sentido de urgencia. El tiempo es crucial. Su jefe le pregunta acerca de hacer progresos. Alerta: **barrera** por delante. Respire profundo. No cometa el error de

 seleccionar al primer representante que entrevista. Si lo hace, su decisión probablemente lo decepcionará más tarde.

Seleccionar el guía de montaña lleva tiempo; no se apresure. Dele al proceso de selección la cortesía de su cuidadosa consideración. Las entrevistas iniciales pueden ser realizadas a través de Skype, teléfono o WebEx, pero **usted *debe* viajar y reunirse con los candidatos, cara a cara** en el país. Esto proporciona una mayor amplitud y profundidad para una decisión informada para que pueda bucear más profundamente en el acervo de información de cómo el guía de montaña se presenta a sí mismo o a sí misma.

## Establezca Acuerdos

**Hay dos niveles críticos en el al acuerdo comercial: acuerdo legal y acuerdo de trabajo.**

El acuerdo de trabajo es el más crítico, ya que proporciona la base para las disposiciones legales y para sus actividades diarias. El enfoque aquí es sobre los elementos del contrato de trabajo.

En algunos países los contratos no son tan importantes como el acuerdo hecho en persona y acordado con una venia o un apretón de manos. No importa cuál sea la costumbre en el país, debe hacerlo por escrito.

Busque un abogado para obtener asistencia con el acuerdo contractual. No es difícil ni intimidante; hay acuerdos estándar que pueden ser modificados para satisfacer su situación comercial particular y las necesidades del país. El tipo de guía de montaña determinará el tipo de acuerdo. Si usted necesita confidencialidad, un agente registrado, contratista independiente, acuerdo operativo, o algo completamente distinto, su asesor jurídico puede proporcionarle el acuerdo apropiado.

El acuerdo de trabajo o guía operacional puede ser presentado como un MDE (memorando de entendimiento) u otro acuerdo no vinculante y debe ser firmado por ambas partes. El acuerdo de trabajo pone de relieve las expectativas, metas y modalidades de trabajo. Robert prefiere un simple formato de tabla, no más de dos o tres páginas, escritas en inglés sencillo sin un montón de jerga legal.

Los acuerdos de trabajo deberían ser revisados, corregidos y actualizados periódicamente. Normalmente coinciden con los ciclos fiscales de su empresa, pero no necesariamente. Un acuerdo de trabajo normalmente incluye las siguientes ocho secciones principales:

- las partes
- compromiso
- territorio designado
- metas y objetivos
- servicios de desarrollo empresarial
- compensación
- plazo y terminación
- bloque de firma

**Las partes** son los participantes en este acuerdo. Éstos incluyen

- el representante (nombre o razón social del guía de montaña) y
- su empresa y la persona de quién dependerá el guía de montaña

**Compromiso** abarca el tipo de compromiso y el propósito de trabajar juntos.

- El tipo de participación puede ser exclusiva o no exclusiva, tal como se define en el presente acuerdo. El guía de

montaña puede ser clasificado como agente, contratista, consultor u otro (para ideas, consulte la sección "Tipos de Guías de Montaña").
- El propósito del compromiso puede ser ventas, experiencia, cumplimiento o soporte (Para ideas, revise la sección "¿Qué Montaña Escalar?").

**Territorio Designado** incluye el enfoque de las actividades definidas por las medidas pertinentes: geografía, productos y/o servicios, clientes u otros factores determinantes. Los detalles deben incluir lo siguiente:

- responsabilidad geográfica específica, de cada país, región o ciudad
- los productos y/o servicios específicos de su empresa que el guía de montaña representará
- los clientes objetivo que se espera que el guía de montaña contacte, según corresponda a su empresa por mercado vertical, industria o cuenta designada o por mercado horizontal, responsabilidad funcional o puesto de trabajo
- una simple declaración de flexibilidad (opcional), como ésta: "territorio designado a ser discutido, revisado y aprobado por escrito por ambas partes antes de cualquier actividad de ventas del (representante) a nombre de la (empresa)".

**Metas y objetivos** incluye una declaración de propósito específico medible según naturaleza de la relación, tales como ingresos, captación de clientes, reuniones u otros.

- Si se trata de una meta monetaria, generalmente se expresa en dólares, como una cantidad acumulada a alcanzarse dentro del periodo de tiempo del contrato de trabajo.
- Debe haber una definición de tipo de ingresos, compromiso, ingresos, o pago recibido. (Para ideas, revise comisión en el apéndice 4, "Compense y Motive").

**Servicios de desarrollo empresarial** debe cubrir las expectativas de la función y tipo de servicios prestados por el guía de montaña, incluyendo los hitos y los requisitos de presentación de informes.

- Función y servicios serán específicos para las aptitudes del guía de montaña y su etapa de entrada al país y pueden abarcar las siguientes:
    - recepción de empleados, socios o clientes.
    - hacer contactos con el gobierno
    - trabajar con otros agentes en el país, según corresponda
    - responder consultas
    - proporcionar información sobre las condiciones o las tendencias del mercado
    - participación en ferias comerciales o exposiciones, según corresponda
- Hitos incluyen eventos calendario, fiscales, o de eventos relacionados con el proyecto asociado con marco de tiempo, incluyendo las acciones asociadas a los hitos.
- Informar abarca cuestiones tales como en qué forma y en qué intervalo de tiempo se proyectan ventas progresivas, información de la cuenta y el uso de CRM (Customer Resource Management) de la empresa o una herramienta de generación de informes por separado.
- Esta sección incluirá instrucciones específicas, junto con directrices generales como:"(El representante), en todo momento, acatará y actuará de conformidad con las políticas de la empresa (Empresa)".

**Compensación** incluye el esquema de compensación, pago y reembolso. Puede ser necesario un acuerdo por separado para alinearse con la política de la empresa.

- El esquema de compensación de elementos aplicables incluye
    - retainer,
    - bonificaciones, y
    - otros incentivos.

- Responsabilidades del representante para presentar solicitud de compensación o de reembolso de gastos, según corresponda, deberá indicarse.
- Plazos de pago previsto por la empresa debe ser incluido.
- Para más ideas, consulte el apéndice 4, "Compense y Motive".

**Plazo y Terminación** establece los plazos del acuerdo y cómo se puede llegar a la conclusión.

- Esto debe incluir la extensión del compromiso tal y como se describe en este acuerdo; una declaración parecida a esto: "El Compromiso comenzará en una fecha acordada y terminará (un número de) meses después".
- Información sobre la terminación sin causa también debe aparecer; una declaración algo como esto: "El Acuerdo podrá ser terminado por cualquiera de las partes para su comodidad en cualquier momento con treinta días de aviso previo por escrito".
- Información sobre términos de supervivencia del acuerdo después de la terminación deben ser estipulados, así como por cuánto tiempo permanecerán los términos en vigor. Por ejemplo, esto podría aplicarse a la comisión (compensación variable) durante un cierto período de tiempo después de la terminación del acuerdo.

**El bloque de firma** proporciona una indicación de acuerdo y debe incluir

- su firma o firma de otro representante autorizado de la compañía,
- la firma del representante (guía de montaña) o la firma de la parte autorizada y
- fecha en que se firmó.

El acuerdo de trabajo agrupa todo: el tipo de guía de montaña, la función prevista, la necesidad que él o ella satisface, por qué la persona fue seleccionada y la compensación para él o ella. El acuerdo de trabajo debería empoderar y habilitar, no restringir y controlar. Usted está definiendo las reglas de compromiso y cómo van a trabajar juntos para lograr resultados y éxito en el país.

## Compense y Motive

Una operación exitosa requiere inversiones. Construir su exitosa empresa de Estados Unidos requirió inversiones en muchos recursos: personas, materiales, energía, servicios, conocimientos, espacio de oficina y más. Llevar su empresa a otro país también requerirá inversión. **Invierta en su guía de montaña: utilice un plan de compensación que estimule y motive y al mismo tiempo sea de presupuesto asequible.**

Si desea **acelerar** su negocio, ofrezca planes de incentivos que recompensen el rendimiento y lealtad de los clientes, ahora y a largo plazo. Algunas empresas necesitan un límite sobre incentivos variable; Robert piensa que es una locura. Una límite en incentivos de reprimirá los esfuerzos en el país cuando tienen una oportunidad de acelerar más rápido.

La estructura de compensación debe ser parte de un acuerdo sujeto a plazo; esto permite la revisión al final de un periodo de tiempo especificado. Después del establecimiento inicial del mercado, el plazo debe ser entre dos veces (2X) y cuatro veces (4X) el volumen conocido del ciclo de facturación o de ventas. Una empresa con un ciclo promedio de tres meses suele construir planes de compensación de seis meses o anual. La mayoría de los planes de compensación también se guían por los ciclos fiscales corporativos.

Los elementos esenciales son la comisión, el retainer, bonificaciones, reembolso de gastos, y otros incentivos.

- **La comisión** es un elemento variable del plan de compensación basado en el logro de determinados objetivos financieros, tales como compromisos, ingreso o pago recibido. Establezca expectativas de que la comisión y el grado de dificultad van de la mano. En las primeras etapas de la relación con el guía de montaña la comisión será alta en reconocimiento del alto grado de dificultad. En etapas posteriores del desarrollo del mercado, a medida que el volumen aumenta, la comisión podrá ser inferior, en consonancia con la relativa facilidad de hacer negocios.

### Una historia con café con Kimberly Benson

*A Kimberly Benson, presidente de Zenaida Global, le gusta trabajar con comisión directa. Coloca la responsabilidad sobre sus hombros para examinar a fondo el potencial de éxito de la empresa en los mercados internacionales seleccionados. Ella es una guía de montaña proactiva. Con comisión directa ella se hace cargo del 100 por ciento del riesgo y proporciona a sus clientes un alto grado de confianza en su capacidad de triunfar. Kim también se beneficia del éxito de una empresa internacional, a medida que las ventas aumentan, también lo hacen sus comisiones.*

- **El retainer** es una compensación fija pagada por adelantado para determinados trabajos. Utilizamos el término "retainer" por conveniencia, pero su empresa puede referirse a la compensación fija con algún otro término, como "garantía", "asignación", "presupuesto", u otro. Un retainer significa que su compañía está entrando en un mutuo acuerdo orientado a la acción con el guía de montaña. Es mejor estructurar el pago de retainer como bloques de construcción sobre la base de trabajos específicos señalados en el acuerdo de trabajo.

Explore el apéndice 4, "Compense y Motive," para más detalles.

### *Otro historia de Jik Chu con Té y Skype*

*Jik Chu prefiere trabajar en un plan de compensación que combina el retainer con la compensación variable, tal como la comisión o bonos. Esto es porque hay una gran cantidad de trabajo que se requiere para que una empresa pueda entrar en un nuevo país, tales como las presentaciones al gobierno, cabildear por nuevas políticas industriales y la creación de redes. Muchas de estas actividades críticas no derivan directamente en ventas. Jik trabaja como un socio activo y receptivo ayudando a su cliente con todo lo necesario para garantizar el éxito de la compañía. Él sabe que iniciar una empresa y producto en un nuevo mercado requiere mucho tiempo, preparación y esfuerzo antes de que se puedan alcanzar resultados rentables.*

- A menudo se agrega **un bono** a un retainer como recompensa por un buen rendimiento o lograr objetivos concretos, tales como el establecimiento de reuniones, encontrar clientes potenciales calificados, firma de memorandos de entendimiento, o la obtención de clientes prueba de concepto.

- **Reembolso de gastos** es el reembolso por gastos de bolsillo propio reales y acordados incurridos mientras se realiza el trabajo. Los gastos presentados para reembolso deben seguir el mismo proceso o similar al utilizado por los empleados en los Estados Unidos, que probablemente requieran recibos y justificación (declaración de propósito).

- **Otros incentivos** pueden estimular e inspirar una acción o esfuerzo mayor; otros incentivos pueden ser ofrecidos como recompensa por el aumento de la productividad o alto rendimiento. Otros incentivos podrían incluir regalos, cursos de formación, conferencias, reconocimiento, u otros premios.

# Cómo Encontrar Un Guía de Montaña

Hay una cantidad de maneras de encontrar un guía de montaña. Los métodos más comunes son aprovechar su propia red, emplear un expatriado que viva en el país, o usar recursos del gobierno.

Comience con su propia red. Aproveche su red para personas que saben o recomendaciones de un individuo u organización que ha servido un objetivo similar. La confianza extendida de llegar a alguien con quien está conectado ayuda a iniciar conversaciones con mayor rapidez. En una empresa donde Janet estaba buscando ingresar a Europa, el primer país de entrada fue España porque la empresa empleaba un ciudadano español que estaba interesado y dispuesto a ayudar. Él inició las conexiones a una gran guía de montaña, que hizo la entrada en España sin contratiempos. Posteriormente, este ciudadano español se ofreció a volver "a casa", lo que aceleró el crecimiento de la empresa, incluso más rápido, ya que conocía la compañía, producto y negocio muy bien. Con un punto de partida sólido en España, creó conexiones rápidamente en otros países con los distribuidores apropiados para manejar ventas, inventarios y servicios.

Ejecutivos jubilados con experiencia en la industria o el gobierno pertinentes pueden ser un gran recurso. Robert ha utilizado este método con éxito en varias ocasiones. Robert aprovecha su red, así como los recursos del gobierno para identificar a las personas en el país que encajan con el perfil de guía de montaña necesario. Los ejecutivos jubilados tendrán una profunda y amplia red en la que confían y que confía en ellos. Ellos disfrutan de la función de guía de montaña ya que los mantiene conectados. También aportan el importante valor de años de experiencia en el país. Jik Chu es un ejecutivo jubilado y maravilloso guía de montaña; sus historias valen su peso en oro para lecciones valiosas, cosas que evitar, perspectiva y humor.

Los expatriados pueden también ser interesantes guías de montaña. Un expatriado es una persona que normalmente fue trasladado por un empleador a un país para ayudar a establecer el negocio de la compañía en una región o país específico. Los expatriados saben cómo operan las compañías estadounidenses, hablan excelente inglés y harán que usted se sienta cómodo haciendo que entrar al país sea una transición fácil. Si han estado con un competidor en el país o negocios relacionados, van a entender algunos de los problemas que usted enfrentará al importar su oferta. Es bueno entender sus razones para seguir residiendo en el país, en lugar de regresar a los Estados Unidos. Su conocimiento de la industria estadounidense podría estar obsoleto, especialmente si han estado fuera de los Estados Unidos por más de cinco años. Su red de contactos no será tan ancha o profunda como la del ejecutivo jubilado pero seguirá siendo pertinente y valiosa.

Otro método eficaz es utilizar los recursos del gobierno estadounidense. Hay eventos de exportación realizados en Estados Unidos y en el país, con el objetivo de promover las exportaciones de EE.UU. y conectar empresas estadounidenses con potenciales representantes y compradores. Póngase en contacto con la Embajada de los EE.UU. tanto en Estados Unidos como en el país. Haga su investigación. Busque recursos utilizando sitios web gubernamentales, federales, estatales y locales para encontrar eventos o actividades más personalizadas para una sola empresa. Export.gov es un útil recurso federal. Muchos estados y grandes ciudades estadounidenses tienen también consulados para países específicos que promueven el comercio y ayudarán a conectarse con posibles representantes. Consulte el apéndice 1, "Recursos y Referencias," para obtener sugerencias de dónde comenzar su investigación.

La gente hace cosas asombrosas, desde grandes arquitectos, atletas y científicos a músicos, autores y gente de negocios. Se puede pensar en una interminable lista de personas increíbles: Frank Lloyd Wright, Babe Ruth, Albert Einstein, Mick Jagger, John Steinbeck, y muchos otros. Lo que usted no necesariamente piensa es en las muchas otras personas que combinan sus talentos con los talentos de los demás para conseguir grandes cosas como un equipo. El equipo puede estar en el campo o detrás de las escenas, pero todo gran logro requiere de un equipo.

Las empresas, como las personas, son capaces de realizar cosas asombrosas combinando sus esfuerzos con las habilidades y la influencia de otros. Cuando Apple lanzó el primer iPhone en 2007, se asoció con AT&T Mobile para su distribución. Esto ayudó a Apple a captar dieciocho en dieciocho: un 18 por ciento de participación de mercado sin precedentes, sólo 18 meses después de su lanzamiento. [26] La mundialmente famosa Happy Meal de McDonald se comercializa sistemáticamente en conjunto con el más nuevo personaje de TV y películas para niños. Es la comercialización conjunta de dos famosos iconos, el Happy Meal y SpongeBob o Batman, que capta la atención de niños y adultos por igual.

Un guía de montaña es su representante en el país. Su guía de montaña podría ser una sola estrella individual, como Michael Jordan o John Elway, o podría ser una organización o equipo. Su guía de montaña debe ser influyente en el país, dentro de su sector de la industria y con clientes potenciales.

El representante adecuado entregará los resultados deseados. ¿Dónde estaría un gran autor como John Steinbeck sin un editor, o los diseños arquitectónicos de Frank Lloyd Wright sin un constructor? Trabajar en equipo agrega conocimientos, talento e ideas, como los Rolling Stones agregaron al estrellato de Mick Jagger o los Yankees de Nueva York contribuyeron a la fama y éxito de Babe Ruth. ¿Dónde estará usted si no tiene el guía de montaña adecuado o un equipo detrás que lo respalde? El guía de montaña adecuado es parte vital de su equipo. Él o ella agregan conocimientos y habilidades complementarias y ayudan a reducir el riesgo innecesario para ofrecer los mejores resultados posibles para su empresa.

---

[26] AppleInsider
http://appleinsider.com/articles/09/11/03/canalys_q3_2009_iphone_rim_taking_over_smartphone_market/

Globalizate
*Built for Global: Edición en Español*

# Evalúe Su Capacidad Para Subir la Montaña

## ① Selección de Su Guía de Montaña

1. Defina la **función que** desempeñará el guía de montaña para su empresa: ¿ventas, experiencia, cumplimiento, apoyo, u otra cosa? ¿Qué montaña quiere que su guía de montaña escale? Anótelo (hmmm, has escuchado esa sugerencia antes).

2. ¿Qué función u **orientación a la acción** es más crítica?: ¿proactiva, activa o receptiva?

   ☐ La orientación a la acción proactiva se alinea mejor con la función de ventas. Dependiendo de las normas de la industria, esto también puede ser deseado en cumplimiento o apoyo.
   ☐ Orientación a la acción activa se alinea mejor a funciones impulsadas por la experiencia. Pero, dependiendo de su modelo de generación de oportunidades, podría ser aplicable a las ventas.
   ☐ Orientación a la acción receptiva se alinea mejor a funciones de cumplimiento y de apoyo.

3. ¿Qué **tipo** de guía de montaña satisface mejor su necesidad: agente, consultor, empresa subcontratista, contratista, exportador, conglomerado familiar, agente de

franquicia, empresa conjunta, agente de licencias, u otra? Pase algún tiempo adicional revisando la tabla "Tipos de Guías de Montaña".

## ② Estructura para su Guía de Montaña

1. ¿Tiene usted un guía de montaña?　　　　□ NO　□ SÍ
   - Si no, ¡sáltese el resto de las preguntas de evaluación en este capítulo y busque uno!

2. ¿Tiene un acuerdo de trabajo escrito vigente?　□ NO　□ SÍ
   - Si no, formule uno.

3. ¿Tiene una estructura de compensación vigente?
   　　　　　　　　　　　　　　　　　　　□ NO　□ SÍ
   - Si no, es tiempo para crear un plan para compensar y motivar a su guía de montaña.

## ③ La fuerza de Su Guía de Montaña

1. ¿Reside actualmente su guía de montaña en el territorio designado?
   　　　　　　　　　　　　　　　　　　　□ NO　□ Si
   - Si no, ¿por qué? ¿Cuáles son las consideraciones de viaje? ¿Afectará esto los gastos reembolsables? ¿Existen otras consideraciones?

2. ¿Es su guía de montaña un hablante nativo, con fluidez en el idioma del país, o conversacional?
   □ Nativo　　□ Fluidez　　□ Conversacional
   - Si no es un hablante nativo, ¿cómo será percibido en el país?

3. ¿Es la mayor parte de la experiencia relevante de trabajo del guía de montaña en el país?

   ☐ NO   ☐ Si
   - Si no, ¿cómo cree que esto afectará su capacidad para desempeñar la función que han acordado?

4. ¿Cuál es el nivel de experiencia relevante y relacionada con la industria?
   ☐ Ninguno ☐ mínimo ☐ Poco ☐ Fuerte ☐ Amplio

   - Si ninguno o mínimo, ¿cómo cree que esto afectará la capacidad de la persona para desempeñar la función que han acordado?

5. ¿Incluye la función de su guía de montaña las ventas?

   ☐ NO   ☐ Sí
   - Si la respuesta es sí, ¿cuál es su experiencia relevante en ventas a mercados verticales a los que usted apunta y con los responsables de la toma de decisiones (a nivel de gestión y responsabilidad funcional)?
   - Si sí, ¿ha trabajado él o ella con ciclos de ventas de la misma longitud?
   - Si sí, ¿ha trabajado él o ella con un proceso de ventas similares?

6. Sobre la base de las preguntas que el guía de montaña le hizo, ¿Cómo percibe usted su estilo de trabajo? Clasifique su percepción sobre una escala de 1 a 4, con 1 como el mayor atributo y 4 el más débil.

   - Táctico         _____
   - Estratégico     _____
   - Operacional     _____
   - Perspicaz       _____

## Capítulo 5:

## Construya Confianza

*La conversación era extraña e incómoda. Maurice no paraba de hablar de citas románticas, padres y familia. Alex se había reunido con Maurice en una pequeña y tranquila cafetería para hablar de negocios, o al menos eso pensó.*

*Maurice citó a una experta en matrimonio, Hellen Chen, quien dijo que el 85 por ciento de las relaciones inevitablemente terminan en una ruptura; eso significa que sólo una pequeña élite terminaba en matrimonio. Aún más sorprendente, Maurice le dijo a Alex que el 85 por ciento de los fabricantes estadounidenses no exporta sus productos; sólo un escaso 15 por ciento. ¡Cielos! Alex estaba impactado.*

*¡Era más inesperado aún saber que este índice de exportación había sido el mismo durante las últimas tres a cuatro décadas! ¿Cómo puede ser esto, cuando los Estados Unidos se sitúan entre los cinco principales exportadores del mundo?*[27]

---

[27] Williams y Donnelly, "U.S. International Trade".

*Alex hizo la pregunta obvia, "¿Por qué el 85 por ciento de los fabricantes estadounidenses no exporta sus productos?".*

*Maurice calmadamente respondió, "Por las mismas razones por las que muchas relaciones fracasan."*

*"Dentro de la relación de una pareja, hay un montón de problemas de confianza, diferentes expectativas, diferentes intereses y prioridades diferentes", continuó Maurice. "Sin mencionar las interferencias de los padres y de la familia. El acoplamiento de los clientes en el país y la oferta de una empresa también tienen mucha complejidad. Tiene que ser una relación de valor y confianza mutua".*

*Sí, eso tiene sentido, pensó Alex.*

*"La resistencia interna de la empresa matriz y su familia de socios es la barrera número uno para internacionalizar las empresas", explicó Maurice.*

*Alex consideraba que esto era bastante extraño. Bebió su café despacio, paladeando los sabores mientras pensaba en esto aún más. ¿Por qué se interponían las empresas en su propio camino, creando sus propias barreras, cuando el crecimiento internacional ofrecía un potencial tan grande?*

*Hmmm. Quizás TolpaTek no era muy diferente. Alex podía ver la resistencia; sí, había riesgos, costos y papeleo complicado. Pero siguiendo la fórmula de reducir riesgo de Globalizate había ayudado a Alex a abordar muchos de los temores de la empresa. A Cynthia, la directora de finanzas, le preocupaba que no les pagaran. Martin en fabricación tenía miedo de los complicados trámites de envío, los que en última instancia podían ser manejados por el socio de transporte de carga deTolpaTek.*

*Alex había presenciado preocupaciones más sutiles, subjetivas e invasivas, como expectativas internas poco realistas y la renuencia a involucrar o confiar en los socios. Hubo momentos en que parecía que Alex y su empresa se movían a través de la vida a diferentes velocidades.*

*Tenía que reír, Maurice tenía razón después de todo. ¡Los negocios internacionales se parecen mucho a una relación sentimental! Todos los mismos problemas de compatibilidad, comunicación y confianza.*

Las relaciones no pueden durar sin confianza. La confianza es la base de toda relación sólida, personal y profesional. La confianza es operar con integridad y transparencia y ser abierto y honesto pero manteniendo la reserva en esos asuntos que se supone siguen siendo privados.

*Ilustración 18: La confianza es la base de las relaciones*

La confianza es la base del éxito. La confianza y el éxito de su equipo en casa, en el nuevo mercado y con sus clientes. Sin la solidez de la confianza en estas tres relaciones usted no puede tener éxito a largo plazo.

**La confianza es el Bubble Wrap (Envoltorio de Burbuja) de los negocios.** Envuelve toda valiosa relación comercial, amortiguándola del impacto.

Cuando el negocio está funcionando normalmente, el cojín de Bubble Wrap se hace mayor, proporcionando más protección. Esas pequeñas burbujas de confianza se llenan con más confianza, creando grandes burbujas de confianza que custodian la relación en tiempos turbulentos. Cuando las cosas se ponen irregulares, la confianza que se ha construido mantiene la relación comercial intacta y la protege de romperse.

¡Cuando la confianza se rompe,
revientan las delicadas burbujas, cuidado!

¡GOLPE! No hay transparencia.
¡ESTALLIDO! Rendimiento deficiente.
¡CHASQUIDO! Deshonestidad.
¡PORTAZO! Fraude.
¡EXPLOSION!

Si tiene suerte, puede restablecer la confianza. Pero tendrá que hacer las cosas de forma significativamente diferente y tomará tiempo. ¡ESTALLIDO! ¡PORTAZO! En el peor de los casos, es imposible reconstruir la confianza. Empaque y vuelva a casa.

El envoltorio de Bubble Wrap de confianza es fuerte y poderoso. También es muy delicado y frágil. Bubble Wrap no es nada más que una envoltura de plástico y aire, pero la usamos para proteger los elementos más preciados de una manipulación descuidada.

*Globalizate:* Construya nuevos mercados.
Construya para generar confianza.

# Construya Confianza con el Equipo Local

### *Una historia con Café con Kimberly Benson*
*No hay botón fácil para el éxito internacional.* Kimberly Benson, presidente de Zenaida Global, subraya que existen múltiples factores necesarios para el éxito de la promoción internacional.

El fomento de la confianza dentro de su propia empresa es un factor esencial que no puede ser ignorado, dice ella. La confianza generada con su equipo en casa ayudará a construir el plan internacional apropiado, evaluar los riesgos y resolver los problemas.

Kim ilustró la necesidad de confianza recordando una vez cuando ella estaba trabajando con un fabricante de aparatos de cocina de alto nivel. El objetivo del fabricante era el mercado de compradores de aparatos de lujo, no el mercado masivo. La empresa contrató a Kim como su departamento internacional; ella era su guía de montaña para la exportación.

Al inicio de la relación, Kim viajó a la sede de la compañía en Mississippi y se reunió con personas claves en cada departamento. Ella escuchó y aprendió acerca de la misión, visión y estrategias. En cada conversación Kim preguntaba acerca de sus preocupaciones y consideraciones para las operaciones internacionales. Tuvo que convencer a varios departamentos por qué tendrían que hacer las cosas de manera diferente. Esta valiosa comunicación llevó a la colaboración, claridad y consenso.

Marketing quería mantener un mensaje consistente en todo el mercado mundial, pero Kim sabía que los distribuidores debían ser la cara de la empresa en el país porque apelar al comprador de lujo necesitaba afinarse para cada mercado. Ella señaló a marketing, que un solo mensaje publicitario global, no suele ser eficaz. La confianza que Kim generó con marketing ayudó al personal a ver la necesidad de ofrecer a los distribuidores flexibilidad en el uso de los avisos publicitarios estadounidenses o crear los propios. Esta flexibilidad se convirtió en crucial para los distribuidores en Brasil durante una recesión económica de Estados Unidos. La compañía se había desplazado a un posicionamiento más populista y hogareño, que desestimuló a los compradores de artículos de lujo en Brasil. A los compradores ricos de Brasil los atraía la sofisticación exclusiva, no el estilo rústico sin pretensiones.

Finanzas se sentía cómodo con el sencillo método de fijación de precios utilizado con distribuidores en los Estados Unidos. Para ellos era difícil aceptar que los costos y los precios variaban de un país a otro. Los derechos de importación podrían agregar de un 20 a un 30 por ciento más al costo-base. Los países con un TLC (Tratado de libre comercio) vigente, podrían evitar estos derechos de importación, al igual que México y Canadá en el marco del TLC de América del Norte (TLC). Kim fue crucial para ayudar a este fabricante de electrodomésticos de alto nivel a darse cuenta de que la variación de las tasas de impuestos era importante. Las tasas de impuesto pueden hacer la diferencia entre una estructura viable de distribución en un mercado y el fracaso a la hora de penetrar en un mercado, porque el precio está fuera de alineación con los compradores. Kim ha ayudado a la compañía a tomar decisiones inteligentes respecto a qué países entrar.

Soporte técnico tuvo que ayudar a los distribuidores y clientes de todo el mundo con diferentes requisitos de alimentación, cableado, husos horarios y mucho más. Entrar a un país a la vez, con sus variaciones específicas, permitió a los servicios técnicos evolucionar en consonancia con la expansión internacional.

Kim adopta un enfoque inclusivo para atraer a nuevos socios de distribución. Cuando entrevista a un posible socio de distribución, ella compromete a pares en ambas empresas para familiarizarse. Kim ha aprendido que los distribuidores "a menudo prometen el mundo", pero la clave para convertir las promesas en realidad es alentar las conversaciones de igual a igual, desde tecnología a marketing. Esta comunicación alinea las promesas y las realidades de ambas partes.

Otra área más sutil que a menudo necesita alineación es la diferencia en los estilos de gestión. Estas diferencias pueden desencadenar conflictos en todo, desde la distribución a la logística a la creación de la marca. Kim se enorgullece de facilitar el entendimiento entre la dinámica de los propietarios, gerentes y personal dentro de cada una de estas entidades para crear relaciones de exportaciones exitosas y sostenibles.

En casa, en la fábrica, siempre que Kim establece un nuevo distribuidor y vende aparatos en un nuevo país, ella mandaba pedir la bandera de la nación. El pabellón se colgaba sobre la planta de producción en Mississippi. Era un colorido y profundo *recordatorio para los trabajadores y visitantes de que esa línea de producción de Mississippi afectaba la vida de las personas alrededor del mundo.*

*Para llevar una empresa con éxito a los mercados internacionales, usted debe basarse en las relaciones personales. Kim Benson de Zenaida Global es experta en forjar relaciones comerciales sanas, mutuamente beneficiosas. Ella comienza por la construcción de un fuerte apoyo con el equipo en casa y extiende esa confianza a cada mercado que entra. En los cinco años que Kim trabajó con este fabricante de electrodomésticos, las banderas crecieron en número de diez a cuarenta y luego a ochenta.*

Desea llevar su empresa a un nuevo país. No lo haga solo. Es importante contar con el apoyo del equipo en casa. Reclute el apoyo de personas positivas influyentes; incluso los actores neutrales, le ayudarán y se pondrán más positivos a medida que aumenta la intensidad. No se puede internacionalizar con éxito una compañía sin un equipo local. Considere construir apoyo de organización interdisciplinar. Puede que no suene fácil, pero como se puede ver en el ejemplo de Kim, no es tan difícil.

Toda la empresa no necesita estar detrás del esfuerzo internacional, pero algunos partidarios bien posicionados adecuados a la etapa de desarrollo internacional son esenciales.

El equipo en casa no necesita informarle a usted o estar en su cadena de mando organizacional. De hecho, a menudo es más valioso si el equipo en casa está fuera de su control organizacional directo. Parece una locura, ser independiente de su organización, agrega a la percepción de imparcialidad y punto de vista objetivo del equipo.

El equipo en casa es su representante cuando usted no está. Estas personas representan a las operaciones internacionales en reuniones de personal. Más importante aún, en el ambiente más relajado e informal, las conversaciones en torno a la cafetera, proporcionan apoyo.

## Construir un Equipo en Casa: Las Cuatro Cs

Comunicación, consenso, colaboración y claridad dan fuerza a las relaciones de confianza con los colegas, gerentes y otros departamentos. Las cuatro Cs llenan las burbujas de confianza para su equipo en casa. Vivimos en un mundo déspota de presión, prioridades, plazos, competencia y más. Las cuatro Cs ayudarán a establecer relaciones de forma segura para navegar negocios internacionales y entrar en nuevos mercados.

Las cuatro Cs **aceleran** su capacidad para atraer miembros, fortalecer el compromiso y aumentar la influencia del equipo en casa.

1. **La Comunicación.**
   Comunique sistemáticamente una clara visión, misión y objetivos. Refuerce su estrategia y objetivos regularmente. Muestre progreso con pequeños avances y pequeñas victorias sobre una base continua. Establezca expectativas y sea realista, pero optimista. Establezca las metas apropiadas: metas que pueda cumplir.

2. **El Consenso.**
   Construya consenso de que el crecimiento internacional para su empresa es bueno. Explique que el esfuerzo individual puede hacer una diferencia y lograr mucho. Ayude a cada miembro de su equipo en casa a entender su papel e impacto; a todo el mundo le gusta hacer una diferencia.

3. **La Colaboración.**
   "Todos nosotros somos más inteligentes que cualquiera de nosotros".[28] La mejor manera de hacer bien el trabajo es colaborar con los demás. Tiene más cerebros trabajando en el desafío. Con frecuencia felicite y de las gracias a aquellos que participan, tanto en privado como públicamente.

4. **La Claridad**.
   Roles bien definidos para las personas y departamentos, promueven la participación y eliminan la confusión. Establezca su estrategia internacional. Clarifique que las funciones, objetivos y estrategias se irán perfeccionando con el tiempo a medida que las habilidades globales de su empresa progresen.

El ejercicio constante de las cuatro Cs construirá un fuerte equipo en casa. Sin un equipo en casa, los departamentos y personas se convertirán en agentes "de prevención de negocios internacionales". No desea *que* eso ocurra.

## ¿Quiénes deberían estar en el equipo en casa?

El tamaño y el carácter del equipo en casa variarán en función de la madurez de la empresa y el nivel de operaciones internacionales. Quién está adentro y quién está afuera cambia con la necesidad de la empresa.

En todos los casos, un representante de finanzas debe estar en el equipo en casa. Usted estará enfrentándose con una nueva moneda, aranceles y el procesamiento de órdenes a medida que gana impulso.

Recursos humanos no estará en el equipo de casa hasta que tenga tracción y si/cuando decida

---

28 Origen desconocido. La cita es atribuida a muchos, incluyendo Ken Blanchard, autor de modern management; Douglas Englebart, inventor del mouse de ordenador; y Herodoto, historiador griego antiguo.

contratar a un empleado a tiempo completo en el país.

 Las empresas públicas siempre deben incluir relaciones con inversores y medios de comunicación en el equipo de casa.

Si esta es la **primera incursión** de su empresa fuera de los Estados Unidos, el equipo de casa debe incluir

- ingeniería
- gestión de producto y
- finanzas.

El objetivo principal es cumplir los hitos y objetivos. Si su compañía es una gran empresa pública, una exitosa operación de mediano tamaño, o un negocio en etapa temprana, necesitará asistencia de apoyo para el cumplimiento de los requisitos técnicos, la adaptación de productos y gestionar la nueva moneda. Agregue relaciones con inversores para el equipo de casa si su empresa se cotiza en la bolsa debido a que los cambios del negocio pueden afectar la perspectiva del inversor.

Las empresas que ya han tenido **algún éxito** fuera de los Estados Unidos tienen una experimentada línea de base y el equipo en casa debe incluir al equipo gerencial.

El objetivo es evaluar lo que ha funcionado y lo que no en las actuales operaciones internacionales a fin de que se tomen las decisiones correctas sobre un nuevo país o región para entrar. Independientemente del tamaño de la empresa, si usted ya ha incursionado con éxito fuera de los Estados Unidos, necesita considerar las opciones:

1. ¿Invertir en un nuevo mercado *y* seguir invirtiendo en los mercados existentes? Existe el riesgo de dispersar demasiado los recursos.

2. ¿Invertir en un nuevo mercado y retirarse de un mercado ya existente? Esto concentraría más recursos en el nuevo mercado. También hay consecuencias que deben considerarse en el actual mercado, soporte al cliente residual, el impacto en la reputación y la marca global.

¿*No* invierte en un nuevo mercado y añade a la inversión en el mercado actual? Si el mercado existente está obteniendo cierto éxito, quizás el éxito puede acelerarse con el compromiso e inversión adicional.

Las empresas con un **fuerte** éxito internacional **regional** ya han ideado una fórmula ganadora. El objetivo primordial es la velocidad y la magnitud de la expansión. ¿Desea continuar con la expansión o "hacerlo", expandiendo hacia nuevas regiones para una expansión internacional más amplia? Un mensaje claro y coherente acerca de la estrategia global es importante, tanto interna como externamente. Extendiendo la fórmula ganadora en una nueva región internacional requerirá apoyo funcional interdisciplinar de departamentos internacionalmente activos:

- marketing
- ventas
- apoyo al cliente

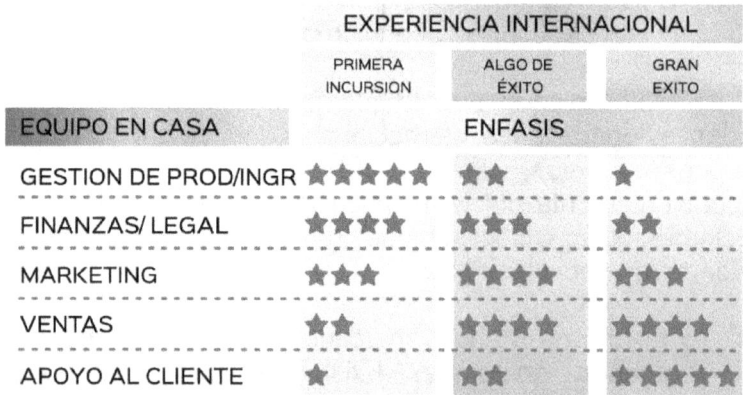

*Ilustración 19: El Equipo en casa varía con la experiencia*

**¿Debe el CEO estar en el equipo de casa?** En una etapa temprana o en una compañía start-up, la respuesta es *sí*, sin dudarlo. Las empresas jóvenes y pequeñas tienen recursos limitados y es importante que éstos sean utilizados de manera consciente. Las medianas empresas exitosas tienen un conjunto diferente de decisiones y el CEO (director ejecutivo) pueden o no estar en el equipo en casa dependiendo del tamaño de la empresa. La expansión de operaciones internacionales para una mediana empresa debe estar estratégicamente alineada con los objetivos de crecimiento de la empresa. En las grandes empresas públicas, el equipo en casa incluirá al liderazgo divisional, pero normalmente no al CEO. Las empresas públicas más grandes tienen autonomía divisional con estados de utilidades y pérdidas divisionales, por lo tanto operan en forma parecida a una empresa independiente.

**¿Deben los "agentes externos" estar en el equipo en casa?** Reclute a algunos miembros improbables del equipo: busque la pasión. Los negocios internacionales a menudo se inician en una feria comercial o con una llamada a la empresa. La persona que realiza esta primera conexión ve el potencial. Esa es la razón por la cual él o ella se la pasaron a usted en primer lugar. Incluso si esta persona no encaja en el perfil del equipo en casa perfecto, mantenga la conexión con él o a ella y entusiasta acerca de sus esfuerzos internacionales. El contacto original fue hecho por este miembro no-tan-perfecto del equipo en casa porque él o ella están en una función de cara al cliente. Ellos simplemente puede que traigan nuevas ideas y otros contactos internacionales que pueden ayudar a su causa.

## ¿En qué se beneficia el Equipo en Casa?

La gente va a querer estar en su equipo de casa por todo tipo de razones. Mire para comprender *sus* razones y motivaciones. Razones y motivaciones pueden ser una mezcla compleja de razones individuales, sociales u organizacionales. [29] Esa mezcla compleja puede ser impulsada a la acción por una igualmente complicada mezcla de deseos y necesidades. Si usted puede aprovechar el poder de *sus* razones y motivaciones, tendrá miembros del equipo comprometidos. Los miembros del equipo de casa prosperan en la comunicación de las cuatro Cs.

*"¡Esto suena divertido!"* es la señal de alguien que está individualmente motivado. A todos nos gusta hacer algo agradable. Cuando una persona obtiene satisfacción personal por hacer algo, él o ella van a poner esfuerzo extra e irá más allá. Él o ella puede incluso conseguir un viaje de negocios internacionales. Después de todo, un viaje al Cairo, suena mucho más interesante que un viaje a Cleveland. La otra cara de la moneda es que las personas eviten las cosas que no disfrutan, eventualmente retirándose.

**Cuidado con** *los buscadores de placer que sólo piensan que esto parece divertido, pero no tienen una intención real de contribuir.*

*"¡Yo puedo ayudar con eso!"* es otro indicio de motivación individual. Se trata de alguien que quiere participar debido a su capacidad para compartir o adquirir conocimientos, destrezas o habilidades. Se trata de alguien capaz, capaz de desempeñarse bien en una situación dada, motivado por el rendimiento. La motivación interna puede provenir de la capacidad para utilizar las habilidades de lenguaje y revitalizar pasadas habilidades o agregar otras nuevas. Las personas que participan motivadas por el rendimiento puede que se retiren si las cosas se ponen demasiado difíciles, si piensan que no pueden hacer el trabajo, o si no entienden sus roles. Para volver a los cuatro Cs, estos miembros del equipo prosperan en el consenso y la colaboración. Acepte a quienes quieren ayudar a resolver los problemas y satisfacer las necesidades de los clientes.

**Cuidado con** *los grandes egos y la arrogancia, personas que no han evaluado adecuadamente sus habilidades.*

---

[29] Inspirado por "Why People Do What they Do? de The Technologies Performance Group Pty Ltd. (T/UNA PTG Global).

"*¡Esto parece bueno!*" es algo que una persona socialmente u organizativamente motivada podría decir. Puede haber cualquier número de razones por las que alguien está socialmente u organizativamente motivado, desde el reconocimiento, a la presión de los pares, a las normas sociales. Para estas personas, el beneficio podría ser la construcción de su hoja de vida o curriculum vitae, ser reconocido entre sus pares, sobresalir, o posiblemente ser ascendido. Si piensan que esto "se verá mal" o no ven el valor relativo en comparación con otros, pueden correr gritando en la otra dirección. Si piensan que su contribución no será reconocida, también pueden optar por no jugar. En las cuatro Cs, el consenso es importante para ellos.

**Cuidado con** *los codiciosos y los egotistas que están buscando ser importantes a costa de otros.*

"*¡Me encanta estar en un gran equipo!*" es otra señal de una persona socialmente u organizativamente motivada. A la gente le gusta trabajar con gente en quien confían, respetan y disfrutar de su compañía. A la gente le gusta trabajar en una causa que tiene mayor impacto y es "más grande que ellos mismos. "Con el trabajo en equipo como principal motivador, ven la reputación, reconocimiento y contribución como beneficios adicionales. La especial condición de ser un pionero para los mercados internacionales y un miembro de su equipo de élite será un impulsor para ellos. Si piensan que no es un equipo o que no habrá suficiente apoyo organizativo para la causa, puede que no apliquen plenamente el esfuerzo, o pueden participar en un primer momento, pero luego retirarse. De las cuatro Cs, la colaboración es fundamental para estos jugadores de equipo.

**Cuidado con** *las personas que están cansadas de lo que están haciendo y buscando subirse a la ola a costa de otros.*

Para cada miembro del equipo en casa, hay una combinación compleja de "grandes razones" por las que quieren participar. Para algunos es el deseo de contribuir activamente al crecimiento, expansión y aceleración de la empresa, encuentre esas personas y colóquelos en el equipo. Para otros, el "gran porqué" que los impulsa es la satisfacción que acompaña a la aceptación de sus productos y servicios mundialmente, encuéntrelos y selecciónelos para unirse al equipo. ¡Hay más apoyo que encontrar en casa de lo que inicialmente se pueda creer!

## Cuidado con el Señor Saboteador

La influencia puede ser positiva, trabajando en su favor y acelerando los esfuerzos para avanzar en los mercados internacionales. O la influencia interna puede ser igualmente negativa, trabajando contra usted, retardando el progreso, o deteniéndolo del todo. La influencia[30] viene en todas las formas de tamaños y formas, puede aparecer en todos los niveles de la organización, y no es ni hombre ni mujer.

Las influencias positivas son recomendadores y ayudantes; que cuidan su espalda, prestan asistencia y hacen las cosas. Los influenciadores positivos ofrecen información importante, descubren nuevas oportunidades y ayudan a evitar los obstáculos. Ellos quieren que usted tenga éxito. Un buen negocio es recíproco y su éxito es el de ellos, ya sea directa o indirectamente.

Las influencias negativas pueden comenzar como neutrales o de no apoyo pero luego se convierten en detractores, guardianes y prohibidores, e incluso enemigos de sus esfuerzos internacionales. Este tipo de persona es el *Señor Saboteador*. Él no es alguien que usted desea que se una a su equipo cuando ha trabajado largas horas para expandir su empresa a nuevos mercados internacionales. Sí, a pesar de su nombre, el *Señor Saboteador* no es francés o de habla francesa, como nuestro pegajoso nombre podría sugerir, él a menudo es una ella.

La gente maravillosa y grandes empresas necesitan rodearse de influencias positivas y de apoyo para lograr grandes cosas. Como hemos dicho antes, los arquitectos necesitan

---

[30] El concepto de personas influyentes y sus características fue inspirado por Target Account Selling.

constructores, contratistas y propietarios de edificios. Los atletas necesitan entrenadores, competidores y un equipo. Los científicos necesitan laboratorios, revistas científicas, colegas colaboradores y la comunidad científica. Los músicos necesitan medios de música, instrumentos que los acompañen y los oyentes. Los autores necesitan redactores, editores y lectores. Cada uno se beneficia de la comunicación, el consenso y la colaboración, influenciándose mutuamente para lograr grandes cosas.

Rodéese de influenciadores positivos. Es totalmente gratificante y divertido.

No use anteojeras de optimismo. Esté preparado. El *Señor Saboteador* aguarda su llegada internacional. Garantizado, él (o ella) no es quien usted piensa. El *Señor Saboteador* camina por los pasillos de su empresa; él (o ella) no serán inmediatamente obvios y no estarán en la cima de la jerarquía de la organización.

| Influencia | Características |
|---|---|
| Influencia Positiva | + Trabaja con usted. Dispuesto a invertir tiempo y esfuerzo<br>+ Piensa que esto es importante (para ellos individualmente, la compañía, o la industria.<br>+ Proporciona información y ayuda<br>+ Desea que esto funcione |
| Actor Neutral | o Dispuesto a invertir tiempo en aprender acerca de lo que usted está haciendo.<br>o Indeciso, no muestra preferencia o es ambivalente<br>o No puede ver el valor<br>o Estaría de acuerdo en que "podría" funcional |
| Monsieur Saboteur Influencia Negativa | − No trabajará con usted ni compartirá información<br>− Cree que este cambio puede ser perjudicial (para ellos individualmente, o para la compañía<br>− Trabajará en su contra o en el mejor de los casos, no hará nada<br>− Puede o no ser abierto en cuanto a su posición |

*Ilustración 20: Influencia positiva, neutral y negativa*

 La mayor **barrera**, interferencias, o incapacidad para globalizar provienen del interior de su propia organización. Algunas "interferencias" pueden ser bien intencionadas, mientras que otras son francamente destrucción premeditada. Tenga cuidado, esté alerta frente al *Señor Saboteador*.

El *Señor Saboteador* lo llamará. Garantizado.
El *Señor Saboteador* puede adoptar muchas formas diferentes.

*Las expectativas poco realistas* del Sr. Expectativas es una forma de sabotaje. Las expectativas poco realistas pueden matar los esfuerzos de ventas internacionales antes de que tengan una oportunidad para mostrar progreso. Una parte importante de su éxito dependerá de fijar metas realistas y expectativas de progreso. Desarrollar las ventas en un nuevo país tomará más tiempo del que nadie espera. Aumentar el volumen de ventas también tomará más tiempo de lo esperado. Establezca expectativas razonables. En las cuatro Cs, céntrese en la comunicación: "ofrezca menos y entregue más".[31]

*La falta de claridad* de la Sra. Difusa puede ser otro tipo de sabotaje. La falta de claridad en definir y comunicar la estrategia internacional puede llevar a la Sra. Difusa a bloquear su ruta en cualquier cantidad de departamentos desde ingeniería hasta el procesamiento de órdenes. Comunique su estrategia, objetivos y planes. No necesita ser en gran detalle, pero haga saber a la Sra. Difusa que la expansión internacional es una promesa del futuro. Con claridad, ella trabajará con usted, no contra usted.

*Su expansión internacional puede ser cancelada por la gestión.* "Siempre hemos sido exitosos haciéndolo de esta manera; ¿por qué cambiar?" de parte de la Sra. Convencional es otra forma de sabotaje. La comunicación deficiente y un mal proceso de gestión pueden a afianzar su resistencia a las oportunidades globales que usted defiende. Dedique tiempo a entender los riesgos percibidos, desde su punto de vista. Puede haber algunos

---

[31] Thomas J. Peters y Robert H. Waterman Jr., *In Search of Excellence* (Harper Business Essentials, 2006).

componentes importantes que no haya considerado y que puede abordar. Lo más probable, hay importantes medidas de reducción de riesgos que ha adoptado, de las que la Sra. Convencional no está consciente. Según corresponda, cree consensos haciéndola participar de reuniones selectivas, colaborar en algunas decisiones, y obtenga su aceptación.

*La renuencia* del Sr. Sospechoso a implicar o confiar en socios externos, como su guía de montaña, puede retardar o detener el proceso internacional. Esta falta de confianza viene típicamente de una de dos áreas: el Sr. Sospechoso puede no creer que sus socios internacionales son suficientemente competentes para hacer el trabajo, o creer que sus intenciones no son honorables. Usted puede ayudar al Sr. Sospechoso a apoyar sus esfuerzos internacionales, ofreciendo una prueba de la capacidad del guía de montaña de esfuerzos exitosos en el pasado. Considere colaborar con el Sr. Sospechoso los requerimientos de habilidades y objetivos de trabajo para el guía de montaña. Logre acuerdo sobre los objetivos, comunique acciones y comparta los resultados para ayudar a calmar sus preocupaciones.

Haga su mejor esfuerzo para entender por qué cada individuo descrito anteriormente está en esta posición negativa. Hombres y mujeres pueden igualmente representar cualquiera de estas perspectivas negativas. Comprender qué influye en su posición le ayudará a minimizar, neutralizar o eliminar el impacto. Relea la sección "¿En qué se benéfica el equipo en casa?" para sacar algunas ideas. Las cuatro Cs (comunicación, consenso, colaboración y claridad) proporcionan sencillos métodos para reducir el impacto de del *Señor Saboteador* o eliminar su presencia del todo.

Sea realista. Lo somos; de eso se trata *Globalizate*. Habrá momentos en que será frustrante, difícil y desalentador. Lo bueno y lo malo, las ventajas y los inconvenientes y el enfoque y las distracciones todo vale la pena al final, todo esto beneficiará el resultado perfeccionado de Construido para *Globalizate* que vendrá.

# Confianza Creada en el País

## Un País, Muchas Culturas

Especialmente la primera vez, expandir una empresa en el mercado mundial está plagado de una serie de desafíos. Un desafío importante es el establecimiento de la confianza con los socios locales, intermediarios, clientes y agencias de gobierno. Historias de proyectos difíciles son habituales, pero también lo son los relatos de los impresionantes logros que han resultado de un enfoque bien informado de entrada al mercado extranjero y la perseverancia.

Usted está llevando sus productos y servicios a *su* país. Lo que sigue es una atractiva narración de un proyecto que ilustra la importancia de la comprensión transcultural de valores y principios, un paso crítico hacia el establecimiento de la confianza entre todas las partes. Sin esa comprensión intercultural, la confianza es casi imposible de lograr.

### *Una historia tomando café con Daniel Turner*

*Daniel Turner fue contratado para representar a una compañía de TI americana durante la ejecución de un proyecto de infraestructura nacional en Kuwait. El ambicioso objetivo del proyecto era simultáneamente modernizar e integrar la gestión de las telecomunicaciones, el gas, la electricidad, el agua, el alcantarillado, y los derechos de propiedad en todo el país. Este era un proyecto que estaría valorado en más de $100 millones de dólares en moneda de hoy.*

*El gobierno kuwaití quería y podía darse el lujo de adquirir, los mejores de los mejores en productos y servicios de TI de todo el mundo, incluidos*

- *precisión alemana en la especificación,*

- *la meticulosa gestión de proyectos japonesa y*
- *la innovadora tecnología norteamericana.*

*El proyecto era multinacional desde el principio. Los kuwaitíes encargaron a una empresa consultora alemana para escribir las especificaciones del proyecto. Las especificaciones del proyecto se distribuyeron por todo el mundo para la presentación de ofertas por parte de las multinacionales de América del Norte, Europa y Asia. Una gran compañía japonesa fue seleccionada para ser el contratista principal y previsiblemente su oferta incluía el suministro de tecnologías japonesas. Sin embargo, el Gobierno kuwaití estipuló que sólo aceptaría la oferta de tecnología computarizada suministrada desde una determinada empresa estadounidense.*

*Es razonablemente exacto decir que la cultura tribal de Kuwait respeta el poder fundado en un apretado círculo interno de confianza. La confianza kuwaití raramente se extiende más allá de ese grupo estrechamente conectado a menos que exista una genuina admiración probada en el tiempo, de respeto y empatía por un extraño.*

*Por otro lado, la administración japonesa es altamente colaborativa, solicitando la participación de muchas personas. Los japoneses amplían y construyen una relación de confianza con el tiempo, a través de relaciones basadas en la experiencia y lealtades "keiretsu".*

*El estilo de gestión norteamericana (al menos en la superficie) ofrece confianza relativamente rápido a socios y colaboradores, hasta el momento en que dicha confianza se daña o pierde. El enfoque norteamericano permite una rápida toma de decisiones, pero a un nivel de riesgo mucho mayor que el aceptable para las culturas empresariales kuwaitíes o japonesas.*

*Además de la participación de los ingenieros alemanes, el contratista japonés y el proveedor de tecnología estadounidense, se contrató una empresa polaca para realizar la cartografía (mapeo), una fuerza laboral india para la gerencia media y recopilación de datos y un grupo palestino fue el responsable de la entrada de datos. Y, por supuesto, los nacionales kuwaitíes que proporcionaron la gestión global del proyecto en nombre de su gobierno. Este proyecto de infraestructura nacional se había convertido verdaderamente en multinacional, ejecutado con la ayuda de organizaciones de siete culturas muy diferentes.*

*Los riesgos en las etapas iniciales del proyecto fueron percibidos como manejables por todas las partes; las relaciones políticas entre Kuwait y los Estados Unidos eran buenas, el inglés es el idioma aceptado para realizar negocios, y Kuwait valoraba los productos y servicios relacionados con tecnología estadounidense.*

*Daniel era el gerente de proyecto y consultor de sistemas para el proveedor estadounidense de tecnologías. Se sentía cómodo y seguro con el equipo multicultural. Debido a que la tecnología de la compañía era un gran componente del proyecto en conjunto, Daniel decidió (con insistencia del cliente final) trasladarse a Kuwait para lo que iba a ser un compromiso de cinco años. Todas las piezas principales parecían estar en su lugar.*

*En Kuwait, el camino adelante rápidamente se vio envuelto en malentendidos y conflictos transculturales. Existía falta de confianza entre las diferentes organizaciones involucradas en el proyecto.*

*Para que el proyecto fuera un éxito en todos los lados, se tenía que construir confianza entre el Gobierno kuwaití, el contratista japonés y la compañía de Daniel. La variación en los estilos gerenciales entre estas culturas tan diferentes fue impresionante, especialmente dado el progreso mundial hacia una economía global ampliamente integrada.*

*Las dificultades del proyecto en curso y la falta de comprensión de la cultura parecían abrumadoras. En un punto, amenazó con destruir todo el proyecto. A mitad de camino en el proyecto, surgió la cuestión de las sanciones financieras, ya que las demoras de entrega eran significativas. Este incidente coincidió con lo que probablemente fue el punto más bajo de todo el proyecto. Millones de dólares en curso de pagos adeudados al contratista japonés de repente fueron bloqueados por el gobierno kuwaití basado en criterios contractuales acordados antes del inicio del proyecto. En respuesta, el contratista japonés hizo volar a una delegación de altos ejecutivos la mitad del mundo a Kuwait para abordar la cuestión de las sanciones financieras.*

*Se estableció la fecha, hora y ubicación para la reunión. Como es costumbre (y obligación) de Japón, los ejecutivos japoneses llegaron a tiempo.*

*La gerencia de Kuwait, como suele ser habitual, llegó tarde. A medida que el reloj marcaba la hora, existía inquietud entre los ejecutivos japoneses que los* funcionarios del gobierno kuwaití podrían no aparecer en absoluto, provocando un crítico aumento de la tensión para los representantes japoneses (ninguno de los cuales tenía experiencia anterior en terreno en el Oriente Medio).

Finalmente, llegó un alto gerente kuwaití y exigió una explicación de por qué la delegación japonesa estaba ahora en Kuwait. Esta fue su manera de iniciar una negociación, encaminada a fortalecer su posición de partida. Los japoneses interpretaron su comportamiento y comentarios seriamente de diferente manera.

Curiosamente, hay mitos y leyendas que se conocen dentro de la cultura árabe y japonesa que hubieran ayudado a cada lado a comprender y aliviar la situación. Pero, en el calor del momento, literal y figurativamente en el verano kuwaití, cuando las temperaturas suben por encima de 100° Fahrenheit y con millones de dólares en juego (sin mencionar carreras), las enseñanzas de venerables alegorías a menudo se pasan por alto.

A petición del gobierno de Kuwait, Daniel Turner cambió a una función más decisiva. Se le pidió ayudar a resolver los problemas derivados de las relaciones disfuncionales entre los kuwaitíes, los japoneses y los norteamericanos. El contratista japonés tenía más que perder si las cosas empeoraban y más que ganar si el proyecto finalmente tenía éxito. La solicitud del gobierno kuwaití se basó en la creencia de que Daniel estaba mejor posicionado para trabajar con todas las partes.

Daniel fue "reasignado" para trabajar con y para el contratista japonés, en lugar de la compañía *estadounidense de tecnología porque tenía la confianza de todas las partes.*

*Resolver la situación era difícil. Daniel trabajó discretamente, nunca "imponiendo" una solución, si no que lentamente construyendo la comprensión intercultural y el comienzo de la confianza interinstitucional. Animó a cada cultura a ser receptivos de las otras, mientras utilizaba la diplomacia para alinear constructivamente a los diferentes actores. Gran parte del éxito de Daniel provino de invitar a las partes a comprender las ventajas de hacer que el proyecto "funcionara", en lugar de permanecer centrado en los problemas que habían plagado el proyecto en sus primeras etapas y culpar.*

*Al final, el proyecto fue un éxito. Las sanciones pecuniarias se levantaron, y los cinco años del proyecto se completaron dentro del presupuesto, dentro del ámbito, y sólo seis meses después de plazo, que todos los participantes consideraron tan bueno como a tiempo.*

*Daniel Turner ha continuado alcanzando éxito internacional a lo largo de una carrera que le ha llevado a prácticamente todos los rincones del mundo en un lapso de treinta años. Él es especialista en desarrollo de negocios internacionales que ayuda a empresas de todos los tamaños a abrir nuevos mercados, resolver problemas transculturales, y alcanzar las metas mundiales. Verifique Turner Global[32] para más información.*

---

[32] Turner Global se puede encontrar en www.danielturner.global (Global Business Development) y en www.danielturner.pro (International Proposals and Presentations).

> La confianza es un activo que es mucho más fácil perder que ganar. La confianza es muy importante en la mayoría (sino en todas) las relaciones comerciales mundiales. Pero la confianza no puede ocurrir sin la comprensión transcultural que va mucho más allá de simplemente saber cómo estrechar la mano o presentar una tarjeta de negocios.
>
> El desenlace del proyecto kuwaití, como lo describe Daniel, es que poco después de la finalización del proyecto, Iraq invadió Kuwait. Todos los recursos del proyecto fueron incautados por los soldados iraquíes y transportados en camiones militares abiertos a lo largo de los baches y carreteras de arena entre la ciudad de Kuwait y Bagdad, en un viaje de más de 350 millas. Las grandes unidades de disco, paquetes de datos, estaciones de trabajo gráfico de tecnología de punta y una variedad de computadores VAX (anteriormente ubicados en un impecable ambiente con temperatura controlada) llegaron como nada más que basura, para gran alivio de las partes norteamericanas interesadas.

El éxito de su negocio es todo acerca de la captación de clientes. Los primeros innovadores y clientes adoptadores precoces validan su modelo de negocio, proporcionan referencias, e inician las ventas en el país. El siguiente puñado de adoptadores precoces y mayoría de clientes generan impulso y proporcionan la tracción que necesita. Más allá usted estará buscando registrar su participación de mercado en el país.

Al llevar una empresa a mercados internacionales, el fracaso a menudo ocurre como resultado de un entusiasmo descontrolado y avanzar demasiado rápido. La emoción de la captura de los primeros innovadores y pioneros en un país lleva a iniciar las ventas en países adyacentes antes de establecer firmemente el mercado primario. Si la expansión se hace antes de "cruzar el abismo", el resultado es a menudo el fracaso.

El proceso sigue aproximadamente el ciclo de vida de adopción de tecnología que Geoffrey Moore describe en su libro *Crossing The Chasm*.[33] Aunque es difícil de encontrar y atraer a los primeros innovadores y pioneros, el paso es verdaderamente difícil es capturar a la primera mayoría. Este es el abismo donde muchas empresas fracasan, incapaces de capturar ese siguiente, importante puñado de clientes para generar impulso. Moore se centra más en desarrollos tecnológicos disruptivos o discontinuos, pero el mensaje subyacente es el mismo: centrarse en un grupo a la vez. Comenzar con los innovadores, luego los adoptadores precoces, la mayoría inicial, la mayoría tardía, y finalmente a los rezagados.

El puente de confianza debe construirse entre los clientes iniciales y la expansión del mercado.

## ¿Cómo se Benefician los Clientes?

Los clientes, ya sean particulares o empresas, son personas. Las empresas son sólo un conjunto de personas con un objetivo empresarial común. La gente hace cosas por todo tipo de razones.

Si usted no sabe qué quieren, necesitan, o valoran los clientes potenciales, no está en condiciones de vender algo. Como hemos explicado en el capítulo 2, "Agregar Valor", si usted entiende la brecha de valor y lo que realmente hay detrás de los Cuatro Porqués, puede crear un impulso y captar participación de mercado rápidamente. Sin el conocimiento de valor en el país y "por qué", es probable que esté lanzando atributos y características del producto cuando los clientes realmente quieren comprender el impacto y los resultados.

---

[33] Moore, *Crossing the Chasm*.

La motivación del comprador puede llegar a ser bastante complicada. Hay una gran cantidad de líderes de pensamiento sobre lo que motiva a los compradores, en clásicos de ventas tales como *Strategic Selling* [34] y en más actuales, como *Selling for Dummies* [35] y otros *SPIN*[36] entre ellos. Las razones y motivación del comprador son una mezcla compleja de estímulo personal y organizacional. Lo que sigue son los seis más comunes.

*"Esto puede solucionar mi problema"* es un comentario que indica que el cliente ha identificado un problema y ha determinado que su oferta se ocupará de él (llenar el vacío). Esto nos trae a la mente un clásico ejemplo de consumidor: "Tengo el dolor de cabeza y usted tiene la aspirina". Los clientes pueden ya saber que tienen un problema o pueden estar desorientados y tendrá que educarlos. La educación lleva tiempo y por tanto, considere eso en sus estimaciones de plan de marketing y tiempo de ciclo de ventas.

*"Hay una olla de oro al final del arco iris"* es un indicador de un cliente motivado por el deseo de retorno o deseo extremo. El cliente percibe que la comprar sus cosas producirá un resultado de alto nivel (esto podría ser la riqueza, el poder, el prestigio social, imagen, u otra cosa). En una venta B2B, este podría ser el deseo de generar ingresos o utilidades a la empresa. Muchas herramientas de productividad empresarial y personal pueden ser adquiridas con este motivador, también los productos de salud y bienestar.

*"Si no actuamos ahora, vamos a estar en problemas"*. El miedo vende. El miedo vende de todo, desde productos de limpieza y agua embotellada a la seguridad cibernética. Las posibles consecuencias negativas es lo que motiva a estos clientes. Hay una tremenda cantidad de publicidad invertida en protegernos de amenazas reales o

---

[34] Robert B. Miller y Stephen E. Heiman, *Strategic Selling* (Warner Books, 2011).
[35] Tom Hopkins, *Selling for Dummies* (John Wiley & Sons, 2015).
[36] Neil Rackham, *SPIN Selling: Situation, Problem, Implication and Need-Payoff* (McGraw-Hill Book Company, 1988).

imaginadas. A veces, es el miedo de perder esa " oportunidad de una vez en la vida". Para ventas B2B podría ser el temor de que la competencia llegue primero. Para productos para el consumidor es preocupación, incertidumbre y dudas acerca de todo, desde la limpieza a la seguridad a la longevidad.

*"Eso es lo máximo"* es una señal de que la persona encuentra en el placer un motivador clave. En los productos y servicios del consumidor para "sentirse bien", es fácil ver cómo atraen los viajes de vacaciones, decoración del hogar y pasatiempos. Cuando Apple presentó el primer iPhone, no fue un mejor celular que el Nokia número uno, pero la interfaz y la experiencia de usuario eran excepcionales. Encantó a los clientes porque era ¡lo máximo! En cinco años, Apple era número uno y Nokia había salido del radar.[37] En cualquier industria o cualquier economía, artículos de lujo pueden ser posicionados con esta motivación.

*"Esto se ve realmente bueno"* es un signo de que la imagen o la vanidad puede impulsar la decisión de compra. Esto es lo que impulsa a todo, desde la imagen de la marca a la belleza y a la sostenibilidad. Estos clientes son atraídos por afinidad y el deseo de estar conectado con algo que ofrece una imagen positiva; el iPhone de Apple ha capitalizado este deseo. En B2B, esta motivación puede impulsar las compras de energía solar, tratamiento de aguas servidas y proyectos "verdes". En bienes de consumo puede ser algo tan simple como que la gente se sienta y vea bien. ¡Es lo que alimenta a la industria cosmética de más de 65 mil millones de dólares![38]

*"Todo el mundo lo está haciendo; nosotros también"* es una frase que identifica a las clásicas compras de siga al líder. Cuando la tendencia es tu amiga, las cosas pueden

---

[37] Henry Blodget, "Y ahora Nokia tiene un nuevo problema: Podría ir a la quiebra", *Business Insider*, 19 de abril de 2012, http://www.businessinsider.com/nokia-bankrupt-2012-4.
[38] Statista: El portal de estadísticas, www.statista.com.

trabajar en su favor tanto para B2B y los productos de consumo. Hemos hablado de la importancia de coger una ola en el capítulo 2, en "¿Es la Tendencia Su Amiga?" Los medios de comunicación, personalidades de alto perfil, analistas de la industria y medios sociales impulsan el comportamiento de siga al líder.

Por qué compran los clientes es una compleja mezcla de motivos y motivadores. Mientras mejor pueda comprender la motivación del cliente potencial para comprar, más eficazmente podrá penetrar el nuevo mercado.

## Demuestre Su valor

**Acelerador** de éxito: "prometa menos y entregue más" es el mejor consejo para el fomento de la confianza y lograr un alto nivel de satisfacción del cliente. No existe mejor manera de construir una relación de confianza con los clientes que *demostrar* el valor de sus productos o servicios extendiendo una oferta de prueba de concepto.

Los acuerdos de cliente para prueba de concepto (PoC) tienen cuatro grandes variaciones: garantía de devolución de dinero, compra contingente, piloto y prueba.

- *Garantía de devolución de dinero:* el cliente paga por el producto y los servicios en el momento de la compra y se da una ventana de tiempo para devolver los productos para un reembolso completo si no está satisfecho. La razón de la devolución puede ser subjetiva ("si no queda totalmente satisfecho") u objetiva (como el incumplimiento). Esta PoC es el mejor enfoque para los productos de bajo costo y de bienes de consumo.

- *Compra contingente: compra* condicionada a la adquisición de productos y servicios basada en el logro de criterios de éxito mutuamente aceptables. Normalmente, no hay dinero pagado por adelantado, pero el acuerdo de compra ha sido ejecutado y su empresa generará una factura en una fecha específica o cuando se alcancen ciertos puntos de referencia.

- *Piloto: el* cliente se compromete a pagar una parte de la instalación por adelantado con el resto del pago pagadero a la finalización exitosa de la PoC piloto. En efecto, este es un enfoque de proceso de pago con fechas concretas o puntos de referencia establecidos para desencadenar el pago. Hay una clara expectativa de éxito de parte del cliente. Los pilotos son una gran prueba de concepto (PoC) para sus clientes en EE.UU. que buscan usar sus productos y servicios en un nuevo país.

- *Prueba o Freemium:* El cliente recibe la PoC sin costo alguno con ninguna obligación de compra. Esto requiere un segundo proceso de venta para convertir la prueba o freemium en una venta, que extiende el tiempo de cierre. Si las fechas y los criterios de éxito han sido establecidos de antemano, reducirá el tiempo de cierre. Si las funciones importantes no están en el freemium, favorece una más rápida conversión. Nuestra experiencia es que las pruebas se extienden más allá de sus fechas originales y toman mucho esfuerzo adicional para cerrar. Las tasas de conversión Freemium a premium varían según la industria y pueden ser inferiores a lo esperado, ya que los clientes suelen elegir retirarse o "arreglárselas" con la versión freemium.

Robert y Janet prefieren tanto los acuerdos de compra pilotos y contingentes, porque todos los detalles para un exitoso cierre están completos antes de que comience la prueba de concepto (PoC).

Las ofertas freemium puede ser exitosas para software, aplicaciones y otros productos o servicios de dicha escala.

Garantías de devolución de dinero funcionan bien en los mercados de consumo o productos de bajo costo pero son menos deseables en B2B o ventas de artículos de alto costo.

Las pruebas son las menos preferidas por Robert y Janet, porque una prueba requiere de dos ciclos de ventas completos, lo cual retrasa el proceso tremendamente; el primer cierre es para la PoC y el segundo es para cerrar la compra final.

Sea cual sea la opción que elija, conviértala en un gana-gana-gana para el cliente, su empresa y el guía de montaña.

No importa cómo se acerque a una prueba de concepto (PoC), si es posible, trate de tener cubiertos el tiempo y gastos de su empresa. **El objetivo de una prueba de concepto (PoC) no es ganar dinero sino generar confianza, validando su propuesta de valor, y la construcción de una base de referencia del cliente.** Trate de cubrir los costos básicos, en todo o en parte, y no perder su camisa en el proceso.

El proceso PoC tiene cuatro tareas principales:

1) Establecer metas y objetivos.
2) Prepararse para el contacto con el cliente.
3) Ir a vender algo.
4) Supervisar la entrega de la PoC para el éxito.

Sus primeros clientes prueba de concepto son adoptadores precoces, dispuestos a asumir un riesgo en su oferta, que no se ha probado en el país. Véase el apéndice 5, "Tareas para una POC Exitosa" para más detalles.

*Stephanie trabaja para Alex en TolpaTek y tiene su sede en Filadelfia. Stephanie y su equipo se especializan en un conjunto de productos único de TolpaTek con un típico ciclo de ventas de treinta días en EE.UU. Al abrir el mercado en*

*España, Stephanie y su equipo descubrieron que demoraba significativamente más en prospectar, calificar y cerrar PoC de clientes en España. De hecho, para vender la PoC tardó tres meses, tres veces más que la venta de una prueba de concepto (PoC) en los Estados Unidos. Gracias a Dios que el guía de montaña, Javier, ya se encontraba en el lugar, o probablemente habría tardado más tiempo.*

*Stephanie realizó cinco viajes a España para vender la PoC durante ese período de tres meses, uno con Alex y dos con un ingeniero de ventas (SE). Stephanie decidió también establecer capacidades de demostración en el país, lo que requería cierta personalización y podría servir como imágenes de respaldo para las PoCs. El desembolso inicial fue mayor de lo habitual, en parte debido a la cantidad de billetes de avión, pero Stephanie sabía que era una buena inversión para empezar en España con buen pie.*

*¡Huy! Olvidé mencionar que Stephanie también volvió locos a finanzas y administración de orden (OA) con nuevos acuerdos y una nueva moneda, el euro. Una vez que se suscribió el primer acuerdo de PoC, Stephanie puso al equipo en casa en acción. Buenas noticias: resultó que exportar no fue difícil. En los Estados Unidos, prepararse para una PoC sólo tomó alrededor de una semana, pero en España se tardó casi treinta días.*

*El tiempo de ejecución original de la PoC se había acordado en un piloto de treinta días, pero Stephanie tuvo que prorrogarlo dos veces. Hubo una variedad de razones para las prórrogas: problemas técnicos, vacaciones locales y otros elementos que eran buenos para las relaciones con los clientes. ¡Así, treinta días se convirtieron en tres meses!*

*¡Lo que normalmente sería una inversión de prueba de concepto (PoC) de sesenta a noventa días en el mercado estadounidense, demoró un total de ocho meses el lanzamiento de operaciones en España!*

*Stephanie tuvo que explicar esto a Alex y al CEO, y el primer año las proyecciones de ventas para España se tuvieron que revisar a la baja. Afortunadamente, todo el mundo entendió que esto era parte de la experiencia de aprendizaje. Usted puede aprender de la experiencia de Stephanie.*

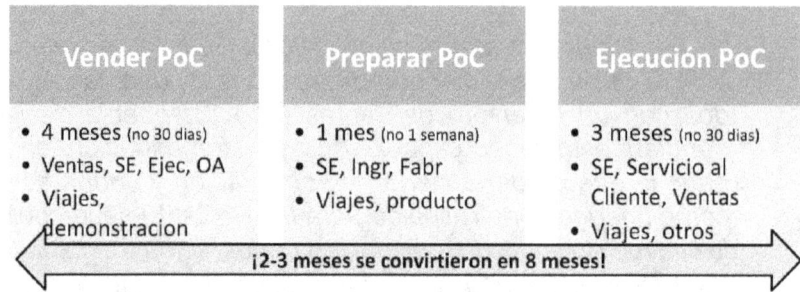

*Ilustración 21: Espere prórrogas a la prueba de concepto*

Tardará más de lo que espera. Establezca expectativas razonables, bajas a moderadas, de manera que no pierda los objetivos y tenga que posteriormente "dar explicaciones" a su jefe. En la **apertura de un nuevo país, espere que el ciclo de ventas inicial sea de dos a cuatro veces más largo que el ciclo de ventas normal y a veces más.** Tom Peters, coautor de *En busca de la excelencia*, tiene razón: prometa menos y entregue más. La buena noticia para Stephanie fue que la PDC fue un éxito, por lo que proporcionó una gran plataforma de lanzamiento en España, Portugal y más tarde en otros países europeos.

Los primeros clientes de la prueba de concepto son de un valor incalculable para su empresa. Las PoCs evalúan y validan una amplia variedad de cosas importantes para su éxito continuado en el país. Las PoCs verifican una variedad de asuntos clave y contestan preguntas vitales:

✓ ¿Son necesarios cambios de diseño para su funcionamiento?

- ✓ ¿Qué es importante para vender el producto/servicio en el país?
- ✓ ¿Qué es importante para los compradores?
- ✓ ¿Podemos establecer credibilidad de mercado en el país?
- ✓ ¿Entiende las necesidades del mercado?
- ✓ ¿Ha identificado una estrategia de inversión de bajo riesgo para este mercado?

Ser un cliente prueba de concepto es valioso para el cliente:

- ✓ Resuelve un problema que previamente fue irresoluble.
- ✓ Les da una ventaja en el mercado.
- ✓ Proporciona un beneficio económico para el cliente o su negocio.
- ✓ Puede mejorar el flujo de trabajo.
- ✓ Ayuda a aprovechar las capacidades globales que antes no estaban disponibles.
- ✓ Proporciona mejoras de bajo riesgo a las operaciones personales o de negocio.

## Hágase Notar

Al entrar en un nuevo país, desarrolle una estrategia que lo introduzca al mercado. Usted necesita ser percibido y reconocido y crear conciencia. Los clientes quieren saber que la oferta de su empresa es ahora una opción en el país.

Utilice la ayuda de su guía de montaña y su departamento de marketing. No tenga miedo de pedir ayuda. Marketing es experto en la creación de campañas de marketing. Su guía de montaña comprende las características distintivas. Sea claro acerca de lo que desea lograr.

El primer plan para "hacerse notar" debe ser extremadamente focalizado, requerir sólo un pequeño presupuesto, integrar actividades cara a cara, ser práctico, y hablar por sí solo, sin usted.

 **Acelere** el éxito de "hacerse notar" comenzando con el fin en mente. El objetivo de "hacerse notar" es encontrar clientes para la prueba de concepto con los que usted y el guía de montaña pueden cerrar. Los primeros clientes son innovadores y pioneros. Enfoque con precisión sus mensajes de marketing para atraer a los clientes dispuestos a colaborar con usted en el país para demostrar el valor local y ser primeros actores.

Tome sorbos; no trague. Mantenga su presupuesto reducido. Usted está tratando de hacerse notar por un reducido número de adoptadores precoces. No se trata de un exhaustivo plan de marketing integrado, que vendrá después, cuando el mercado en el país haya sido validado.

Integre el plan "hacerse notar" con reuniones cara-a-cara. Las personas y las empresas en los Estados Unidos están dispuestas a comprar a personas que no conocen, pero **el resto del mundo funciona F2F** (cara a cara). La gente con las que va a trabajar desea conocerle personalmente, fomentar la confianza mutua y conectarse con su compromiso personal. Su guía de montaña puede ayudarle a orientar la construcción de un exitoso plan "hacerse notar" cara a cara.

*Ilustración 22: Hágase notar*

Las reuniones cara a cara con sus futuros clientes son primera prioridad, ya sea uno-a-uno o uno-a-muchos. Las demostraciones privadas para un público exclusivo suelen dar buenos resultados, si pueden conseguir suficiente gente en la habitación. La audiencia puede ser menor, pero toda su atención estará en su empresa y sus ofertas. Pida a los miembros de la prensa, observadores de la industria, o los especialistas en medios de comunicación que asistan; ¡nada mejor que un poco de cobertura de prensa libre! Muy a menudo, la embajada estadounidense en el país ayudará a organizar un evento privado, dependiendo del tipo de producto o servicio que usted vende.

Las ferias comerciales puede ser una buena introducción al mercado, pero el hacerse notar quedará diluido por otras empresas que compiten por la atención. Pida a su guía de montaña que le sugiera y ayude a organizar eventos.

Aprovechar la prensa y medios de comunicación fuera de los Estados Unidos puede desempeñar un papel importante en su plan de "hacerse notar". A un costo mínimo, puede proporcionar un gran impacto. El artículo de marketing, comunicados de prensa, y pensamientos de liderazgo bien escritos y bien colocados puede ayudar a crear conciencia e interés. Visite las oficinas de periódicos (los diarios todavía son herramientas de comunicación vital fuera de los Estados Unidos), especialmente si su empresa tiene un buen reconocimiento de la industria. Coordine entrevistas con los medios de comunicación para visitar a los ejecutivos o expertos.

Las empresas B2C deberían siempre desarrollar un plan de marketing de medios sociales. Los Estados Unidos no es el único país conectado; el 77 por ciento de Twitter y el 83 por ciento de los usuarios de Facebook [39] residen fuera de los Estados Unidos. Si sus clientes buscan obtener respuestas en los medios de comunicación social no los defraude. Las empresas B2B, B2P y

---

[39] http://www.socialbakers.com/statistics/.

B2G, también deberían desarrollar un plan de medios sociales adecuados a su industria.

Considere el mejor momento para sus actividades. Lance sus ofertas en armonía con el proceso empresarial local, estaciones y costumbres. Los ciclos de negocio, ciclos de compra y de ciclos de vida, afectan la fluctuación de los negocios. Estas son cosas simples que con un poco de atención no serán un **desacelerador**.

Diciembre es verano en Chile y es posible que no obtenga la atención de los encargados de la toma de decisiones durante el receso de verano y Navidad en este país predominantemente cristiano. La temporada de los monzones en partes de la India, principalmente alrededor de julio, dificulta el transporte. Con el cambio de fechas de observación anualmente, la celebración del Ramadán y Hari Raya en países musulmanes como Malasia, podrían hacer que los agentes de compra estén menos disponibles para escuchar su relato. Confíe en la experiencia de su guía de montaña para ayudarle a seleccionar el momento adecuado para sacar el máximo partido a los ciclos de negocios en el país.

Aquí están las cinco mejores prácticas de Robert para el éxito en reuniones de "hacerse notar".

- **No escatime en preparación.** Prepárese de antemano para reuniones F2F enviando una agenda y recordatorios. Pedir aportaciones a los temas a ser cubiertos, pero establezca el programa usted mismo.

- **Establezca una relación bidireccional** desde el principio. Pida a la persona o compañía que visita que presente primero; es una muestra de respeto y también ayudará a llenar las lagunas de conocimiento para usted. Si los otros declinan, Robert ha encontrado que a menudo es un indicador de que la relación no será equilibrada o gana-gana. Conceda mucho tiempo para el debate. Espere que las reuniones comiencen con diez minutos de charla y presentaciones. Si es una reunión de sesenta minutos, limite los comentarios estructurados a veinte minutos y permita durante veinte a treinta minutos una discusión abierta, bidireccional.

- **Demuestre compromiso.** Aunque el inglés es el idioma de los negocios en la mayoría de los países, una presentación en inglés, junto con folletos de material publicitario en el idioma local, demuestra su compromiso con el mercado. O podría llevar su presentación en inglés y hacer que se la tradujeran. Dejar una copia impresa de su presentación tanto en el idioma local y en inglés hará que se distribuya. En China, Japón o Corea, tarjetas de negocios traducidas en kanji darán un impulso extra. Su presentación y folletos puede estar en inglés; pregúntele a su guía de montaña sobre las mejores prácticas.

- **Realice demostraciones audiovisuales pertinentes.** Pida a su guía de montaña presentar una demostración del producto o audiovisual, si procede, en el idioma local y con historias locales. Resonará más profundamente con el cliente. Las demostraciones del producto en el idioma local proporcionan una sutil ilustración de que su producto ya ha hecho la transición al uso en el país.

- **Mostrar gratitud.** Los regalos son habituales en muchos lugares del mundo. Los regalos deberían ser algo pequeño, único y significativo, marcado con el logo de su empresa, si procede, pero no necesariamente caros. Enviar siempre una nota de agradecimiento personalizada después de una reunión, a través de e-mail o correo tradicional. Pregunte a su guía de montaña sobre las mejores prácticas. En muchos países asiáticos, no se trata del regalo, ¡es acerca de qué tan bellamente está envuelto!

Idee una estrategia para hacerse notar ensu nuevo mercado. Centre la atención en los aspectos fundamentales. Considerar el lugar y el momento apropiados y tal vez incluso un arranque de poder. Entre con algo de emoción.

## Fundamentos de Negocios

El cliente es rey o…..reina……o la familia real.

Incluso si usted no lo cree, sus clientes creen que es verdad. Por lo tanto, trátelos como a la realeza.

**Acelere** el proceso de venta tratando a los clientes como a la realeza. Un proceso de ventas bien definido respeta el proceso de compra de los clientes. Se adecua a las necesidades de los clientes a medida que atraviesan el proceso de toma de decisiones y les ayuda a evaluar su oferta e investigar opciones. Los clientes quieren tomar una buena decisión con la que puedan vivir. **Un proceso de ventas bien definido genera confianza.**

Comience con el proceso de ventas en EE.UU. como se esboza en la automatización de la fuerza de ventas (SFA) o administración de relaciones con los clientes (CRM) (consultar sitios como Salesforce.com, o SugarCRM.com). Revise el proceso en detalle con el guía de montaña y pídale que señale las consideraciones o diferencias locales. Un típico proceso de ventas B2B en los Estados Unidos es algo parecido a este proceso de cinco pasos.

*Ilustración 23: Típico proceso de ventas B2B*

Las numerosas herramientas y técnicas de ventas que han hecho a su empresa exitosa en los Estados Unidos son un buen punto de partida. Pero, espere que el proceso sea un poco diferente al entrar en un nuevo país. Su guía de montaña le ayudará a evaluar el proceso. A medida que adquiera experiencia en el país, ésta le ayudará a validar lo que funciona con mayor eficacia. Usted desea focalizar el proceso de ventas:

- **Clientes potenciales.** Seleccione cuidadosamente por nombre a los posibles clientes de la PoC al inicio. Aproveche los contactos en la red de negocios del guía de montaña; las presentaciones personales son el mejor punto de entrada.

- **Cree necesidad.** Quizás no es tanto la creación como lo es el descubrimiento de la necesidad. Es importante entender cómo se considera localmente la necesidad de su oferta. ¿Están los clientes plenamente conscientes de sus necesidades, o requieren de alguna información? Puede que los posibles clientes en el país tengan problemas que pueden ser resueltos por su producto pero desconocen la existencia de una solución. Por el contrario, puede que incluso no sepan que tienen un problema. ¿Ven los clientes su oferta como una prioridad en comparación con otros importantes asuntos locales? ¿Existe un sentido de urgencia que hace que un cliente quiera actuar ahora?

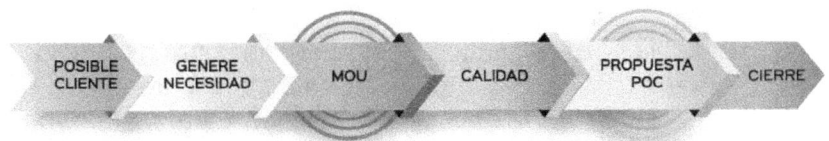

*Ilustración 24: Típico proceso de ventas B2B internacional*

- **Escriba un Memorando de Entendimiento.** El uso de un memorando de entendimiento (MDE) es muy común fuera de los Estados Unidos. Un MDE es algo así como una propuesta de concepto, proporcionando un "caso de uso", explicando cómo su negocio va a utilizar sus productos o servicios y se verán beneficiados. Un MDE es usado internamente por el cliente para confirmar la comprensión y construir el patrocinio interno para avanzar. Es no vinculante e indica su intención de hacer negocios juntos.

Un memorando de entendimiento también se usa externamente. Emitido como comunicado de prensa, que proporciona gran visibilidad para su relación, su propuesta de valor y su empresa. El Apéndice 6 contiene una descripción más detallada de los memorandos de entendimiento.

- **Califique a los clientes.** Como con cualquier proceso de venta, calificación del cliente sucede en cada etapa. ¿Tiene el cliente la voluntad y la capacidad para comprar? ¿Ha hecho usted contacto con alguien que tiene la autoridad para comprar? La autoridad para tomar decisiones de compra será diferente de lo que ocurre en los Estados Unidos. Asegúrese de que hay una necesidad real de su producto y que el potencial cliente tiene dinero para pagarlo. Si no hace esto al inicio, puede dedicar tiempo y recursos valiosos persiguiendo el sueño de alguien que se convierte en su pesadilla.

- **Presente la propuesta de PoC.** La experiencia de Robert y Janet en otros países es que a menudo las propuestas se presentan como dos documentos separados. Uno de los documentos contiene detalles de implementación y técnicas específicas de lo que se perfila para un proyecto específico. El segundo documento contiene los precios y términos. La razón de dos documentos separados es que va a haber dos audiencias diferentes para su revisión y aprobación. Este doble enfoque del documento se presta muy bien para la prueba de concepto de las propuestas. Los detalles técnicos son los detalles técnicos; los precios y términos delinean la duración de la PoC, los criterios de éxito y las condiciones de pago.

- **Cierre.** Negocie y cierre. Es el inicio de una relación comercial a largo plazo y su entrada en el país.

No se trata de una talla única para todo el mundo. Su proceso de ventas en los Estados Unidos le da una ventaja, pero espere variaciones locales en cada país.

# Evalúe el Grado de Confianza

## ① Construir Confianza con el Equipo en Casa

1. ¿Cuál es su visión y su misión? ¿Cuáles son sus objetivos al llevar a la empresa a su próxima etapa de expansión internacional? Escríbalo.

   Podría ser algo tan simple como esto: "Hacer de (su empresa) un actor (Pionero/ cambio /principal) en (lo que usted hace) en (x país / y región objetivo)".

2. Evalúe la fuerza del compromiso de parte de los departamentos clave o actores clave en esos departamentos. Usted está llevando la empresa a nuevos mercados internacionales y necesitará su ayuda y apoyo. ¿Es su compromiso débil, neutro o fuerte?

   - Finanzas, compromiso con la nueva moneda, aranceles, procesamiento de órdenes y más
   - Ingeniería, compromiso de adaptación técnica y cumplimiento
   - marketing de producto, compromiso para cambios de producto y localización.
   - marketing, compromiso para el posicionamiento, la mensajería y la promoción en el país
   - servicio de apoyo al cliente, compromiso para abordar la zona horaria y las necesidades en el país
   - CEO y el equipo directivo, compromiso para la alineación estratégica

3. Evalúe quién está en el barco remando con usted y quienes quieren hundir el barco.

   - Enumere las tres principales influencias positivas.
     _____
     _____
     _____

- Enumere los tres mayores *Monsieur saboteadores*.

  _____
  _____
  _____

- Identifique tres actores influyentes que hoy son neutrales pero que desea tener en su equipo.

  _____
  _____
  _____

Evaluación del Plan de Acción: Desarrolle un plan para cada una de las tres categorías de actores del equipo en casa. Enumere las Cuatro Cs: comunicación, consenso, colaboración y claridad.

- ¿Qué medidas puede adoptar para mantener a los influenciadores positivos comprometidos, entusiastas y ayudando a sus esfuerzos?

- ¿Qué puede hacer usted para cambiar la opinión o posición del *Señor Saboteador*? Quizá él o ella tiene información incorrecta o insuficiente. ¿Podría haber una percepción de riesgo personal o de la organización que necesita ser tratada? Quizás incluso hay un poco de celos profesionales. ¿Podría ser el miedo a lo desconocido? Si no puede cambiar la posición del *Señor Saboteador*, busque la manera de neutralizar o minimizar los daños colaterales.

- ¿Qué actividades pueden involucrar positivamente a los actores neutrales? ¿Cómo puede subirlos al barco? Quizás sus influenciadores positivos pueden ayudar con esto.

## ② Construir la Confianza de los Clientes

1. ¿Cuál es su plan para "hacerse notar"? ¿Qué está en el plan? ¿Qué no está en el plan? ¿Qué necesita más investigación? El plan podría abarcar

    - reuniones uno-a-uno con clientes,
    - feria(s) comercial(es),
    - eventos privados,
    - demostraciones,
    - evento en la embajada,
    - medios de comunicación/ prensa, y
    - otros.

2. ¿Cuál es el proceso de ventas de su empresa en los Estados Unidos hoy? No cabe duda de que está documentado en algún sitio: en CRM, entrenamiento de ventas, plan de marketing, en alguna parte. Infórmese sobre las etapas, criterios de entrada/salida, duración de la etapa, y más. ¡Si su proceso de ventas no está documentado, es el momento de hacerlo!

3. Si actualmente vende fuera de los Estados Unidos, ¿cómo varía el proceso de ventas de un país a otro? Si el proceso de ventas fuera de Estados Unidos no ha sido documentado es el momento de hacerlo. Pida a la gente que vende fuera del país que haga esto para usted. Será un valioso punto de partida para determinar las variaciones necesarias para el nuevo país al que planea entrar.

4. ¿Qué tipo de prueba de concepto creen usted y su guía de montaña que será más eficaz en el país? ¿Por qué?

    - ☐ garantía de devolución de dinero
    - ☐ compra contingente
    - ☐ pilot

☐ prueba
☐ otra: _____
☐ No se requiere de PoC

5. Aproveche su experiencia previa. ¿Dónde ha utilizado su empresa esta metodología de prueba de concepto previamente y cuál fue el resultado?

- la duración o el tiempo de ciclo
- tasa de cierre
- retención de clientes

## Capítulo 6:

## ¿Va a Globalizar?

*Los aplausos tronaban y parecían eternizarse, aunque sólo fueron unos pocos segundos invaluables. El tiempo parecía haberse detenido en ese momento. Todos los ojos estaban sobre él mientras la audiencia aplaudía y vitoreaba. Pero, no era sólo él, era él y el equipo. Alex recordó los mejores momentos en la pequeña liga o en la pista de la escuela secundaria cuando cruzó la línea de meta. Esta vez era diferente. Estaba de pie sobre una plataforma en la Bolsa de Nueva York cuando TolpaTek sacó acciones al mercado.*

*Eso fue hace ya muchos años, pero la increíble sensación no había desaparecido. Alex estaba orgulloso de haber sido una pieza clave del equipo TolpaTek, entonces y ahora. El crecimiento de TolpaTek provino de la apertura de nuevos mercados en los Estados Unidos y ahora la compañía se estaba expandiendo internacionalmente. Desde el Sudeste de Asia estaban llegando una serie de consultas. Alex decidió entrar en el mercado del sudeste asiático a través de Singapur. No existe la barrera del idioma porque el inglés es el idioma de los negocios en Singapur, aunque se requerían modificaciones para satisfacer los requisitos reglamentarios de la industria. En los dos primeros años, TolpaTek agregó muchos nuevos clientes y era capaz de servir a clientes multinacionales; esto permitió a la compañía ser visible en el sudeste de Asia. La tasa de retorno superó las metas de TolpaTek.*

*El mercado de Singapur era estable (no creciente o decreciente), y TolpaTek pudo establecer un negocio rentable que apoyaba sus propias operaciones. Esta base rentable le proporcionó una plataforma para explorar otros mercados del sudeste asiático. TolpaTek empezó a vender en Australia y las Filipinas a empresas multinacionales donde los "productos" de habla inglesa eran aceptables (interés compuesto).*

*A medida que la base del negocio crecía, Alex pudo expandir su negocio a la India, Nueva Zelandia y Pakistán (más interés compuesto). La inversión inteligente ayudó a TolpaTek a lograr una fuerte tasa de retorno y globalizar utilizando el interés compuesto en su inversión para abrir nuevos mercados.*

## ¿Es Usted el Indicado?

¿Qué se necesita para tener éxito en los negocios internacionales? A menudo le preguntan a Robert y Janet",¿Cuál es el perfil de la persona que va a tener éxito?" El propósito de *Globalizate* es hacer del éxito en los negocios internacionales más una ciencia que un arte. Cualquiera puede hacerlo; sin embargo, hay algunos rasgos que elevarán su oportunidad para el éxito.

**Deseo.** ¿Tiene usted impulso? Tiene que desearlo. Querer tener éxito internacionalmente aumentará exponencialmente sus probabilidades de éxito. ¿Desea viajar? ¿Realmente disfruta haciéndolo? ¿Puede ver su CV o curriculum vitae en una gira global?

Un verdadero líder empresarial internacional tomará acción, encontrará una manera de hacer que las cosas funcionen, y no se rendirá. Estos individuos especiales encontrarán una manera de completar los desafíos y pondrán todo de su parte.

**Liderazgo.** ¿Tienes una visión clara y convincente? El optimismo contagioso y visión energizará a otros a unirse a tu equipo. Alguien que es quizás demasiado optimista puede ver más allá de los desaceleradores en el camino. ¿Puede usted ver qué aspecto tiene el éxito, incluso si todavía no sabe cómo hacer que suceda?

Los líderes quieren correr con el balón e inspirarán a otros a llegar a la línea de gol. Son tanto optimistas como prácticos. El liderazgo es fundamental para reducir el riesgo de la oportunidad, una disposición a abordar temas difíciles de frente. Los líderes empresariales internacionales están dispuestos a seguir adelante por sus propios medios, sin embargo dispuestos a pedir ayuda y construir un equipo.

**Transición.** ¿Puede moverse a través de fronteras, interdisciplinariamente, inter industrias, interculturalmente? ¿Puede ver conexiones entre elementos aparentemente dispares que otros no ven? ¿Busca usted un punto de vista común o la disimilitud? ¿Puede ver enlaces o vacíos? ¿Puede hacer conexiones poco comunes que produzcan nuevos e interesantes resultados? ¿Abraza soluciones fuera de su zona de confort?

Los líderes internacionales empresariales altamente exitosos son inconformistas; harán que las conexiones atípicas parezcan cómodas y familiares. Esta capacidad de cruzar es la que puede hacer la conexión de valor dentro de nuevos mercados. Tienen visión de largo alcance, un tipo de flexibilidad especial, visión periférica y mentalidad abierta. Pueden trabajar cómodamente a través de las líneas organizacionales, abarcar una gran variedad de industrias y atravesar culturas con facilidad.

**Integridad.** Usted debe ser honesto, confiable y veraz de corazón, una persona que no miente o engaña a otros y que es honesto con sí mismo. ¿Es genuino y auténtico? ¿Mantiene las promesas que se hace a sí mismo y a los demás? ¿Defiende sus principios?

> La integridad es la base para construir y mantener la confianza. Es ser fiel a sí mismo y a las personas con las que está trabajando. El líder de negocios internacionales exitoso hará lo correcto, incluso si es difícil, dejando de lado prejuicios e intereses personales.

## Actitud

Piense de manera positiva. Visualice el éxito. Resuelva los problemas rápidamente. Lo mismo ocurre con cualquier actividad humana: tiene que tener la actitud correcta. Es lo que lo llevó a dónde se encuentra en su carrera. La actitud es también un poco osada y engreída pero no arrogante y ostentosa. Es por eso que usted está globalizando su empresa, ya sea si esta es su primera incursión fuera de los Estados Unidos u otro país o solo otro país que agregar a su lista de expansión global.

> No mire la roca: mire la ruta alrededor de la roca. Todo ciclista de montaña o motociclista sabe que si fija en la roca, chocará con la roca. El fundamento de "pensamiento dominante"[40] dice que nos desplazamos en la dirección de nuestros pensamientos más dominantes. Piense positivamente y podrá navegar alrededor de las rocas en el camino de su éxito mundial. Piense negativamente y retardará su viaje global, chocando contra las rocas a lo largo del camino.

> Su actitud le ayudará a atraer a un equipo de casa, guía de montaña, socios y clientes. Su actitud le ayudará a mirar más allá de los obstáculos y reveses de corto plazo. ¿Obvio? Sí, lo es. El pensamiento positivo no es un concepto nuevo; esto es

---

[40] No es una teoría científica o principal. Se describe en varios programas de auto-ayuda y bienestar.

simplemente un recordatorio. El pensamiento positivo es historia antigua y aún así es tendencia ahora.

¿Puede usted verlo? ¿Tiene usted una visión de qué aspecto tiene el éxito en el país al que va a entrar? Esto es acerca de sus metas y objetivos a lo largo del tiempo. Pero, aún hay más. ¿Puede usted verlo? ¿Puede usted ver la adopción del país? ¿Cómo mejorarán sus productos y servicios el valor personal, profesional o económico para los negocios, la industria, el gobierno y el pueblo del país al que va a entrar? ¿Puede realmente visualizar su éxito internacional?

## Invierta

*Globalizate ha* invertido en su éxito internacional. ¿Qué está invirtiendo *usted*? Usted tiene que invertir para crecer. Si desea ampliar su negocio, su empresa, su marca, su base de clientes y su valor, significará inversión.

¿Debería su compañía invertir un poco o un mucho? La respuesta a esta pregunta depende de sus objetivos. A través de *Globalizate*, hablamos de metas, objetivos, visión o resultados. Creemos que el éxito de todo esfuerzo humano requiere algún tipo de objetivo o propósito. ¿Qué pasaría si un equipo de fútbol no sabía que necesitaba anotar el máximo de puntos para ganar? O ¿qué pasa si un golfista no sabía que el menor número de golpes gana la chaqueta con el emblema y el gran premio en efectivo?

Es el clásico equilibrio riesgo-retorno.[41] El principio básico es que la rentabilidad potencial aumenta con un aumento en el riesgo. Los bajos niveles de incertidumbre (menor riesgo) están asociados con menor rentabilidad potencial. Inversamente, los altos niveles de incertidumbre (mayor riesgo) se asocian a mayor rentabilidad potencial. La definición es válida, pero hasta cierto punto. Adopte nuestros cuatro grandes conceptos de valor, eliminación de riesgo, un guía de montaña, y confianza para

---

[41] Definición de Investopedia desde www.investopedia.com.

mejorar su rentabilidad potencial. Lo importante es encontrar el justo equilibrio entre riesgo y rentabilidad para usted y su empresa.

**¿Cuánto desea hacer crecer su negocio y qué tan rápidamente?** Si desea duplicar el tamaño de su negocio actual en tres a cinco años, espere invertir hasta el 50 por ciento del actual presupuesto anual durante ese período de tres a cinco años. Si está buscando crecimiento incremental, entonces será apropiada una menor inversión.

**¿Cuál es su tolerancia al riesgo?** El riesgo de pérdida puede ser una cuestión multidimensional. Puede haber pérdida del capital invertido en un nuevo mercado. Puede haber pérdida de valioso esfuerzo intelectual, redirigido desde actuales mercados con éxito a mercados desconocidos y no probados. Podría haber riesgo de sub invertir y que los competidores se apoderen del nuevo mercado.

**¿Cuánto capital está dispuesto a arriesgar?** Presupueste para los seis primeros meses, con planes de contingencia para los próximos doce, dieciocho o veinticuatro meses. No espere grandes ventas en el primer año. Espere pequeñas ventas a sus clientes prueba de concepto las que sentarán las bases para futuras ventas.

**Invierta con un propósito.** Invierta para validar rápidamente la hipótesis de negocio. Invierta para demostrar rápidamente la tracción de mercado. Gaste esa inversión inicial en reducir, minimizar o eliminar las áreas de riesgo. Encuentre su equilibrio. Busque contestar las preguntas que le ayudarán a tomar mejores decisiones de dónde invertir en el futuro. Entrar en un mercado pequeño puede requerir el mismo nivel de inversión como entrar en un gran mercado potencial. Un enfoque más prudente podría ser invertir en el mercado más grande en primer lugar. O su trabajo de detective puede descubrir que es mejor estrategia entrar en el pequeño mercado primero y probar su hipótesis, antes entrar en grande al mercado más grande.

Utilizar una estrategia de inversión como analogía es un paralelo bastante potente. Cuando invierte su propio dinero, usted considerará la tasa de retorno y el poder del interés compuesto. Es lo mismo cuando se invierte en mercados internacionales.

- Usted quiere un mercado con posibilidades de una alta **tasa de retorno** que tenga el potencial de aumentar con el tiempo. Invierta en un mercado donde su penetración en el mercado y participación de mercado puede crecer con el tiempo.

- Si el mercado está también creciendo, eso contribuye al **poder del interés compuesto en el país**. El poder del interés compuesto se realiza cuando el negocio en el país se vuelve autosuficiente; las ganancias en el país apoyan las operaciones en el país y financian el crecimiento futuro.

- El **poder del interés compuesto de los mercados** es entrar en un país que se convierte en una puerta de acceso a otros mercados. Por ejemplo, usted podría entrar en Alemania, que abre el mercado europeo o entrar en Malasia, que abre el sudeste asiático. El poder del interés compuesto se realiza cuando un país se convierte en la historia de éxito que crea la demanda en mercados similares o circundantes.

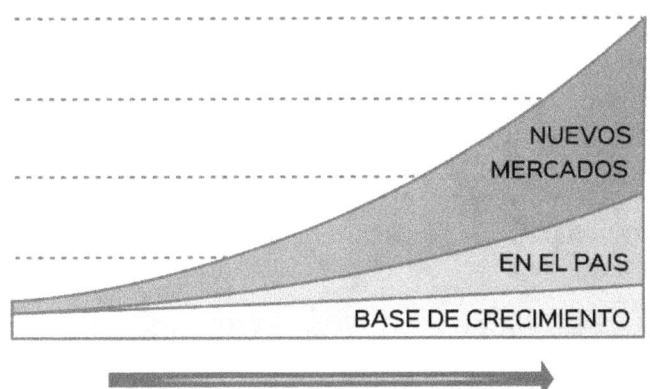

*Ilustración 25: La magia del interés compuesto*

Existen peligros cuando se invierte, tanto si se trata de su propio dinero o los recursos de su compañía. Puede evitar los errores comunes de inversión si está consciente de ellos. Aquí están algunos errores comunes de inversión.[42]

- **Error 1: No hacer nada.**
  No hay garantía de que tendrá éxito al entrar en un nuevo mercado. Pero una cosa está garantizada: no hacer nada conseguirá nada.

- **Error 2: Empezar tarde.**
  Retrasar la expansión internacional y permitir que la competencia establezca una posición puede hacer su plan de crecimiento internacional más difícil y más caro. Existe un vínculo entre la gran escala y los primeros actores.

- **Error 3: Invertir sin capital suficiente.**
  Hay dos problemas aquí. ¿Puede su empresa permitirse sacar capital de su negocio fundamental? ¿Está usted invirtiendo capital suficiente en el nuevo mercado para lograr sus objetivos? ¿Puede permitirse el lujo de invertir?

- **Error 4: Pensamiento a corto plazo.**
  Es una maratón, no una carrera de velocidad. ¿Está dispuesto y puede invertir durante un largo período de tiempo? Globalizar no es como prender y apagar un interruptor de luz. Usted desea subir el brillo a lo largo del tiempo.

- **Error 5: Jugar a lo seguro.**
  Haga su tarea, pero no se quede atrapado en la parálisis de análisis. Usted puede terminar empezando tarde o no hacer nada en absoluto. Alerta. Ojos abiertos. Puede hacer girar un vehículo en movimiento; no puede girar uno que está parado.

---

[42] Motley Fool Staff, "¿Por qué Debería Invertir?" *The Motley Fool*, http://www.fool.com/investing/beginning/why-should-i-invest.aspx.

- **Error 6: Jugar a ser temerario.**
  Haga sus deberes. Hacer la diligencia debida. Elimine riesgo. No es necesario ser audaz. Comprenda los riesgos y evalúe lo que está dispuesto a asumir de manera razonable. Recuerde que la reputación que está colocando en la línea es la de la empresa, así como la suya.

## Algunas Compañías Eligen *no* Globalizar

Tan importante como es decidir lo que *va* a hacer, lo es decidir qué *no va* a hacer. Todas las empresas tienen recursos limitados. Es importante concentrar los recursos limitados en las prioridades más importantes.

Hay muchas razones por las que las empresas deciden *no* globalizar. Algunas de ellas son legítimas y algunas son simplemente excusas. Hay una gran cantidad de materia gris que interviene en esas decisiones y las justificaciones pueden ser igualmente grises, lo que hace difícil distinguir entre motivos racionales e irracionales. No importa cuál sea la decisión, ir o no ir, internacionalizar una empresa tiene riesgo.

Las razones más comunes (¿excusas?) por las que las empresas eligen *no* globalizar incluyen las siguientes:

- barreras del idioma
- prácticas culturales y de etiqueta desconocidas
- leyes y política local desconocidas
- limitación de la legislación laboral extranjera
- preocupaciones de que consumirá tiempo y será complejo
- el gasto agregado de viajes y establecimiento de una presencia
- dificultades para encontrar un socio (o socios) en quienes confiar

- preocupaciones acerca de desenfocar los recursos de la empresa

Todas estas razones son válidas. Pero todas estas razones pueden abordarse y los riesgos pueden ser minimizados. En *Globalizate*, abordamos estas razones comunes, junto con otras, para ayudarle a determinar cuáles son las preocupaciones válidas.

Nunca tomar la decisión de ir/no ir basado solamente en la intuición o "presentimiento". Haga sus tareas. El Capítulo 3, "Eliminar Riesgos", ofrece algunas consideraciones importantes a la hora de determinar si llevar su empresa a mercados internacionales es la decisión correcta o no.

### *Otra Historia al Café con Janet Gregory*

*Janet trabajó con una empresa que tenía un director general de la India, que mantenía fuertes vínculos en el país y con empresarios de la diáspora india. La red de confianza era impresionante. A pesar de esta base de confianza, la India no era el mejor mercado para su debut internacional. La propuesta de valor no se alineaba con las necesidades de los clientes dentro de la India y en ese momento el mercado no era suficientemente grande. Incluso una empresa con liderazgo visionario y fuertes raíces internacionales debe hacer la debida investigación de mercado antes de entrar a uno nuevo.*

Sí, hablan un idioma diferente en muchos otros países. Pero incluso el inglés es diferente en países de habla inglesa como Australia y el Reino Unido. No todo es malo: el inglés es el idioma aceptado de los negocios mundiales y puede salir adelante tan sólo con inglés por un tiempo. Su oferta de productos y servicios, probablemente tiene un componente de lenguaje que tendrá que abordarse a medida que explore el uso comercial, así que esté consciente de ello.

Abrir un nuevo mercado, nacional o internacional, requiere una inversión de recursos, tiempo, dinero y personal clave.Es importante gestionar sus gastos desde el principio, hasta que vea realmente la tracción. Puede ser instructivo utilizar una exitosa introducción de productos domésticos como esquema inicial y guía para su lanzamiento de producto internacional. Vaya a buscar el presupuesto, plan de producto, las proyecciones iniciales y los resultados reales para esa introducción de productos. Habrá nuevas preguntas que necesitan formularse y abordarse, pero también habrá muchos paralelismos.

Una de las claves para el éxito en internacionalizar su empresa es que toda la empresa debe apoyar esta importante decisión. Con demasiada frecuencia escuchamos "deje que el equipo de ventas examine la oportunidad y a continuación, decidiremos lo que queremos hacer". Llevar una empresa a mercados internacionales no es solamente un esfuerzo de ventas. Será necesario financiar viajes de ejecutivos, finanzas necesitará procesar órdenes en la nueva moneda, ingeniería y fabricación necesitarán "regionalizar" el producto, el servicio de atención al cliente tendrá que proporcionar apoyo a través de los husos horarios, y mucho más. Toda nueva exploración del mercado internacional requerirá el apoyo de todo el equipo. Usted puede incluso encontrar algunos activos ocultos en empleados con habilidades lingüísticas y conexiones en otros países.

Su arma secreta es encontrar un guía de montaña para guiarlo a través del laberinto de leyes y costumbres locales. **Su guía de montaña es el componente más esencial** de su estrategia internacional. Encontrar un socio de confianza (o socio<u>s</u>) con características clave importantes para su éxito es *vital*.

Exponencialmente los beneficios superan los riesgos. Esperamos que haya encontrado *Globalizate* interesante, entretenido e informativo, ayudándole a navegar en aguas internacionales.

Si decide <u>no</u> entrar a un mercado internacional, eso está bien. Tome la decisión por las razones correctas y sea honesto consigo mismo y con la empresa. Hoy puede ser una decisión NO, *pero* en el futuro los factores pueden justificar una reevaluación a SI.

## Ir / No-Ir

El objetivo del capítulo 2, "Agregar Valor" y el capítulo 3, "Eliminar Riesgos" es para ayudarle a tomar una decisión informada de ir/no-ir. Evaluar y afinar su propuesta de valor, junto con la investigación de los datos vitales para eliminar riesgo de su plan le ofrece la información necesaria para tomar una decisión informada. La decisión de ir/no-ir también puede estar basada en el tiempo. Un "no-ir" ahora no se opone a una decisión de "ir" en una fecha posterior, cuando los factores estén más a su favor.

Hay emoción en su decisión. Usted está entusiasmado con la oportunidad que se ha presentado. Se anticipa un crecimiento significativo, personal, profesional y organizacionalmente. Usted también está preocupado y quizá un poco ansioso por la cantidad de viajes necesarios, las incógnitas y la posibilidad de un fracaso.

Hay hechos que pueden servir de apoyo a su decisión, de un modo u otro. Si sigue los sencillos, principios básicos en *Globalizate*, tiene una base para tomar una buena decisión. Los hechos son los hechos. ¿Cómo seleccionarlos para tomar una decisión? Algunos hechos pueden ser indicadores evidentes, mientras que otros lo dejan cuestionando el curso de acción correcto.

Busque la estabilidad en su decisión. ¿La combinación de factores de decisión, las emociones y los hechos dan como resultado el éxito sostenible? Janet es un piloto y sabe que un buen aterrizaje requiere una aproximación estable. Señala, "tiene la altitud, velocidad de vuelo, e ideas; usted no desea que se le agoten al mismo tiempo". Es lo mismo en los negocios. Aquí hay preguntas para considerar cuando tome su decisión:

- ¿Son estables el clima político y económico? Si percibe riesgo en los próximos tres a cinco años en las condiciones económicas y políticas de un país, puede no ser una buena medida para su empresa en este momento.

- ¿Es la actividad de importación/exportación previsible? Si usted anticipa la entrada al país plagado de burocracia y obstáculos reglamentarios, tal vez sería mejor seleccionar un país menos problemático para la entrada.

- ¿Qué tan complejo es el proceso de compra? Si es difícil identificar de dónde proceden los fondos o cómo obtener la autorización para el pago, tal vez existan mercados más predecibles que perseguir que requerirán menos demora. Usted no desea alargar el proceso de decisión más de lo necesario. Si es problemático obtener dinero de un país, considere un mercado de entrada más fácil, hasta que esté listo para asumir el riesgo de uno más complicado.

### *Otra Historia con café con Robert Pearlstein*

*Robert tuvo que tomar una difícil decisión de ir/no-ir. Brasil estaba en su auge en educación, robótica e innovación. Parecía un gran país de entrada, según la etapa de desarrollo y de mercado. Pero un examen más minucioso levantó banderas rojas; la burocracia, la dificultad para identificar el dinero y sacar dinero del país podría obstaculizar los esfuerzos de ventas. Robert dirigió la atención de su compañía a Corea del Sur y los países escandinavos, donde hacer negocios era más simple. Brasil está fuera del radar por ahora, pero podría ser una opción viable para el futuro cuando su organización estuviera en mejores condiciones para tomar el tiempo necesario para establecer sus operaciones.*

## Es una Maratón, No una Carrera Corta

Es una maratón de dos años. Divídalo en 8 carreras de noventa días con metas, objetivos e hitos. O piense ha contraído un contrato de dos años. ¿Cómo evidenciarán a los demás el progreso que se está realizando? ¿Cuáles son los puntos de referencia de avance, movimiento y desarrollo? Bien. Tal vez es un año o tres años de maratón para usted, pero, ¿cómo va a demostrar el valor adquirido?

| Plan de 24 Meses para Entrar a un Nuevo País | | Expectativas de Acción a 90 días |
|---|---|---|
| 1° | 90 días de Entrenamiento | • Guía de montaña seleccionado y abordo<br>• Propuesta de valor documentada<br>• Panorama competitivo entendido<br>• Mínimos de marketing: sitio web, folletos, presentación |
| 2° | 90 días Inicio lento | • Lista de posibles clientes en el país identificada<br>• Reuniones con primeros clientes<br>• Reuniones con el gobierno: requerimientos, incentivos |
| 3° | 90 días 9 meses | • Posibles clientes PoC en el pronóstico de ventas<br>• Validar precios & propuesta de valor<br>• Plan para logística, inventario & apoyo |
| 4° | 90 días Mitad de la maratón | • Cierre e instalar primeros clientes PoC<br>• Tramitación para primeros clientes, pronóstico para el año siguiente<br>• Logística, instalación, proceso de suporte en vigor |
| 5° | 90 días Progreso lento | • Primeros ingresos, PoC convertido a clientes<br>• Cierre adoptadores precoces<br>• Estudio de caso, recomendaciones, actualizar material de marketing |
| 6° | 90 días Progreso de entrada | • Desarrollar canal de ventas<br>• Agregar recursos de ventas & esfuerzos de creación de demanda |
| 7° | 90 días Recobrar el ritmo | • Construir consistentemente la tasa de ejecución de los ingresos<br>• Documentar el proceso de ventas |
| 8° | 90 días Progreso total | • Construir consistentemente la tasa de ejecución de los ingresos<br>• Foro de primeros clientes/grupo de usuarios en el país |

*Ilustración 26: Muestra de plan a 24 meses*

Aquí hay un ejemplo de un plan de alto nivel de dos años para una empresa de tecnología B2B con un tiempo de ciclo de ventas de noventa días en los Estados Unidos.

¿Cuánto se tarda en lanzar un nuevo producto con éxito en los Estados Unidos con sus socios probados, marca reconocida y proceso de cumplimiento competente? Recuerde que el mismo lanzamiento tardará tres o cuatro veces el tiempo de ciclo en un nuevo país donde las ventas no están demostradas. Si el lanzamiento de un nuevo producto en su actual mercado establecido tarda seis meses en conseguir una buena tasa de ejecución, espere en un nuevo mercado internacional que demore de dieciocho a veinticuatro meses.

Un tiempo de ciclo de ventas que es tres o cuatro veces más largo no significa sólo tres o cuatro viajes al país; su participación y la implicación de su guía de montaña exige tres o cuatro veces el esfuerzo que requeriría un lanzamiento similar en los Estados Unidos. No es fácil crear conciencia, comprensión, entendimiento y aceptación en un nuevo país. Usted no está solo lanzando un nuevo producto. **Está poniendo en marcha una empresa en un nuevo país.** Es complejo. Toma tiempo.

Un corredor de maratón empieza lento y establece un ritmo controlable que él o ella sabe es manejable durante veintiséis millas. El corredor no puede ir a toda velocidad toda la carrera, pero puede tomar impulso y dar un pique cuando sea necesario. Un corredor experimentado sabe que acelerar puede sobre estresar el cuerpo e inducir el riesgo de "darse un porrazo", agotando los recursos internos y no terminar. Lo mismo va para el lanzamiento de un negocio en un nuevo país. El negocio no puede acelerar su entrada al país. Usted necesita comenzar lento y establecer un ritmo controlable al que puede apegarse, aunque su jefe quiera que empuje más.

El proceso parecerá rápido y lento a la vez. Hay muchas cosas que usted ya sabe, debido a su éxito de ventas en los Estados Unidos. Habrá días cuando el interés del cliente y las ventas se están acelerando increíblemente: el "impulso" de negocio que nos gusta tanto. Luego, pasarán semanas cuando no ocurre nada. Habrá un constante tira y afloja entre rápido y lento al entrar en un nuevo país. Por un lado la aceleración de las nuevas ventas y en el otro los ciclos de ventas más largos.

Tomó **años** (quizás décadas) construir su negocio en los EE.UU. hasta donde está hoy. Si en doce, dieciocho o veinticuatro meses puede iniciar un negocio en un nuevo país, eso suena bastante bien, ¿no?

A la hora de vender en el extranjero, particularmente en Asia, las cosas tardan más de lo previsto. Muchas culturas asiáticas tienen un proceso de toma de decisiones en grupo; se tarda más que tener un único decisor. Los estadounidenses y los europeos del norte tienen un concepto de "mi comida", por ejemplo. Está en mi plato y puedo decidir qué hacer con ella. En Asia, así como en muchas otras partes del mundo, la comida es compartida, se comen en platos comunes. El paralelo de negocios es que a los asiáticos les gusta resolver los posibles problemas primero y luego hacer un trato. Los estadounidenses y europeos del norte acordarán el trato primero y luego resuelven cómo abordar los problemas.

Somos vendedores orientados a un objetivo, en rápido movimiento igual que usted. Es fácil querer hacer todo esto hoy. Empujar más, trabajar más horas, establecer metas más altas. Podemos exigirnos a nosotros mismos cada vez más. Creemos, tenemos metas, eso puede funcionar durante un mes o dos o quizás un trimestre o dos pero habrá bajas. Bajas en el equipo en casa, confirmando que las sospechas del *Señor Saboteador* eran correctas desde el principio. Bajas en el equipo visitante con su guía de montaña, posibles socios y clientes potenciales. Recuerde…esas son personas reales en su equipo local y equipo visitante. Pueden que ellos no trabajen de la misma manera que usted lo hace. Usted podría incluso enojarlos y luego ellos no quieren trabajar con usted. No sea ese chico o chica. Sólo lo estresará y a todos los que lo rodean.

Parte del proceso de globalizar es tener paciencia y ayudar al proceso a desarrollarse a la velocidad que su empresa y el nuevo país puedan manejar. Establezca un ritmo controlable y apéguese a él. Luego, cuando mire hacia atrás en doce o dieciocho meses, usted se sorprenderá de ver cuánto ha logrado.

## Gracias

No podemos agradecerle lo suficiente por hacer este viaje con nosotros. ¡Ha conseguido llegar al final del libro, pero es sólo el comienzo! Esperamos haberlo cargado con ideas y estrategias para entrar en nuevos mercados y haberlo recargado de entusiasmo para navegar los negocios internacionales.

El mundo ha cambiado. Vivimos en una economía global, con talentos a nivel mundial. La oportunidad de negocio se encuentra dentro y fuera de nuestras fronteras. Con un enfoque ponderado para expandir su negocio fuera de los Estados Unidos, usted puede administrar la complejidad de ir al extranjero y hacerlo de manera rentable con altos estándares.

La clave es hacer su tarea, establecer valor, minimizar los riesgos, encontrar orientación, y construir la confianza en los mercados extranjeros a medida que su negocio se expande. ¡Con ese fin, esperamos que usted encuentre que nuestras herramientas, métodos e ideas prácticas le ayudarán a competir y a ganar!

Aquí le dejamos unos cuantos consejos finales para ayudarle a llevar nuestras ideas y métodos y darles forma para adaptarse a su estilo profesional. Deles forma y moldéelos de una manera que lo mantenga motivado.

- ✓ Conecte con los clientes.
    - o Haga movidas sólidas. Tome pequeños pasos.

- ✓ Haga su tarea.

- o  Planifique sus movimientos. Elija el lugar. Establezca su ritmo.

✓ Consiga un buen guía de montaña.
- o  Encuentre un promotor y agitador que será su navegante.

✓ Sea un tutor.
- o  Confíe en el proceso. Confíe en su equipo. Confíe en los clientes.
- o  La confianza puede mover montañas.

¡Haga su movida, y hágala rápidamente! Saque nuestras ideas de estas páginas y hágalas suyas. Póngalas en acción, porque el mundo está avanzando rápidamente. Es posible que se sienta un poco incómodo al principio, pero con su auto-determinación y sentido de propósito, sus habilidades aumentarán. Es cómo llegó a donde está hoy y lo que le mostrará el asombroso mañana.

Usted sobrevivirá a los aguaceros, olas de calor asfixiante y heladas tormentas de nieve. Puede que las condiciones no sean ideales, pero usted se ha propuesto lograr un objetivo. Tiene que *desearlo,* **realmente** *desearlo* con el fin de conducir a sí mismo y a su equipo hasta la línea de meta o a la cima de esa montaña. Mantenga su visión clara; conozca la ruta y evite los acantilados. Manténgase ágil para esquivar las rocas y sea fiel a sí mismo.

Los corredores y caminantes exitosos saben que si no han tenido tiempo para entrenar adecuadamente, lo pagarán en la carrera o en un lado de esa montaña. Para obtener los mejores resultados, tienen una visión de la meta, un impulso para ganar, la flexibilidad para esquivar los obstáculos y la integridad para perseverar.

Los buenos atletas escuchan el asesoramiento de profesionales que pueden ayudarles a aprender. Aunque aclamamos a las personas que cruzan la línea de meta, cada uno de ellos tiene un equipo apoyándolos y motivándolos a lo largo del camino.

Constrúyase a sí mismo, construya su equipo y construya su empresa para globalizar. Su curriculum vitae o resumen profesional le darán las gracias por la experiencia y usted creará amistades personales y profesionales para toda la vida. Su equipo y compañía le agradecerán por ampliar sus horizontes.

El éxito no sucede de la noche a la mañana. Va a tomar un tiempo, por lo tanto, mantenga el rumbo. Manténgase flexible y gire para cambiar de dirección cuando sea necesario. Espere a veces perder un paso. Manténgase enfocado en sus objetivos internacionales. Puede lograr éxito personal y profesional significativo en el mercado global.

Más que nada, el éxito en el comercio internacional necesita perseverancia. Robert ha corrido varias medias maratones y Janet ha subido una cantidad de montañas interesantes. Internacionalizar su negocio es lo mismo, es apasionante, intimidante y le exigirá hasta los límites.

Pequeños pasos conquistan millas, montañas y nuevos mercados. Siga los pasos que se describen en este libro, y estará listo para *Globalizate*.

# ¡Gracias!

## Acerca de los Autores

*Este es el primer trabajo que Janet y Robert publican juntos.*

**Robert S. Pearlstein** es vicepresidente global de desarrollo de nuevos negocios en SRI International. Su rol es desarrollar oportunidades con clientes internacionales corporativos y gubernamentales en todo el mundo.

Robert tiene más de veinte años de experiencia en la creación y ejecución de estrategias de mercado para grandes empresas, así como start-ups y empresas de tecnologías emergentes. Tiene amplia experiencia en el desarrollo de negocios internacionales, estrategias de entrada en el mercado, el proceso de financiación de capital riesgo, grandes cuentas de ventas estratégicas, y la negociación de contratos. Antes de unirse a SRI, Robert ocupó altos cargos ejecutivos para una variedad de empresas respaldadas por capital de riesgo en Silicon Valley y una gran empresa japonesa. Su experiencia abarca los dominios de B2B y B2C de Internet. Robert recibió su MBA de Thunderbird, completó el programa de gestión ejecutiva AEA en la Universidad de Stanford, habla inglés, japonés y español con fluidez. Para más detalle, encuentre el perfil de Robert en LinkedIn:www.linkedin.com/in/robert-pearlstein-9766283/

**Janet A. Gregory** es cofundador y director de Kickstart Alliance (www.kickstartall.com), una empresa de consultoría dedicada a la conexión de clientes con los consumidores. Ella dirige la expansión empresarial práctica para KickStart Alliance, proporcionando la estrategia de planificación de ventas y desarrollo empresarial, ayudando a los clientes a desarrollar mercados existentes, así como agregar otros nuevos.

Janet tiene más de veinticinco años de experiencia corporativa en Silicon Valley. Las dos empresas más recientes fueron exitosas startups; las dos resultaron ser exitosos lanzamientos en la bolsa de valores. Una de ellas fue un cambio total y en la otra, Janet fue miembro fundador del equipo ejecutivo. En ambas startups Janet fue vicepresidente de ventas llevándolas a la rentabilidad y a un dramático crecimiento de ventas año a año. Antes, Janet trabajó para dos empresas, donde ocupó varias posiciones en desarrollo de negocios, ventas y marketing de productos, pasando de contribuyente individual a gerente general. Para más detalle, encuentre el perfil de Janet en LinkedIn: www.linkedin.com/in/janetg123

# Apéndice 1: Recursos y Referencias

Opciones del buscador (con clasificación 2014 de www.ebizmba.com):

| Logo | Buscador | Clasificación eBizMBA | Visitantes Mensuales |
|---|---|---|---|
| Google | #1 Google | 1 | 1,100,000,000 |
| bing | #2 Bing | 15 | 350,000,000 |
| YAHOO! | #3 yahoo | 18 | 300,000,000 |
| Ask | #4 Ask | 25 | 245,000,000 |
| Aol. | #5 AOL Search | 245 | 125,000,000 |
| WOW | #6 WOW | 271 | 100,000,000 |
| WebCrawler | #7 WebCrawler | 511 | 65,000,000 |
| mywebsearch | #8 MyWebSearch | 545 | 60,000,000 |
| infospace | #9 Infospace | 892 | 24,000,000 |
| info.com | #10 Info.com | 1,064 | 13,500,000 |

*Ilustración 27: Opciones del buscador*

Un montón de libros para leer. Aquí hay unos cuantos que recomendamos.
- Curtis Carlson y William Wilmot, Innovation: *The Five Disciplines for Creating What Customers Want.*
- J. Michael Gospe *The Marketing High Ground.*
- Frank Lavin y Peter Cohan, *Export Now.*
- Mona Pearl, *Grow Globally: Opportunities for Your Middle-Market Company around the World.*
- John Warrillow, *Built to Sell: Creating a Business That Can Thrive without You.*

Otras grandes fuentes y recursos incluyen
- YouTube,
- Play Store,
- IPhone Store y
- aplicaciones en smartphones.

# Capítulo 2: Agregar Valor

*Los sitios web y enlaces a documentos cambian; todos estos fueron probados en la fecha de publicación. Pedimos disculpas si no funcionan; utilice sus habilidades en el motor de búsqueda para reubicarlos.*

### Información Económica por País
- Unidad de Inteligencia Económica, Informes por País: www.eiu.com
- Financial Times, Informes por País
- organizaciones del país anfitrión dedicadas a la expansión extranjera
- cámara de comercio del país anfitrión
- agencias de inversión & desarrollo del país anfitrión
- Fondo Monetario Internacional: www.IMF.org
- Recursos de Internet para la Economía y Negocios Internacional http://www.loc.gov/rr/business/intl/
- Naciones Unidas: http://unstats.un.org/unsd/default.htm

- La Comisión de Comercio Internacional de EEUU / International Economic Review: http://usitc.gov/
- Foro Económico Mundial: www.weforum.org
- Anuario de Competitividad Mundial World Competitiveness Yearbook
- Banco Mundial "Ease of Doing Business Rankings": www.worldbank.org
- Su embajada o agentes comerciales en los potenciales países anfitriones

**Datos de desempleo**
- www.principalglobalindicators.org
- https://www.cia.gov/library/publications/the-world-factbook/rankorder/2129rank.html

# Capítulo 3: Eliminar Riesgos

*Los sitios web y enlaces a documentos cambian; todos estos fueron probados en la fecha de publicación. Pedimos disculpas si no funcionan; utilice sus habilidades en el motor de búsqueda para reubicarlos.*

**Situación Política**
- Centro de información G8: http://www.g7.utoronto.ca

**Actividad de Importación/Exportación**
- Kit de inicio de exportación: http://www.tradecomplianceinstitute.org
- Comercio exterior: www.census.gov/foreign-trade/ y https://usatrade.census.gov/
- Proyecto de análisis del comercio mundial: https://www.gtap.agecon.purdue.edu/
- Datos de producción industrial, volumen de negocios minoristas & importación/exportación: www.principalglobalindicators.org
- Administración de Comercio Internacional, Departamento de Comercio de EE.UU.: http://www.trade.gov/

- Sitio web del Instituto de Cumplimiento de Comercio Internacional: http://www.tradecomplianceinstitute.org
- Sistema de datos del Comercio Internacional: http://www.itds.gov/
- Mostrador Comercio Internacional: http://users.aol.com/tradedesk/trade.htm
- Análisis & Datos Comerciales: http://export.gov/tradedata/index.asp y www.census.gov/foreign-trade/www/sec4.html
- Base de Datos de Información Comercial: http://www.tradecomplianceinstitute.org
- Programa de Comercio Exterior de Estados Unidos: www.census.gov/foreign-trade/data/index.html
- Estadísticas Comerciales de EEUU por mercado e industria: www.trade.gov/mas/ian/tradestatistics/index.asp
- Enlaces de comercio mundial: informes comerciales, análisis y promoción del comercio, reglamentos, estadísticas: http://www.fita.org/
- Organización Mundial del Comercio (OMC): http://www.wto.org (específicas de cada país y las normas del comercio mundial)

**Analistas de la Industria e Investigación de Mercados**
(servicios principalmente en base a honorarios)
- Revista de Computación: www.computerreview.com
- Digital Clarity Group: www.digitalclaritygroup.com
- Forrester Research: www.forrester.com
- Gartner Group: www.gartner.com
- IBISWorld: www.ibisworld.com
- IDC (International Data Corporation): www.idc.com
- Informa Telecoms & Media: www.informatandm.com
- McKinsey & Company: www.mckinsey.com
- Ovum Ltd.: www.ovum.com
- SNL Kagan: www.snl.com
- Yankee Group: www.yankeegroup.com

**Prácticas de Negocios y cultura**
- www.Kissbowshakehands.com

- www.executiveplanet.com

### Convertidores de Zona Horaria
- Reloj Smartphone tendrá un convertidor de zona horaria
- www.timezoneconverter.com
- www.timeanddate.com/worldclock
- www.worldtimebuddy.com

### Recursos de Conversor de Moneda y tasa de cambio
- www.bloomberg.com/markets/currencies/currency-converter
- www.gocurrency.com
- www.google.com/finance/converter
- www.x-rates.com/calculator

### Obtención de Vuelos Internacionales Baratos
- Airfare Watchdog: http://www.airfarewatchdog.com/
- configuraciones de vuelo: www.seatplans.com y http://www.seatguru.com/
- alertas cuando los precios bajan: www.yapta.com
- costos de vuelos entre diferentes ciudades. http://www.airninja.com/

### Consejos de Viaje
- consejos Forbes: http://www.forbes.com/sites/dorieclark/2012/06/07/5-tips-to-maximize-your-international-business-travel/
- Consejos Gadling: http://www.gadling.com/2012/09/17/10-tips-for-international-business-travel/
- consejos Inc.com: http://www.inc.com/guides/201103/7-tips-for-foreign-business-travel.html
- consejos Tech Republic, incluyendo comer bien: http://www.techrepublic.com/blog/10-things/10-tips-for-coping-with-international-business-travel/#
- *USA Today*, navegando en una ciudad cuando no conoce el idioma: http://traveltips.usatoday.com/navigate-foreign-city-dont-language-1676.html

- Qué y cómo empacar para un viaje de una semana: http://importexport.about.com/od/DoingBusinessIn/a/PackingForAnInternationalBusinessTrip.htm

### Consejos de Viaje Varios de Robert y Janet
- No alquile un coche hasta que haya estado varias veces en un país.
- No alquile un coche hasta que haya estado en el país durante más de un día.
- No alquilar un coche si sólo va a estar en una ciudad durante 1 a 2 días; no vale la pena.
- Si eres un corredor o caminante, después de aterrizar en algún lugar, corre o camina alrededor de la zona del hotel por 30, 45 o 60 minutos. Familiarícese con monumentos, tiendas y transporte público.
- Lleve siempre la tarjeta del hotel con la dirección del hotel.
- Aprenda los principios básicos de orientación en el idioma del país: izquierda, derecha, recto. El diccionario de idioma o aplicación Smartphone funcionan bien para esto.
- Viaje seguro de, no acepte una habitación en el primer piso, cerca del ascensor, o cerca de las escaleras.

### Comparta Sus viajes, Grabe Su Experiencia, Guías de Viaje Personales
- aplicaciones de Smartphone como HipGeo y FourSquare
- aplicación smartphone TagWhat

### Transporte en el País
- encuentre viajes, aplicación smartphone: Uber
- transporte público en una ciudad extranjera: http://blog.wehostels.com/public-transportation-foreign-country/
- applicación de smartphone tren subterráneo: AllSubway

### Teléfono Celular y Acceso a Internet.
- ATT WiFi en el extranjero: http://attwifiabroad.com/iosDevices/
- IPhone: http://www.idownloadblog.com/2009/04/23/tips-traveling-internationally-iphone/

- datos IPhone:
  http://www.macworld.com/article/2057969/how-to-avoid-big-international-iphone-data-charges.html
- "Permanecer Conectado Mientras está en el extranjero":
  http://www.transitionsabroad.com/listings/living/resources/stayingconnected.shtml

**Investigación primaria: Herramientas de Encuesta y Recolección de datos**
- Google Consumer Surveys:
  www.google.com/consumersurveys
- Key survey: www.keysurvey.com
- Survey Monkey: www.surveymonkey.com
- Zoomerang: www.zoomerang.com

# Capítulo 4: Encuentre un Guía de Montaña

*Los sitios web y enlaces a documentos cambian; todos estos fueron probados en la fecha de publicación. Pedimos disculpas si no funcionan; utilice sus habilidades en el motor de búsqueda para reubicarlos.*

**Recursos del Gobierno para Ayudar a Encontrar un Guía de Montaña**
- Export.gov página de inicio:
  http://www.export.gov/index.asp

**Información Financiera sobre Compañías Representantes, Socios o Clientes.**
- Dun & Bradstreet: http://www.dnb.com
- Tradenex: http://www.tradenex.com (específica para la región de Asia).

**Guías de montaña** (Hay muchos; estos son algunos de nuestros favoritos mencionados en *Globalizar*).
- Daniel Turner Global

- o   http://www.danielturner.global (desarrollo de negocios globales)
- o   http://www.danielturner.pro (propuesta/copia escritura & presentación).
- o   http://www.danielturner.today (periodismo económico)
- Kimberly Benson, Zenaida Global
  - o   www.zenaidaglobal.com (transformando su presencia internacional)

**Otras Fuentes y Recursos útiles**
- Inteligencia de mercado: https://www.export.gov/Market-Intelligence
- Indice de Comerciantes Extranjeros Index (FTI): https://www.foreign-trade.com/index.htm
- Export.gov Gold Key Service: https://www.export.gov/search#/search?q=gold%20key%20service&_k=6rlm2p
- *Guía de Servicios para EE.UU.: La Exportación del siglo XXI* (World Trade Press Publications, tel.: 415-433-9084)
- Perfil de la Empresa Internacional (ICP) http://store.worldtradepress.com/Services_The_Export_the_21st_Century.php
- Trade Compass: http://www.trade-compass.com
- Banco de Datos de Comercio Nacional (NTDB): http://www.trade.gov/mas/ian/tradestatistics/ y http://www.export.gov/tradedata/
- UNIDO (Organización de las Naciones Unidas para el Desarrollo Industrial): http://www.unido.org
- División de Estadística de las Naciones Unidas: http://www.un.org/Depts/unsd/
- USITC (Comisión de Comercio Internacional de Estados Unidos): http://www.usitc.gov/

Globalizate
*Built for Global: Edición en Español*

## Capítulo 5: Construya Confianza

*Los sitios web y enlaces a documentos cambian; todos estos fueron probados en la fecha de publicación. Pedimos disculpas si no funcionan; utilice sus habilidades en el motor de búsqueda para reubicarlos.*

**Herramientas de Comunicación** (Hay muchas más que estas y nuevas que están disponibles todo el tiempo)
- Google Hangout
- Skype
- Webex
- Herramientas de comunicación del smartphone
    - WhatsApp
    - Telegram

**Feria Comercial Nacional y Conferencia de Educación**
- http://export.gov/

**Recaudar Dinero**
- http://www.tradeupfund.com

**Oportunidades Comerciales**
- BR Trade (información de contacto, códigos de producto, transporte comercial, la balanza comercial para países específicos): http://www.brtrade.com/

**Recursos Regionales o Específicos del País**
- *Bolivia:* IBCE (Instituto de Comercio Internacional de Bolivia): http://ibce.org.bo/
- *Canadá:* ExportSource: http://www.gov.mb.ca/trade/export/links/ex_exsrce.html
- *Canadá:* http://www.canadabusiness.ca/eng/page/2839/
- *Canadá:* Estadísticas Canadá: http://www.statcan.ca/start.html
- *Caribe:* Caribbean Export Development Agency: http://www.carib-export.com
- *China:* CETRA (Consejo de Desarrollo del Comercio Exterior de China): http://www.taitra.org.tw/

- *China:* Base de Datos de Comercio Mundial: http://www.wtdb.com/
- *Europa:* IBT Partners: http://ibtpartners.com/us
- *Unión Europea:* http://www.europa.org
- *Alemania*: GABA (Asociación Americana Alemana de Negocios): http://www.gaba-network.org/
- *Italia:* Instituto de Estadística de Italia: www.istat.it
- *Japón:* Fondo de Cooperación Económica Exterior, Japón: http://www.jbic.go.jp/en
- *América Latina: El* Banco Interamericano de Desarrollo: http://www.iadb.org
- *Rusia:* Comité Estatal de la Federación de Rusa de Estadísticas (Goscomstat): http://www.gks.ru/
- *Sur de Asia:* SAARC (Asociación de Cooperación Regional de Asia del Sur): http://www.saarcyellowpages.com
- *Hemisferio de habla española, investigación, mercados, eventos y expertos: The* Americas Information Gateway System: http://www.gmspmi.com/index.php?Content=RelatedWebsites
  Http://www.tradecorridors.org/
- *Taipéi:* CETRA (Consejo de Desarrollo del Comercio Exterior de China): http://www.taitra.org.tw/
- *Taiwán:* CETRA (Consejo de Desarrollo del Comercio Exterior de China): http://www.taitra.org.tw/

**Alimentación y Agricultura**
- FAO (Organización para la Alimentación y la Agricultura: http://www.fao.org
- Servicio Agrícola Exterior, gobierno de Estados Unidos: http://www.fas.usda.gov/

# Apéndice 2: Decodificador de Siglas

 Las definiciones provienen de *Wikipedia* ([www.wikipedia.org](www.wikipedia.org)), D*iccionario Internacional Webster* y la locura en las mentes de Robert Pearlstein y Janet Gregory.

**10k** = El Formulario 10-K de la SEC (Comisión de Valores y Cambio) es un informe anual reglamentario en el que se ofrece un amplio resumen del rendimiento financiero de una compañía que contiene más información que la del informe anual satinado de la empresa. Un formulario 10-K es obligatorio para las empresas con más de 10 millones de dólares en activos (entre otras condiciones) y se aplica independientemente de si los títulos se negocian de manera pública o privada.

**10Q** = El Formulario 10-Q de la SEC es un informe trimestral de rendimiento financiero requerido para todas las empresas que cotizan en la bolsa.

**2X, 3x, 4X, X = "n"** dos veces, tres veces, cuatro veces, o *n* veces. Factor de multiplicación de *n* veces cierta cantidad de referencia.

**B2B** = Empresa a empresa. Una empresa que vende sus productos y servicios a otras empresas.

**B2C** = Empresa a consumidor. Una empresa que vende sus productos y servicios directamente a los consumidores.

**B2G** = Empresa a gobierno. Una empresa que vende sus productos y servicios al gobierno (federal, estatal o local), que los utilizará para apoyar políticas o programas patrocinados por el gobierno.

**B2P** = Empresa a socio. Una empresa que vende sus productos y servicios a o a través de socios, quiénes revenderán a empresas, consumidores o el gobierno.

**BRIC=** Brasil, Rusia, India y China. (BRICS agrega Sudáfrica.) Estos países son a menudo agrupados en representación de grandes economías en crecimiento que son una mezcla de avanzadas y en desarrollo.

**CEO =** Chief Executive Officer. El más alto ejecutivo de una empresa. Si él o ella tienen responsabilidades operacionales, el CEO también llevará el título de presidente.

**CRM =** Gestión de relaciones con el cliente. Procesos implementados para gestionar las interacciones de la empresa con los clientes y clientes potenciales. Es comúnmente usado para describir el software que gestiona estos procesos.

**CV =** Curriculum vitae. Perfil de experiencia profesional. Un CV es normalmente más largo y contiene más información que una hoja de vida, pero se utilizan para el mismo propósito.

**DIY =** Do it yourself. Hágalo usted mismo. Crear cosas por sí mismos sin la ayuda de profesionales pagados.

**Expat=** expatriado = (también comúnmente mal escrito "ex-patriota"). Una persona que reside temporal o permanentemente en un país distinto al de su nacionalidad. En los negocios se refiere a un profesional o un trabajador cualificado en el extranjero enviado por una empresa con la que la persona está empleada.

**F2F =** cara-a-cara. Reunión en persona con otra persona.

**FUD=** Temor, incertidumbre y dudas. Cosas que crean preocupación, incertidumbre y temor, especialmente a la hora de entrar en lo desconocido.

**GDP = (PIB)** producto interno bruto. El valor de mercado de *todos* los bienes y servicios finales (no crudos) producidos reconocidos oficialmente dentro de un país en un año. Es un indicador del nivel de vida.

**IP =** Propiedad intelectual. Un concepto jurídico que se refiere a las creaciones de la mente, como la música, la literatura, los descubrimientos y las invenciones. Bajo las leyes de propiedad intelectual, a los dueños de la propiedad intelectual se le conceden ciertos derechos y protección mediante patente, derecho de autor, marca comercial, derecho de diseño, etc.

**IPO =** Oferta pública inicial. Una empresa ofrece acciones a los inversionistas en la Bolsa de Valores de Nueva York o el NASDAQ. A través de este proceso una compañía privada se transforma en una empresa pública, recaudando capital para la expansión y para rentabilizar las inversiones de los primeros inversionistas privados.

**IMF=** **FMI** Fondo Monetario Internacional. El Fondo Monetario Internacional es una organización internacional de 180+ países que trabajan para fomentar la cooperación monetaria internacional, afianzar la estabilidad financiera, facilitar el comercio internacional, y promover el crecimiento económico sostenible. www.imf.org

**IT =** Tecnología de la información. Dependiendo del uso, el término puede referirse a un segmento de la industria, infraestructura o un departamento dentro de una empresa responsable de una combinación de equipamiento informático, software y telecomunicaciones.

**ITA =** Asociación de Comercio Internacional. Una división del Departamento de Comercio de los Estados Unidos. www.ita.doc.gov/bems/index.htm

**JV=** Joint venture. Una empresa conjunta es un acuerdo comercial en el cual las partes se comprometen a desarrollar, durante un período de tiempo específico, una nueva entidad y nuevos activos contribuyendo con equidad.

**MAN=** Dinero, autoridad y necesidad. Capacidad y disposición para comprar.

**MBA=** Maestría en administración de negocios. Título de educación superior otorgado por una universidad para estudiar la aproximación científica a la gestión empresarial.

**MOU=** Memorando de entendimiento. El acuerdo no vinculante firmado por ambas partes, normalmente entre un cliente potencial y un proveedor.

**N-A-B-C=** Necesidad, enfoque, beneficios por costo y competencia. La fórmula de SRI International para una propuesta de valor introducida en el libro *Innovación* por Carlson y Wilmot. Una propuesta de valor debe incluir cuatro componentes: 1) importante necesidad del cliente o mercado, 2) su enfoque para satisfacer la necesidad, 3) Beneficios por costo para el cliente y 4) competencia o alternativas disponibles.

**NAICS=** Sistema de Clasificación Industrial de América del Norte. El estándar para las categorías utilizadas por los organismos de estadística federal en la clasificación de los negocios en América del Norte. www.naics.com

**NASA=** Administración Nacional de Aeronáutica y del Espacio. La agencia gubernamental estadounidense responsable del programa espacial civil junto con la investigación aeronáutica y aeroespacial.

**NTDB=** Banco de Datos Comerciales Nacionales. Una base de datos compilada y ejecutada por el gobierno federal de los EEUU. El banco de datos contiene información sobre la importación y exportación, las inversiones internacionales, estadísticas comerciales, proyecciones, los tipos de cambio y otra información relativa a los negocios y el comercio internacionales. www.stat-usa.gov

**OA=** Administración de órdenes. Departamento dentro de una empresa responsable del procesamiento de órdenes de clientes; responsable de las órdenes de ventas, configurar nuevas cuentas, gestionar cuentas existentes y ver que las órdenes sean cumplidas por la empresa.

**P&L=** Ganancias y pérdidas. Un estado financiero de una empresa que muestra los ingresos y gastos durante un determinado período.

**PhD=** Doctor en Filosofía (latín: *philosophiae doctor*). Uno de los más altos grados académicos de postgrado otorgados por las universidades.

**PoC=** Prueba de concepto. Un piloto, prueba, prueba o demostración de viabilidad y uso. Puede ser ofrecida como garantía de devolución de dinero o compra contingente.

**RFI=** Solicitud de información. Criterios emitidos por el cliente para uno o más proveedores cuando buscan información para resolver un problema. Similar a la RFP, SDP, o licitación pero no suele preguntar por los precios.

**RFP =** Solicitud de propuesta. Criterios emitidos por el cliente para múltiples proveedores cuando buscan una solución a un problema. También se puede denominar RFQ o licitación.

**RFQ =** Solicitud de cotización. Criterios emitidos por el cliente a múltiples proveedores cuando buscan comparación de precios para ofertas similares. También pueden ser contempladas como RFP o licitación.

**ROI =** Retorno sobre la inversión. El concepto es medir el impacto de la inversión realizada. La inversión podría ser personas, tiempo, recursos y dinero. El impacto es ceder hacia el logro de algunos objetivos, tales como el ahorro de dinero o ganar dinero. Es un medio para comparar las inversiones y para medir la eficacia de una inversión.

**SAP=** Prácticas contables estándar. Un conjunto de reglas que una empresa debe seguir al informar sobre su estado financiero. Directrices de prácticas de contabilidad estándar permiten a las empresas ser comparados entre sí porque han seguido las mismas reglas. SAP en Estados Unidos también se conoce como GAAP, o los principios de contabilidad generalmente aceptados.

**SEC=** Comisión de Bolsa y Valores. Agencia del gobierno de Estados Unidos que se encarga de regular y hacer cumplir las leyes que afectan a los valores, acciones y opciones.

**SME=** **PYME** Pequeña a mediana empresa. Empresas cuyos números de personal caen por debajo de un límite especificado.
**TV =** Televisión. ¡Bueno, eso era evidente!
**Uso USA=** Estados Unidos de América. ¡Sí, eso ya lo sabía!
**USD =** Dólar de EE.UU. La moneda de los Estados Unidos. Un solo dólar está dividido en cien centavos, la subunidad monetaria.
**VAR =** Distribuidor de valor añadido. Una empresa que agrega características o servicios para un producto existente y lo vende como una solución más completa u oferta integrada.
**VP=** Vice presidente. Título organizacional (¡pero usted sabía eso!).
**WTO=** **OMC** Organización Mundial del Comercio. Organización de membrecía de países organizada para abordar normas del comercio entre los países miembros. www.wto.org

## Apéndice 3: Fundamentos que Vale la pena Conocer

Anticipe las necesidades personales y profesionales básicas antes de salir de casa para evitar los problemas sencillos. Cuando viaje a países avanzados, encontrará la vida similar a la de los Estados Unidos, fundamentalmente con una infraestructura fiable. Por otro lado, viajar a países emergentes y en desarrollo puede presentar algunas dificultades, especialmente cuando se está fuera de la capital del país, o de los principales centros metropolitanos. Conceptos básicos de infraestructura pueden ser variables, poco confiables o incluso no estar disponibles. Aquí hay algunos consejos simples sobre la infraestructura básica: las zonas horarias, la proximidad, el transporte en el interior del país, convertidores de potencia, acceso móvil y agua potable.

**Las zonas horarias.** Averiguar las diferencias de zona horaria puede darle un calambre cerebral. La buena noticia es que la mayoría de los relojes smartphone harán esto por usted, o usted puede encontrar una aplicación para conversión de zona horaria. Robert y Janet también tienen uno en sus laptops para ayudar a organizar reuniones de negocios. Si usted tiene el lujo de escoger un país o una región sobre la base de preferencias personales, báselo en sus ritmos circadianos. Si es una persona madrugadora que vive en la costa oeste de los Estados Unidos, escoja los países en Europa y el Oriente Medio. Si desea mantener un horario regular de nueve a cinco, considere la posibilidad de programar a los países del norte y del sur en la zona con bandas de tiempo similar, como Canadá, América Central o América del Sur. Si es un noctámbulo y prefiere trabajar de noche, Asia, Australia y China se ajustarán a sus ritmos circadianos. Las herramientas de conversión de zona horaria abundan; necesitará una.

**La proximidad** es tanto el lugar y la hora. Es la alegría de estar sentado durante horas dentro de un tubo de metal llamado avión sólo para sentirse como una rosquilla mojada a la llegada. Robert vuela en clase turista para estirar los apretados presupuestos de viaje. La estrategia de Robert para llegar listo para la acción es sentarse en un asiento de pasillo y llevar una pastilla para dormir, tapones para los oídos y viseras. Janet prefiere un asiento de ventana y melatonina, pero el resultado es el mismo: dormir un poco. También encontrará que su cuerpo prefiere una dirección sobre la otra. Para Janet, viajar hacia occidente funciona mejor para su reloj corporal. Verifique con las compañías aéreas que vuelan en/fuera del país. Tener más de una opción ayuda a evitar retrasos en los vuelos en el caso de disputas laborales o problemas de la industria de aerolíneas. Vuelos con sólo una conexión mejorarán sus posibilidades de llegar al país el día y la hora que usted esperaba.

**Opciones de transporte en el país.** Piense en los clientes que van a comprar y utilizar su oferta de productos. Puede que necesite transportar productos o personas al servicio de sus clientes. ¿Cuáles son las opciones de transporte en el país a través del ferrocarril, aire, mar y carretera? Diversos factores influyen en sus necesidades de transporte, incluidos los requisitos de negocio, tipo de productos, opciones de almacenamiento, seguros, destino, costo, peso y mucho más. A menudo más de un modo de transporte será utilizado, que puede plantear problemas de entrega, almacenamiento y seguridad. Reclute la ayuda de su guía de montaña y su equipo en casa para explorar estas opciones. El objetivo es lograr un equilibrio entre calidad, costo, organización y tiempo.

**Convertidores de potencia y transformadores.** Nuestra dependencia de la electricidad es incuestionable. Debemos mantener nuestros juguetes al día y funcionando. Los negocios dependen de la electricidad para las necesidades tanto profesionales como personales; un exitoso viaje de negocios requiere energía para todo, desde ordenadores y smartphones a afeitadoras y secadores de pelo. ¿Qué "adaptador" necesita? ¿Necesita un adaptador de enchufe para cambiar la configuración de clavijas que se pegan en la pared? O ¿necesita un convertidor de transformador combo que cambia ambos las clavijas y la configuración de conversión de potencia o de tensión? No se preocupe, usted no necesita ser un genio de la electrónica.

Verifique online o visite una tienda local de electrónica para ayuda; en nuestra zona podría ser Best Buy o Radio Shack. Es bueno evitar volar el disyuntor de carga en su habitación de hotel y el derretir sus aparatos electrónicos. ¡Huy! Si este es un detalle de último minuto que olvidó considerar, la tienda electrónica del terminal internacional será muy útil, incluso si es un poco más caro.

**Teléfono móvil y acceso a Internet.** El acceso fiable a Internet puede ser importante para su viaje y vale la pena revisarlo con anticipación. Somos adictos a nuestros smartphones y ordenadores portátiles. El acceso a Internet proporciona el vínculo para conectarlo con su empresa y su familia. El acceso a Internet puede ser importante para la operación de su oferta de productos, mantenimiento, o la presentación de informes. Velocidad, ancho de banda, la disponibilidad y confiabilidad del acceso a Internet son importantes para una amplia gama de industrias, desde productos de alta tecnología a equipos agrícolas. Consulte con su operador móvil para habilitar servicios internacionales antes de salir de los Estados Unidos.

*Ilustración 28: Configuraciones de enchufe electrico*

**Agua potable.** No hay nada peor que enfermarse en un viaje de negocios. Las bacterias transmitidas por el agua son los más fáciles de evitar. Beba agua embotellada cuando se encuentre en países donde el agua no siempre satisface los niveles de calidad esperados por los occidentales. En zonas remotas de países inicialmente emergentes, protegerse de bacterias transmitidas por el agua no abriendo la boca en la ducha y cepillándose los dientes con agua embotellada. Problemas de estómago pueden convertir un de otro modo exitoso viaje de negocios en una estrepitosa detención y no vale la pena correr el riesgo.

# Apéndice 4: Compense y Motive

Hay muchas maneras de compensar y motivar a su guía de montaña. Los métodos más comunes son:

- Comisión
- Retenedor
- Bono
- Reembolso de gastos
- Otros incentivos

Pueden utilizarse solos o, más comúnmente, en combinación.

Probablemente no necesita que se lo recordemos..., pero la estructura de la compensación debe ser parte de un acuerdo de plazo delimitado; esto permite la revisión al final del periodo de tiempo especificado.

*Comisión*

Comisión es un elemento variable del plan de compensación basado en el logro de determinados objetivos financieros, tales como reservas, ingreso o pago recibido.

La comisión es el acuerdo de compensación más común con un guía de montaña. Robert empieza siempre con la comisión como principal compensación en la negociación con un guía de montaña. Si es posible, Robert intenta negociar un plan de comisión directa. Es un sencillo enfoque orientado a la acción para la compensación porque al representante se le paga un porcentaje de la venta. Para evitar la ambigüedad, la comisión se define por estado del pedido como reserva, ingreso o pago recibido.

*La comisión por reserva* es cuando se recibe una orden y las condiciones son aceptadas por su empresa. El pago se realiza cerca del punto de transacción cuando el representante ha completado sustancialmente su función. Su empresa lleva el riesgo de cancelación, entrega y cobro. Si hay un largo tiempo de espera entre la reserva y el reconocimiento de los ingresos ordinarios, se recompensa al guía de montaña por su logro, pero a su empresa no le gustará el lapso de tiempo.

*Comisión por ingresos* es cuando una orden aceptada ha cumplido los criterios de reconocimiento de ingresos por las prácticas contables estándar (SAP). Para los productos esto puede ocurrir cuando el producto se envía desde el punto de origen, después de la entrega o en el momento de la instalación, según como se define por SAP o contrato del cliente. Para un negocio de servicios, el reconocimiento de los ingresos es típicamente en la entrega o finalización de los servicios. El riesgo es compartido por el guía de montaña y su empresa; el pago al guía de montaña se retrasa hasta que su empresa pueda reconocer los ingresos.

*Comisión de pago* es cuando su empresa ha recibido efectivo o un instrumento financiero por el valor de la orden. Los arreglos contractuales con el cliente pueden especificar el pago por adelantado, en el momento de la entrega, o en determinados hitos. La comisión se paga al representante sobre una base de pago según pago. El guía de montaña lleva más riesgo con demoras de pago y debe confiar en la capacidad de su compañía para entregar los productos y cobrar el pago en forma oportuna.

La ventaja de la compensación basada en comisión es la orientación a los resultados. Los guías de montaña tienen incentivos para vender tanto como sea posible. Cuanto más se venda, más reciben. La desventaja es que si encuentran que su oferta es más difícil de vender o tiene un tiempo de ciclo de ventas más largo que otras ofertas que representan, es probable que pierda interés y no ponga empeño en vender su producto.

Las tarifas de comisión varían de un país a otro y con el tipo de oferta. La determinación de la tasa de comisión puede ser un poco complicada y las tasas de comisión pueden ser tan bajas como el 2 por ciento y tan altas como de 25 por ciento. Robert y Janet han utilizado típicamente una tasa de comisión de 5 a 10 por ciento, teniendo en cuenta la retención, gastos generales y el margen de utilidades de la empresa.

La comisión también puede variar de acuerdo al volumen de ventas, que puede ser un motivador para que el representante venda más. Por ejemplo, el representante podrá obtener el 5 por ciento de las ventas de hasta $100,000 USD, el 7 por ciento de $100,000 a $1 millones de dólares y 10 por ciento por todo sobre 1millón de dólares.

Trate a su guía de montaña con justicia. Su guía de montaña no es sólo un contacto profesional en el país, sino también una extensión de su empresa. La tasa de éxito de su negocio en el país, es una función directa del representante que usted seleccione.

## *Retenedor*

Un retenedor es la compensación fija pagada por adelantado por determinado trabajo. Utilizaremos el término "retenedor" por conveniencia, pero su empresa puede referirse a la compensación fija con algunos otros términos, como "garantía", "asignación", "presupuesto", u otro. Un retenedor significa que su compañía está entrando en un mutuo acuerdo orientado a la acción con el guía de montaña. El trabajo especificado suele ser descrito en un acuerdo de trabajo, como hemos esbozado en "Establezca Acuerdos".

Los retenedores son comunes para los abogados o los servicios de contabilidad a fin de asegurar o mantener sus servicios disponibles o "localizables" como sea necesario. En una relación de trabajo por contrato, el retenedor establece un compromiso mutuo entre el guía de montaña y su empresa, similar a la manera que un sueldo compromete a un empleado a tiempo completo para trabajar en una empresa. El retenedor cae entre un contrato esporádico y un empleo de tiempo completo.

Si su empresa es una marca reconocida, un retenedor puede ser innecesario. Los guías de montaña se sentirán orgullosos de llevar el nombre de su empresa en sus tarjetas de visita o en sus operaciones de negocio. Los retenedores pueden ser estratégicos, especialmente si impiden a su guía de montaña trabajar con un competidor. Robert ha trabajado también con los guías de montaña en comisión directa y luego más adelante en la relación ha agregado un retenedor por temor a perder los servicios de la persona cuando obtener tracción en el país tardó más de lo esperado.

Es importante especificar los servicios previstos a realizarse por el retenedor de servicios. Janet siempre pone las expectativas de trabajo por escrito y las actualiza de forma periódica, ya sea mensual, trimestral o anualmente, como mínimo; el acuerdo de trabajo se convierte en un documento vivo. Janet siempre mantiene un retenedor orientado a la acción; mantiene al guía de montaña centrado en el rendimiento y reduce la posibilidad de pagar algo por nada. Defina la expectativa de que los servicios requeridos cambiarán con el tiempo. Las expectativas para el guía de montaña son la descripción de trabajo acompañada por los objetivos de gestión y un acuerdo de trabajo.

Los retenedores pueden ser una tarifa negociada fija o una tasa variable por horas dependiendo de las expectativas, la función y los objetivos de gestión. Ambos modelos son utilizados frecuentemente. Una tarifa negociada fija funciona bien cuando se espera un nivel mínimo de compromiso para las actividades autónomas que produzcan resultados. Una tasa variable por horas funciona bien con expectativas más cuantificables y actividad transaccional. Robert y Janet trabajan más comúnmente con una tarifa fija negociada, que satisfaga sus necesidades empresariales.

Las tasas de retenedor varían según el país, el nivel de conocimiento del representante y el trabajo que se realiza. La tasa de retenedor se basa normalmente en un 10 a 50 por ciento de aumento sobre lo que un empleado a tiempo completo sería pagado en caso de ser contratado en el país. Cuanto mayor es el aumento, más especial o difícil la tarea. Esto significa que necesitará un poco de averiguación o investigación para determinar un importe justo.

He aquí un ejemplo de cómo funciona: si un salario de tiempo completo para una persona equivalente en el país, es de $50.000

USD anuales, cuando se incrementa en un 14% a cuenta de los beneficios que serían de $57.000 USD equivalentes. Si espera que el representante pase 50 por ciento del tiempo trabajando para usted, la tasa de retenedor sería de $28,500 USD por año. Si le paga al guía de montaña mensualmente, divida la tasa anual por doce meses para llegar a una tasa de retenedor mensual de $2.375 USD dólares.

| $57,000 | X | 50% | = | $28,500 | ÷ | 12 menses | = | $2,375/month |
|---|---|---|---|---|---|---|---|---|
| Sueldo Annual Aumentado | X | Percentaje de Utilizacion Esperado | = | Tasa Retenedor Anualizada | ÷ | Peridos de Pago Por Año | = | Pago Retenedor Por Período de Pago |

*Ilustración 29: Método para el cálculo de retenedor*

Obviamente, todas las cifras en este ejemplo cambiarán según el país al que está entrando, la función que cumplirá del guía de montaña, la cantidad de tiempo que usted utilizará los servicios y el número de periodos de pago. Pero, puede hacerse una idea de cómo funciona.

Se puede utilizar un enfoque similar cuando se trabaja con empresas, aunque normalmente las empresas tienen una política predefinida de precios para los servicios. Cuando trabaja con empresas como su guía de montaña, este método de cálculo le ayudará a evaluar y negociar el valor relativo.

## *Bonos*

A menudo se agrega un bono a un retenedor como recompensa por un buen rendimiento o lograr objetivos concretos, tales como el establecimiento de reuniones, encontrar clientes potenciales calificados, firmar memorandos de entendimiento, o la obtención de clientes prueba de concepto.

Los bonos proporcionan motivación para el rendimiento y la consecución de importantes hitos distintos a la generación de ingresos. Estas pueden ser definidas en el acuerdo de compensación o como un "regalo sorpresa" por rendimiento excepcional.

Al contratar un guía de montaña para realizar tareas distintas a las ventas, los bonos son a menudo empleados como un componente de compensación. Un bono debe estar basado en algo específico y medible, como tiempo de realización o logro por encima de un nivel básico de expectativa. Las tareas serán específicas para su empresa, tales como la localización, exhibiciones minoristas, instalación, entrenamiento y mantenimiento.

El rendimiento de alta calidad es a menudo motivado o recompensado con un bono. La calidad puede ser una medición subjetiva. Le recomendamos que las bonificaciones por rendimiento de calidad se base en elementos cuantificables, tales como encuestas de satisfacción de clientes o puntuaciones netas de promotores.

El servicio excepcional de un guía de montaña a lo largo de un período de tiempo puede ser premiado con un bono inesperado como muestra de agradecimiento por el servicio. Cuando una empresa pasa de lanzamiento a operaciones comerciales dentro de un país y los servicios de un guía de montaña leal ya no son necesarios, un bono de terminación es una bonita señal de agradecimiento. **¡Los buenos guías de montaña se esforzarán al máximo para hacer su trabajo!**

El uso combinado del retenedor más la bonificación es común en las primeras etapas de llevar una empresa fuera de los Estados Unidos, debido a que hay muchos factores desconocidos. Los bonos son una forma de compensación variable cuando los ciclos de ventas internacionales son desconocidos y la propuesta de valor para el cliente en el país no ha sido validada. Los bonos pueden basarse en medidas generadoras de ingresos, así como en eventos que no producen ingresos. Robert y Janet a menudo han pagado bonos a guías de montaña por obtener MOUs (memorando de entendimiento) no vinculantes. Los MOUs son a menudo un componente importante para iniciar una relación comercial en muchos países y dignos de un bono como recompensa.

Las cantidades de los bonos varían de acuerdo al tipo de expectativas de rendimiento y variará de un país a otro. Los bonos deben ser lo suficientemente importantes como para destacarse como un elemento importante de la remuneración total. También deben mantenerse razonables de manera de no compensar desproporcionadamente al representante en comparación con lo que un empleado asalariado de tiempo completo anual en el país podría valer.

*Reembolso de gastos*

El reembolso de gastos es el repago por desembolso en gastos incurridos reales acordados mientras se realiza el trabajo.

Póngase de acuerdo con anticipación respecto a gastos aceptables por desembolso incurrido y que calificarían para un reembolso, si los hubiere. En algunas relaciones de negocios, no hay reembolso de gastos; se espera que el guía de montaña absorba los gastos como parte del costo de hacer negocios. En otras relaciones empresariales, habrá una lista aceptable de gastos reembolsables hasta un máximo permisible. Se puede definir un presupuesto periódico para los gastos, o se puede requerir aprobación con anticipación. Los gastos presentados para reembolso debe seguir el mismo proceso o similares a los utilizados por los empleados en los Estados Unidos, que probablemente requieran recibos y justificación (declaración de propósito).

Para la mayoría de los guías de montaña, el teléfono celular, servicios de Internet, o gastos de oficina *no se* reembolsan y se espera que el guía de montaña asuma los costos como parte de hacer negocios. Viajes y entretenimiento son típicamente reembolsables con parámetros específicos para lo que es aceptable y lo que no lo es y lo que requiere aprobación previa.

## *Otros incentivos*

Otros incentivos pueden excitar e inspirar acción o esfuerzo mayor; se pueden ofrecer otros incentivos como recompensa por el aumento de la productividad o alto rendimiento.

Los regalos son un incentivo común añadido a un mecanismo de compensación. El regalo debe ser algo valorado por el guía de montaña. Los regalos varían en costo y tipo, dependiendo de lo que se premia y por qué. Artículos personales tales como un reloj, un ordenador tablet, suscripción, smartphone, joyas, obras de arte, u otros artículos tangibles de valor son regalos comunes. Regalos empresariales de entrenamiento, conferencias o talleres son también muy apreciados.

El reconocimiento entre pares es un reconocimiento estatus y méritos. El reconocimiento podría ser interno, dentro de la empresa, por rendimiento excepcional. Externo, reconocimiento público dentro de un ámbito técnico, industria o función de negocios también puede ser altamente apreciado. El reconocimiento puede ser acompañado de alguna condición especial o clasificación que podría aparecer en una tarjeta de presentación, sitio web, o en una oficina, como una placa o trofeo o un nivel de estatus como "Socio medalla de Oro". El reconocimiento público puede lograrse a través de anuncio, comunicado de prensa, tweet, un artículo publicado, estudio de caso, posteo en Facebook, o hacerlo en un discurso en un evento.

Los reconocimientos toman muchas formas. Robert y Janet han encontrado que los premios de viajes pueden ser una buena motivación. Podría ser un viaje con todos los gastos pagados a un destino turístico o a la sede de su compañía. Los viajes de premio pueden combinar negocios con placer. El contenido empresarial podría ser una combinación de capacitación, reunión con representantes clave de la empresa y otros altos actores convocados.

# Apéndice 5: Tareas para una Prueba de Concepto Exitosa POC

## PoC Tarea 1: Establecer Metas y Objetivos de la PoC

- ¿Qué resultados usted necesita alcanzar con los clientes PoC?

    - Asegúrese de que el producto funciona para satisfacer la expectativa del cliente.
    - Verifique que se cumplan la implementación y requisitos operacionales.
    - Cuantificar el valor específico para las necesidades de los clientes en el país.

- ¿Cómo se medirá el éxito de la PoC?

    - por usted y su empresa
    - por su guía de montaña
    - por sus clientes PoC

- Establezca expectativas realistas.

    - Tiempo: ¿cuánto tiempo para importar e implementar?
    - Necesidades de recursos: mano de obra, la pericia, infraestructura, etc.
    - Capital: inversión, contingencia, otros.

## PoC Tarea 2: Prepararse para el Contacto con el Cliente

- Determine clientes objetivo a contactar (recomendaciones del guía de montaña y conexiones de red).

- *Vertical:* Segmentos de la industria más adecuados. Identificar a los posibles clientes por nombre y ubicación.

- *Contactos:* Roles funcionales más adecuados para hacer contacto (por título). Haga su primer contacto con las personas que tienen la necesidad y un punto sensible que su producto puede satisfacer; si no son responsables de la toma de decisiones y compradores, le introducirán a las personas adecuadas.

- *Distribuidores (si procede):* La mejor ruta al mercado (revendedores, minoristas), VARs (revendedores con valor agregado), distribuidores o mayoristas). Estos socios llenan la brecha para la entrega, implementación y apoyo en el país.

- Crear presentaciones y herramientas de ventas útiles.

    - demostración de producto (si aplica).
    - material de promoción: sitio web, hoja de datos y estudios de casos relevantes (de Estados Unidos)
    - materiales de venta: argumento de ventas, presentación, preguntas calificativas, manejo de objeciones, matriz de competencia, etc.

- Establezca las funciones de todas las partes implicadas en el proceso de PoC.

    - ¿Qué se debe hacer? Generación de candidatos, contacto inicial, proceso de venta, generación de propuestas, negociación del acuerdo, cierre, etc.
    - ¿Quién es responsable? Guía de montaña, usted, apoyo de ventas basado en los Estados Unidos, ingeniero de ventas, otras entidades según proceda.

## PoC Tarea 3: ¡Vaya y Venda Algo!

- Cree interés y califique posibles PoC.

- Alinee los influenciadores involucrados en la decisión y operación de PoC.

- Preparar la propuesta de PoC.

- Negocie el acuerdo.

    - Componente clave del acuerdo es establecer criterios de éxito mutuo.
    - ¿Cómo decidirán usted y el cliente que el acuerdo/piloto/prueba tuvo éxito?
    - ¿Qué necesita usted probar? Construya los criterios de éxito alrededor de lo que usted necesita probar. El producto funciona. El producto funciona en el país. El producto funciona para satisfacer una necesidad específica del cliente en el país.

## PoC Tarea 4: Supervise la Entrega de PoC Exitosa

- Asegúrese que las funciones y responsabilidades de posventa son bien conocidas, tanto en el país como en los Estados Unidos. Esto debe abarcar cada detalle, desde el embarque a la llegada a la instalación. Se necesita asignar consideraciones para soporte técnico y soporte a usuarios.

- Localmente, el guía de montaña participará y monitoreará los avances para garantizar que se cumplan los criterios de éxito. El guía de montaña puede posicionar al cliente para un cierre exitoso, pero recuerde que, normalmente, el guía de montaña no es el que realiza el cierre. Según sea necesario, también disponga de un ingeniero de ventas SE o representante de asistencia al cliente para ayudar en esta importante parte del proceso.

- El guía de montaña le ayudará a obtener el permiso del cliente para ser una referencia o para el estudio de caso, testimonio, u otro respaldo de negocio. Este compromiso del cliente requerirá de su participación directa y quizás de otro ejecutivo de la empresa. Una vez recibido el permiso del cliente, marketing debería estar listo a fin de reunir información para el estudio de caso.

- Determine quién tendrá la responsabilidad del cierre definitivo y la conversión a compra; podría ser usted, el guía de montaña, o un socio en el país.

# Apéndice 6: Memorando de Entendimiento (MDE)

Un memorando de entendimiento (MDE) es una declaración de trabajo o de relación entre dos o más partes. Es una alternativa más formal a un "acuerdo de caballeros", en el que las dos partes están de acuerdo en que un apretón de manos confirma un acuerdo.

Dado que se trata de su empresa entrando a un nuevo país, su empresa será una de las partes. La otra parte o partes suelen ser posibles clientes, socios o distribuidores. El guía de montaña es su representante, por lo que normalmente el guía de montaña *no será* parte firmante a menos que el guía de montaña sea una organización con autoridad en el país importante para las relaciones descritas en el memorando de entendimiento.

Los MOUs son acuerdos no vinculantes que expresan lo que las partes quieren lograr a un nivel relativamente alto. Un MOU suele preceder al acuerdo formal, jurídicamente vinculante. Permite que las partes comiencen a trabajar hacia sus objetivos declarados de buena fe. Los acuerdos legales en el extranjero puede llevar cierto tiempo. Los acuerdos legales incluyen las "Cuatro esquinas" de la ley: la oferta, la aceptación, la consideración (como dinero a cambio de productos o servicios) y la intención de estar legalmente obligados.

Como ya hemos destacado, memorandos de entendimiento se consideran importantes en muchos países. Dependiendo de la naturaleza del MOU, un evento de firma puede ser planificado e incluir a dignatarios locales y la prensa. La firma de un memorando de entendimiento a menudo es acompañada por la emisión de un comunicado de prensa.

### *Una historia con Café con Robert Pearlstein*

Robert tiene muchas historias de diferentes firmas de MOU que contar. En una situación, firmó un memorando de entendimiento al inicio de una relación con un futuro distribuidor de valor añadido (VAR) japonés. El memorando fue una importante señal de compromiso, alineación y aspiraciones mutuas. Japón es una cultura de consenso, donde muchas personas necesitan revisar y acordar las relaciones.

La VAR organizó un evento de firma con cobertura de prensa. El memorando fue influyente en el apoyo para el desarrollo de las relaciones para la organización interna del VAR. El memorando también proporcionó un poderoso catalizador para la introducción de posibles clientes. El resultado fue una larga y exitosa relación de negocios.

## Ilustraciónes y Tablas

Ilustración 1: Valor .................................................................26
Ilustración 2: La necesidad es una brecha ................................31
Ilustración 3: Los Cuatro Por qué .............................................36
Ilustración 4: Las Cinco Fuerzas de la Competencia de Porter ...40
Ilustración 5: Llevar los productos al mercado ........................55
Ilustración 6: Ejemplo de eslabones en la cadena de cliente ......57
Ilustración 7: Etapa de Desarrollo Económico .........................64
Ilustración 8: Certeza política ..................................................85
Ilustración 9: Países con el inglés como idioma principal ..........91
Ilustración 10: Países con el inglés como estándar de facto ......92
Ilustración 11: El efecto de las tasas de cambio .......................97
Ilustración 12: Aproveche el valor básico en nuevos países .....104
Ilustración 13: Satisfaciendo necesidades de supervivencia frente a autoexpresión en un país ...................................................111
Ilustración 14: Satisfaciendo necesidades de país tradicional-religioso frente a secular racional ...........................................113
Ilustración 15: El Mapa Mundial de Valores .............................116
Ilustración 16: Redes ..............................................................150
Ilustración 17: Los socios satisfacen una necesidad importante ...............................................................................................153
Ilustración 18: La confianza es la base de las relaciones ..........190
Ilustración 19: El Equipo en casa varía con la experiencia........199
Ilustración 20: Influencia positiva, neutral y negativa ...............204
Ilustración 21: Espere prórrogas a la prueba de concepto .......221
Ilustración 22: Hágase notar ...................................................223
Ilustración 23: Típico proceso de ventas B2B ..........................227
Ilustración 24: Típico proceso de ventas B2B internacional ......228
Ilustración 25: La magia del interés compuesto .......................240
Ilustración 26: Muestra de plan a 24 meses ............................247
Ilustración 27: Opciones del buscador ....................................255
Ilustración 28: Configuraciones de enchufe electrico ...............273
Ilustración 29: Método para el cálculo de retenedor ................279

# Índice

Afganistán, 64, 116
Africa (véase el país específico), 64, 91, 116
Alemania, 27-28, 64 80-81, 116, 164, 240, 264
Algeria, 64, 116
América Central (ver países específicos), 64, 106, 116, 271
América del Norte (véase el país específico), 64, 116, 193
América Latina (véase el país específico), 64, 116
América del Sur (ver países específicos), Prefacio, 44, 64, 116
Angola, 64, 116
Argentina, 64, 116
Asia (véase el país específico, Sudeste Asia), 17, 44, 49, 56, 58, 74, 79, 92, 106, 116, 208, 234-235, 249, 261, 264, 271
Australia, 55, 64, 91, 114, 116, 124, 235, 243, 271
Austria, 64, 80-81, 116
Bahamas, 91
Bangladesh, 64, 110, 114, 116
Bélgica, 64, 80-81, 116
Belice, 64, 116
Bhután, 64, 116
Bolivia, 116, 263
Brasil, 6, 45, 64, 66-67, 86, 93, 116, 193, 246
BRIC o BRICS (véase el país específico), 64, 67
Bulgaria, 64, 116
Burkina Faso, 64, 116
Camboya, 64, 66, 116

Canadá, 2, 46, 55, 64, 91, 110, 116, 119, 124, 145-146, 193, 265, 271
Caribe (véase el país específico), 91, 92
Chad, 64, 116
Chile, Prefacio, 6, 34, 64, 66, 102, 116, 150, 152, 225
China, 3, 5, 6, 45, 49, 64, 67, 116, 226, 263, 264, 271
Columbia, 64, 116
Corea del Sur, 46, 56, 58-61, 64, 74, 81, 116, 167, 246
Dinamarca, 6, 64, 80, 113, 116
Ecuador, 64, 116
Egipto, 64, 116
Emiratos Arabes Unidos, 64
Entrea, 64
Escandinavia, 80, 116
Escocia, 80
Eslovaquia, 64, 80, 116
España, , 116
Estados Unidos (en todo el libro), 64, 91, 116
Etiopía, 64, 66, 116
Europa (véase el país específico), 5, 17, 66, 91, 164, 208, 271
Filipinas, 58, 64, 66, 92, 116, 235
Finlandia, 6, 64, 80, 116
Francia, 45, 64, 80-81, 116, 150
Gambia, 64, 116
Georgia, 64
Gran Bretaña (véase también Inglaterra, Reino Unido), 28, 64, 80-81, 91, 116, 243
Grecia, 80-81, 116

Guinea, 64, 116
Guatemala, 116
Haití, 64, 116
India,3, 5, 6, 44, 64,66-67, 92, 116, 209, 225, 235, 243
Indonesia, 58-59, 64, 116
Inglaterra (véase también Gran Bretaña, Reino Unido), 28, 64, 80-81, 91, 116, 243
Irán, 64, 116
Irlanda, 28, 64, 80-81, 91, 110, 114, 116
Israel,6, 64, 116
Italia, 64, 116, 287-288
Jamaica, 14, 92, 116
Japón, 15, 27-28, 49, 55, 58, 64, 81, 99, 116, 107-109, 116, 150, 210, 226, 264, 288
Kenia, 64, 92
Kuwait, 116, 213
Laos, 64, 116
Letonia, 64, 80-81, 116
Liberia, 64, 116
Los Emiratos Árabes Unidos, 64
Malasia, 44, 64, 67, 116, 225, 240
Malí, 64, 116
Méjico, 64, 116
Mongolia, 64
Mozambique, 64
Myanmar, 64, 116
Nepal, 64, 116
Nigeria, 3, 64, 92, 116
Noruega, 64, 80, 113, 116
Nueva Zelandia, 64, 91, 116, 235
Oceanía (véase el país específico), 91, 116
Países Bajos, 27, 64, 80
Pakistán, 64, 92, 116, 235
Panamá, 64, 116

Papúa Nueva Guinea, 92
Perú,116, 117
Portugal, 64, 80, 116, 221
Reino Unido (véase también Gran Bretaña, Inglaterra), 28, 64, 80-81, 91, 116, 243
República Centroafricana, 64
República Checa, 64, 116
Ruanda, 64, 110, 116
Rusia, 49, 64, 67, 83, 114, 116, 264
Senegal, 27, 64, 101
Sierra Leona, 64, 116
Singapur, 6, 27, 45-47, 50, 55-56, 64,74, 89-90, 92, 96, 109, 116, 234-235
Sudáfrica, 18, 64, 67, 92, 116
Sudán, 64, 92, 116
Sudeste de Asia (véase el país específico, Asia), 17, 44, 49, 56, 58, 74, 79, 92, 106, 116, 208, 234-235, 249, 261, 264, 271
Suecia, 6, 64, 80, 113, 116, 287-288
Suiza, 27, 64, 81, 110, 114, 116, 122
Tailandia,50, 64, 116
Taiwán, 58, 64, 102, 116, 264
Tanzania, 64, 92, 116
Turquía, 45, 49, 64, 116
Ucrania, 64, 83, 116
Uganda, 64, 92, 116
Unión Soviética (Rusia), 49, 64, 67, 83, 114, 116, 264
Venezuela, 64, 82-83, 116, 146
Vietnam, 27, 50, 64, 82, 84, 116
Yemen, 64, 116
Zambia, 25-26, 64, 116
Zimbabue, 116

www.ingramcontent.com/pod-product-compliance
Lightning Source LLC
Chambersburg PA
CBHW071627220526
45469CB00002B/513